红河学院学术著作出版基金资助出版

红河学院
HONGHE UNIVERSITY
学术文库丛书

红河彝族传统节日文化研究

龙倮贵 著

中国社会科学出版社

图书在版编目(CIP)数据

红河彝族传统节日文化研究／龙倮贵著. —北京：中国社会科学出版社，2016.6

ISBN 978 - 7 - 5161 - 7833 - 1

Ⅰ. ①红… Ⅱ. ①龙… Ⅲ. ①彝族 - 民族节日 - 文化研究 - 红河哈尼族彝族自治州 Ⅳ. ①K892.1

中国版本图书馆 CIP 数据核字(2016)第 057560 号

出 版 人	赵剑英	
责任编辑	宫京蕾	
特约编辑	大 乔	
责任校对	代海华	
责任印制	何 艳	

出 版	中国社会科学出版社	
社 址	北京鼓楼西大街甲 158 号	
邮 编	100720	
网 址	http://www.csspw.cn	
发 行 部	010 - 84083685	
门 市 部	010 - 84029450	
经 销	新华书店及其他书店	

印刷装订	北京市兴怀印刷厂	
版 次	2016 年 6 月第 1 版	
印 次	2016 年 6 月第 1 次印刷	

开 本	710×1000 1/16	
印 张	21.25	
插 页	2	
字 数	338 千字	
定 价	78.00 元	

凡购买中国社会科学出版社图书，如有质量问题请与本社营销中心联系调换
电话：010 - 84083683

《红河学院学术文库》总序

红河学院地处红河哈尼族彝族自治州州府蒙自市，南部与越南接壤。2003 年升本以来，学校通过对高等教育发展规律的不断探索、对自身发展定位的深入思考，完成了从专科到本科、从师范到综合的"两个转变"，实现了由千人大学向万人大学、由外延扩大到内涵发展的"两大跨越"，走出了一条自我完善、不断创新的发展道路。在转变和跨越过程中，学校把服务于边疆少数民族地区的经济社会发展、服务于桥头堡建设、服务于培养合格人才作为自己崇高的核心使命，确立了"立足红河，服务云南，辐射东南亚、南亚的较高水平的区域性、国际化的地方综合大学"的办学定位，凸显了"地方性、民族性、国际化"的办学特色，目前正在为高水平的国门大学建设而努力探索、开拓进取。

近年来，学校结合区位优势和独特环境，整合资源和各方力量，深入开展学术研究并取得了丰硕成果，这些成果是红河学院人坚持学术真理、崇尚学术创新、孜孜以求的积累。为更好地鼓励具有原创性的基础理论和应用理论研究，促进学校深入开展科学研究，激励广大教师多出高水平成果和支持高水平学术著作出版，特设立"红河学院学术著作出版基金"，对反映时代前沿及热点问题、凸显学校办学特色、充实学校内涵建设等方面的专著进行专项资助，并以《红河学院学术文库》的形式出版。

学术文库凸显了学校特色化办学的初步成果。红河学院深入实施"地方性、民族性、国际化"特色发展战略，着力构建结构合理、特色鲜明、创新驱动、协调发展的学科建设体系，不断加大力度推进特色学科研究，形成了鲜明的学科特色，强化了特色成果意识。学术文库的出版在一定程度上凸显了我校的办学特色，反映了我校学者在研究领域关注地方发展、关注民族文化发展、关注边境和谐发展的胸怀和视阈。

学术文库体现了学校力争为地方经济社会发展做贡献的能力和担当。服务社会是大学的使命和责任。学术文库的出版，集中展现了我校教师将科研成果服务于云南"两强一堡"建设、服务于推动边疆民族文化繁荣、提升民族文化自信、助推地方工农业生产、加强边境少数民族地区统筹城乡发展的追求和担当，进一步为促进民族团结、民族和谐贡献智慧和力量。

学术文库反映了我校教师在艰苦条件下努力攀登科研高峰的毅力和信心。我校学者克服了在边疆办高等教育存在的诸多困难，发扬了蛰居书斋、沉潜学问的治学精神。这批成果是他们深入边疆民族贫困地区做访谈、深入田间地头做调查、埋头书斋查资料、埋头实验室做研究等辛勤耕耘的成果。在交通不畅、语言不通、信息缺乏、团队力量薄弱、实验室条件艰苦等不利条件下，学者们摒弃了"学术风气浮躁，科学精神失落，学术品格缺失"的陋习，本着为国家负责、为社会负责、为学术负责的担当和虔诚，展现了追求学术真理、恪守学术道德的学术品格。

本次得到学校全额或部分资助并入选文库的著作涵盖文学、经济学、政治学、教育学等学科门类的七部专著，是对我校学术研究水平的一次检阅。尽管未能深入到更多的学科领域，但我们会以旺盛的学术生命力在创造和进步中不断进行文化传承和科技创新，以锲而不舍的精神和舍我其谁的气质勇攀科学高峰。

"仰之弥高，钻之弥坚；瞻之在前，忽焉在后"，对学术崇高境界的景仰、坚韧不拔的意志和自身的天分与努力造就了一位位学术大师。红河学院人或许不敢轻言"大师级"人物的出现，但我们有理由坚信：学校所有热爱科学研究的广大师生一定能继承发扬过去我们在探索路上沉淀的办学精神，积蓄力量、敢于追梦，并为努力实现"国门大学"建设的梦想而奋勇前行。当然，《红河学院学术文库》建设肯定会存在一些问题和不足，恳请各位领导、各位专家和广大读者不吝批评指正，以期帮助我们共同推动更多学术精品的出版。

甘雪春

2016 年中秋

目　　录

上篇　节庆文化

下篇　节祭文化

第一章

导　言

第一节　自然地理和历史源流概况

一　自然地理概况

云南省红河哈尼族彝族自治州（以下简称"红河州"）位于东经101°47′—104°16′，北纬22°26′—24°45′之间。东与云南省文山壮族苗族自治州的丘北县、砚山县、文山县、马关县相连，南与越南社会主义民主共和国接壤，西与云南省玉溪市的元江哈尼族彝族傣族自治县、新平彝族傣族自治县及普洱市的墨江哈尼族自治县、江城哈尼族彝族自治县相依，北与云南省玉溪市的通海县、峨山彝族自治县、华宁县和昆明市的石林彝族自治县及曲靖市的陆良县、师宗县毗邻。

红河州地处祖国西南边陲，与越南社会主义共和国接壤，国境线长848公里，是祖国西南边疆的重要门户，州府所在地蒙自市文澜镇距省府昆明市284公里。红河州辖屏边苗族自治县、河口瑶族自治县、金平苗族瑶族傣族瑶族自治县、元阳县、红河县、石屏县、建水县、泸西县、个旧市、开远市、弥勒市、蒙自市等13个县市142个乡镇1180个村民委员会。

红河州是以哈尼族彝族为主体民族的集民族、边疆、山区、贫穷等四位一体的边疆民族自治州，居住着哈尼、彝、苗、瑶、傣、壮、回、拉祜、布依、布朗及汉等11个世居民族，是典型的多民族集合部，州府驻蒙自市文澜镇。

红河州是仅次于四川凉山彝族自治州的全国彝族人口第二多的民族自治州。据2010年第六次全国人口普查统计，全国彝族总人口871余万人，占全国总人口数的0.66%。云南彝族总人口502.8万人，其中：

楚雄彝族自治州彝族总人口 71.66 余万人，占全国彝族总人口的8.77%；红河州彝族总人口 104.33 余万人，占全国彝族总人口的12.76%，占云南省彝族总人口的 20.74%，占红河州总人口的 23%，比楚雄彝族自治州彝族总人口多 31.63%。红河州哈尼族总人口 78.97万人，占全州总人口的 17.5%，比红河州彝族总人口少 24.30%，且在红河州所有少数民族中，彝族人口排名第一。

二　历史源流和沿革

红河州是古人类活动的地方，东北部南盘江流域是 1500 万年前亚洲人类始祖腊玛古猿活动的地区。1956 年在南盘江中游开远小龙潭发现腊玛古猿化石以后，又在蒙自马鹿洞发现了旧石器遗址的"蒙自人"化石和建水燕子洞新时代遗址，以及河口狐山洞遗址。1992 年和 1993年，红河州民族研究所从事彝学研究工作者先后在弥勒市老虎山周围发现了三处距今 3000 多年的红河彝族先民狩猎图和祭山神崖画，同时也发现了南盘江东岸的崇山峻岭之中的彝文崖画。

南盘江流域是彝族先民最古老的活动之一，根据彝族历史文献记载，夏商之际彝族先民的一部分就从南盘江流域进入金沙江流域，北上至陕、甘、青地区。大部分继续在古夜郎国、古滇国周围，创造了古滇文化和古夜郎文化。约公元 3000 年前，彝族又一首领笃慕（有的称"阿普笃慕"或"笃阿慕"）避洪水从巴蜀一带取大葫芦作舟，跨过金沙江定居于乌蒙山东川一带开始，第一次彝族内部原居先民与北上又南下的先民大汇合，之后人丁兴旺，分支开疆扩土。尔后在古滇国境内先后出现了"俄木罗"（开远）、"俄罗"（楚雄）、"纳添"（疑指晋宁县石寨山）、"谷窝"（昆明）、"俄莫"（昭通）为中心的部族联盟制的政权体系，并把社会分成等级进行统治。秦始皇兼并囊括四海五洲，开五尺道入滇之后，特别是武侯在南中确立土官和流官政权结合制以后，彝族政权结构体制改体，以鬼主、酋长、大姓、土司、宣抚司、土目、土寨长、土把总、土巡检的职官从蜀汉延至清末。元明土司制设立，使彝族历史上的民族形式的行政职级消亡了。

从汉晋开始，红河州彝族地区正式纳入中央领土内的益州、牂牁二郡。据有关汉文文献史料记载，西汉和东汉时在云南设置牂牁郡，下设

17县，今属红河州的有漏江县（今泸西）、西随县（今金平）、进桑县（今屏边）、同并县（今弥勒）；蜀汉、晋、南朝时在云南设置兴古郡，下设10县，今属红河州的有进乘县（今屏边）、西丰县（今开远）、贲古县（今蒙自）、盛休县（今石屏部分）、律高县（今弥勒）。

南北朝时期，爨氏在南中称霸以后，彝族又被称为"爨人"。其统治区域据《云南志》、《新唐书》、《旧唐书》等记载，今天的曲靖、昆明、玉溪及楚雄是爨氏家族统治的主要地区。其势力扩大南到今红河、文山的部分地区。并有自称诺苏颇、阿哲颇的彝族是爨氏家族后裔之说。但是，在爨氏家族统治下的各彝族仍以宗族血缘为基础的政治制度——鬼主制度分居各地，这种以血缘为基础划分各部或各家支的地域树立范围的历史传说，深刻地影响了彝族社会的发展。

唐朝初年，在洱海地区分布着六个较大的部落，史称"六诏"。其中蒙舍诏地处其他五诏之南，故又称南诏。南诏与其他五诏王室存在着血亲或姻亲关系。唐玄宗开元年间，其他五诏被南诏所灭。蒙舍诏基本统一洱海地区后，唐王朝便正式予以承认，开元二十六年（738年），朝廷封皮逻阁为云南王、越国公，赐名蒙归义。在这一期间，彝族六祖之一的"乍部"在洱海边统辖着弄栋蛮、青岭蛮、渠敛赵等部落，建有"建宁国"，又称"白子国"。但南诏强盛以后，其首领张乐进求禅位于南诏首领细奴逻。

南诏崛起并统一云南后，在唐王朝的大力扶持下，在其广阔的疆域内，设置十睑、六节度、二都督等地方机构。十睑设在南诏国的腹心洱海周围地区。六节度之一的拓东节度，就是统辖两爨故地，与红河州彝族有关。二都督中的通海都督，其辖境相当于今玉溪市东部、红河州弥勒大部分地域范围及文山州的部分地区。

通海节度使大理段思平的舅父就是彝族爨判，当剑南节度使杨干贞乱政时，段思平不满杨氏的贪虐无道，图谋在大理一带进行起义活动时，遭到杨氏缉拿，不得不逃往今建水舅父家，避难七八年。段思平乘机联合东方三十七部彝族于后晋天福二年（937年）灭了"大义宁"国，在云南建立了号称"大理"国的封建政权。后在石城（今曲靖）进行会盟。据《新唐书·南诏传笺证》记载：开宝四年（971年），大理段氏家族与三十七部会盟于石城（今曲靖），刻石纪事，红河地区的

图 1 - 1 开远市腊玛古猿化石

图 1 - 2 个旧市黑马井铜俑灯

纳楼茶甸部、弥勒部、屈中部、吉输部、弥泸部等彝族部参与了会盟。《石城碑》（即"三十七部会盟碑"）云："明正三年岁次辛未，……会集三十七部……兼颁赐职赏，故乃与约盟誓。"会盟后，进兵大理，灭大义宁国，建立大理国。段氏执政后三十七部免徭役数年。

大理国时期，西南彝族主要地区已进入封建社会，以东方三十七部为主的彝族在行政上隶属大理国的"八部四郡"中的善阐、威楚二府和东川、石城、河阳、秀山四郡的管辖。红河州彝族由善阐府和秀山郡、石城郡管辖。秀山郡置于今通海，下辖 18 部，在今红河州境内的有舍资部、阿僰部、哈迷部、纳楼部、屈中部、阿马部及七溪部、思陀部、伴溪部、铁容甸部。部民大多为彝族；石城郡置于曲靖，下辖 14 部，在今红河州境内的有弥鹿部、弥勒部、阿欲部、吉输部等，部民多为彝族。

元宪宗三年（1253 年），忽必烈率师自甘肃南下，横渡金沙江进入云南，灭大理国。1256 年又征服了滇南地区。随后，元朝在大理国统治的基础上，采用蒙古军队的组织形式，在彝族等贵族分子各自统治的地域基础上，设置万户府和千户、百户所，任命彝族贵族分子为万户、千户、百户长。元朝在红河州境内设置的是：阿僰部万户府，辖建水、目则（今蒙自）、舍资（原褒古部）及通海四千户；阿宁万户府，辖纳楼茶甸千户，维摩（今邱北、砚山）千户；落蒙（今石林）万户府的弥勒千户。至元十一年（1345 年），改万户、千户、百户为路、府、州、县，但依旧委任民族上层充当各路、府、州、县的土官，这就是由唐宋羁縻制度演化而来的土司制度。元朝在云南彝族地区设置了 8 个

图 1-3　弥勒市高甸崖画　　　　图 1-4　弥勒市金子洞坡岩画

路，如至元十三年（1347 年）临安路辖建水州、石坪州（今石屏）及河西（今通海县境内）、蒙自二县和舍资千户；至元十七年（1341 年）元江路和广西路辖红河州的部分地区。并在行省与路、府之间设置宣慰司，掌握军政大权。如临安（今建水）、广西（今泸西）、元江等处宣慰司兼管军万户府（领临安、广西、元江三路），同时任命一些彝族首领充当总管，负责征发差役、赋税，并通过他们加强对彝族地区的管理。

据《元史·地理志》和《弥勒县志》记载，唐天宝十七年（公元 758 年），自称"些摩徒"的彝族后裔之弥勒部进入郭甸、巴甸、布笼（今弥勒、泸西、开远、蒙自、个旧、建水、石屏）一带居住，是为彝族先民入居红河地区的一部分。

明洪武年间，明王朝便派遣军队进入云南，平定西南边疆后，在云南设置"三司"（即云南都指挥司、云南布政使司、云南按察使司），并在"三司"之下，设有府、州、县各级政权机构，由流官或土官充任其长官。除此，明王朝在云南广泛推行卫所制度进行管理，有力地控制了各地彝族地区，加强了中央王朝对这些地区的统治。据有关文献记载，广西府（今泸西）之地原为彝族的弥鹿部、师宗部、弥勒部、维摩部四部所居，但明洪武十四年（1381 年）明军进入云南后，分别任命四部彝族土官。

与此同时，明洪武十八年（1385 年）广置明王朝云南民屯军屯，移中原土民和官兵大姓以实云南。并经过明清两代的移民垦殖和军事镇压后，西南彝族居住的格局发生了巨大的变化。坝区在明代被军屯占领，在清代又遭到军事镇压后，彝民向红河江外迁徙或入内地高寒山区，彝族土司、土目、土官的行政职级，除纳楼茶甸副长官司外，先后被革除或废除，或者归流。如明朝副将军西平侯沐英，把留戍云南的江西、浙江、湖广、河南四部司兵的家属，从江南迁来在红河州弥勒、广西（泸西）、蒙自、临安（建水）、石坪（石屏）屯垦，红河地区汉族大量入居，于是自称尼苏颇的彝族聚居的建水、石屏异龙湖周围，自称濮拉颇的彝族居住的开远坝、大庄坝、蒙自坝，弥勒部、阿鹿部居住的泸西坝、弥勒坝、虹溪坝，在明洪武年间及其以后变成了军屯民屯的地区。因内地迁入的人员增多，彝人渐少，部分向红河江外和内地山区流迁，开始形成支系之间交错杂处的现象。从大量的彝文文献经典及《指路经》、《饯行经》、《家谱》看，自称尼苏颇的彝族是世居建水、石屏的古老土著民族，部分从外地迁入，宋、元、明之际往红河江外或向内地山区大量流迁。自称濮拉颇包括母基颇、倮倮颇、阿普等支系是世居蒙自、个旧、屏边、开远等的土著彝民，明清之际流落红河江外及越南北部山区。清雍正《临安府志》卷七记载：临安（今建水），元代以前为彝族居住地，自明代以卫军实其地后，彝族渐少。康熙《蒙自县志》卷一说：蒙自的土著之民少，而外来之民多，都是明朝迁移而来的实边之民。

如前述，彝族是红河州的土著民族，主要居住在红河北岸和南盘江流域。至于红河州彝族族称，清代以前仅汉文文献记载就多如牛毛。如：景泰《云南图经志书》卷三载：临安（今建水）府有"蒲刺（喇）"，广西（今泸西）府有"夷罗"，建水（今建水）州有"些衮蛮"。清康熙年间范承勋、丁炜《云南通志》卷三十七载：临安（今建水）府、蒙自有"白罗罗"、"黑罗罗"、"鲁屋猡猡"、"撒完猡猡"，王弄山（今文山、屏边）有"猡猡"、"白脚猡猡"、弥勒有"阿者猡猡"、"干猡猡"。清康熙《云南通志》卷二十七载：石屏（今石屏）有"卜喇"、"扯苏"或"山苏"，王弄山（今文山、屏边）有"马喇"、"拇鸡"。清雍正《云南通志》卷二十四载：石屏、建水有"海猡猡"，弥勒、泸西有"阿蝎猡猡"、"葛猡猡"，临安（今建水）府有"喇乌"，开化（今文山及红河州一部分）有"喇托"，王弄山（今文

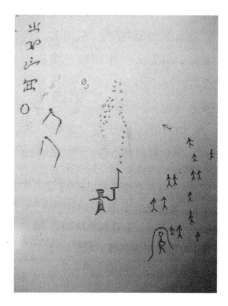

图1-5　弥勒市西一镇红万村岩画　　图1-6　弥勒市巡检司镇高甸岩画

山、屏边）有"阿成"。清雍正《阿迷州志》卷十一载：其境内有"母鸡"。清雍正《临安府志》卷七载：其境内有"黑猡猡"、"母鸡"、"卜喇"、"山苏"、"白倮猡"、"喇鲁"、"车苏"。清乾隆《开化府志》卷九载：其境内有"倮猡"、"仆喇"、"喇乌"、"普剽"。清乾隆《开化府志》卷九载：其境内有"白母鸡"、"黑仆喇"、"白仆喇"、"马喇"、"花仆喇"、"阿成"、"阿戛"、"阿者"、"阿系"、"普岔"、"喇偞"、"猛乌"、"普乌"、"普列"、"腊欲"、"腊鬼"、"舍乌"、"山车"、"阿龙"、"腊歌"。《皇朝职贡图》载：广西（今泸西）府有"阿者猡猡"、"黑猡猡"、"鲁屋猡猡"。《云南通志》卷一百八十二载：弥勒、师宗有"阿蝎猡猡"、"葛猡猡"，广西（今泸西）府有"葛猡猡"、"普拉猡猡"，建水、石屏有"聂苏"，王弄山（今文山、屏边）有"马喇"、"阿城"、"阿系"、"阿度"、"喇偞"、"阿戛"、"普岔"。《泊麟图说》载：临安府（今建水）、弥勒有"黑猡猡"、"阿西"。除此，清道光《云南通志·种人》记载，彝族统称罗罗，而有大罗罗、小罗罗、黑罗罗、白罗罗、妙罗罗、干罗罗之别；彝族自称也往往冠于罗罗称号，如阿者罗罗、鲁屋罗罗、弥撒罗罗之类。普喇有自称姆资，译作姆鸡，有称为白姆鸡、黑姆鸡，用黑白两字把同一名称强加分别。

又有不用特别名称，以其土著，而称为土人、土家、香堂之类；以其所居之地称为蒙花子、东川人、广西蛮之类；以其住处而称为梁子人、海西人、山上人、水田族之类；以其服饰而称花腰、黑衣、白脚、三道红之类，甚至有花公鸡、四块瓦、牛尾巴普喇的称呼。另外，由于译音用字不确定或不统一，又产生多种称呼，如撒摩都，又作散摩都、撒马朵、些莫徒、些么徒、些么、些门、洒摩、撒弥、洒美、散民等。

今有关民族学调查资料表明，并笔者多次实地调查获悉，红河州彝族有 10 多个支系，自称或他称达 40 多个。主要自称有尼苏颇、濮拉颇、阿细颇、阿哲颇、撒尼颇、阿务颇、老务颇、倮倮颇、葛颇、腊鲁颇、母基颇、阿鲁颇、纳苏颇、诺苏颇、勒苏颇等 10 多个支系。还有很多地域性的自称，如阿普、濮瓦颇、羞颇、博卡颇、筍箕颇、斯期颇、吉输颇、阿灵颇、扎依颇、葛底葛颇、撒梅颇、查依颇、明岔颇、尼颇等等，数不胜数。他称主要有：聂苏、花腰、三道红、倮倮、罗罗、花彝、阿细、阿系、阿哲、阿者、阿车、阿则、阿扎、阿查鲁务、阿务、阿武、罗卧泼、老吾、濮族、水濮拉、干濮拉、朴瓦族、花濮拉、筍箕濮、黑濮、撒尼、撒梅、明朗、小白彝、查依颇、明岔颇、斯期、香堂、阿鲁、罗颇、母几、老母几、母机、母鸡族、白倮倮、黑倮倮、黑罗罗、花倮倮、白彝、大白彝、干彝、甘彝、阿灵、葛着颇、阿濮、黑濮、山苏、扯苏、车苏、撒苏，等等，还有一些辱称如"猓猓"、"猡猡"等。

也就是说，1949 年前，红河州彝族同州外彝族一样，有很多自称，亦有很多他称。这些他称或多或少带有大民族主义的民族歧视性。1949年，中华人民共和国建立后，根据党的民族政策，不仅废除了大民族主义的民族歧视性的他称，而且在充分调查研究的基础上，并从"名从主人"的原则，依据广大彝族人民的意愿，决定以"鼎彝"之"彝"作为彝族的统称，终于实现了民族群体大统一的愿望。"彝"字有"糸"有"米"，丰衣足食的意思，不仅有着庄重、古老之美意，而且也概括了绝大多数彝族支系自称中的汉字音译。同时，彝族是我国古代青铜礼器的先民，它象征着具有光荣、悠久历史的彝族，与祖国大家庭其他成员共同鼎盛、团结一致，在中国共产党英明领导下，迎接着更加美好的幸福生活。

除此，1954 年 4 月前，红河州自称母基颇、濮拉颇还尚未划归彝族。1953 年 1 月，个旧市所辖内曾有"个旧市羊坝底母基族自治乡"、"个旧市阿龙古仆（濮）拉族自治乡"，1954 年 5 月，中央民族语言识别调查组到个旧地区调查研究后，报经国务院批准，才将母基族和仆（濮）拉族划归彝族。

第二节　语言文字

一　彝语

彝语属汉藏语系藏缅语族彝语支。彝语分北部、东部、南部、西部、东南部、中部六大方言。红河州彝语分为南部、东南部和东部三大方言区，方言又分次方言和土语。

操南部方言又分元金（元阳、金平）次方言和石建（石屏、建水）次方言。次方言又分若干土语，南部方言元金次方言分绿春县牛孔尼苏土语、元阳县牛角寨尼苏土语、红河县窝伙垤尼苏土语、个旧市保和尼苏土语、金平县保山寨尼苏土语；石建次方言分建水市官厅尼苏土语、石屏县龙武尼苏土语、蒙自市十里铺尼苏土语、石屏县大桥勒苏土语及蒙自市、个旧市、屏边县、金平县母基土语。

操东南部方言又分弥勒次方言和华弥（华宁、弥勒）次方言和屏河（屏边、河口）次方言及元红（元阳、红河）次方言。弥勒市次方言和华弥次方言分弥勒市、泸西县、开远市阿哲土语、阿细土语、撒尼土语，元河（元阳、红河）次方言分元阳濮拉土语、红河县勐龙濮拉土语、石屏县小冲濮拉土语、开远市乐白道濮拉土语、个旧市黄草坝濮拉土语、河口县桥头濮拉土语、金平县马鞍底濮拉土语，以及绿春县大黑山腊鲁土语、金平县老集寨阿鲁土语。

操东部方言分泸西县葛颇土语和弥勒市诺苏颇土语、阿务土语及斯期土语。

一句话，红河州彝语共有三大方言五个次方言三十多个土语。红河州各地各方言或各地土语的辅音有多有少，虽然人口分布互为交错，但各方言土语词根读音基本相同，且古彝语、语法结构完全一致。方言之间、次方言之间、土语之间辅音和元音略有差异，如红河县窝伙垤尼苏土语与金平县保山寨尼苏土语完全可以通话，只有部分量词不同而已，但与绿春县牛孔尼苏土语有所区别，当绿春县牛孔尼苏土语说"白"、"银"时，读"突"，而红河、元阳、金平尼苏土语却读"鲁"。

二　彝文及其历史文献古籍

红河州彝族和州外的彝族一样，有本民族古老的文字——彝文，明清以来的汉文史志称之为"爨文"或"爨字"。清雍正《临安府志》卷七《附夷俗》记载："木刻……有所贸易，亦用木刻书爨字于上，要誓于神，故不判。韪书。按：爨字为纳垢阿丁所撰，字如蝌蚪，凡一千八百四十有奇，名之曰韪书。又按：唐徐虔使南诏，以不夹遣还，上有夷（彝）字，其遗制也。"又清宣统《续修蒙自县志》卷十三记载："爨有字，……又有倮夷字，大约袭爨字而为之，汉时有纳垢酋之后阿町者，为马龙州人，弃职隐山谷，撰爨字如蝌蚪，二年使成。字母一千八百四十有奇，谓之曰韪书，夷人号为书祖。"这是迄今所看到汉文地方史志中涉及今红河州境内彝族历史文献古籍的最早记载。

图 1 - 7　红河州彝族部分历史文献古籍

目前，红河州彝族历史文献古籍收藏于彝族民间的数量，据初步调查统计，共有 4000 余卷，不同版本形式和内容的有 263 种。除河口、屏边两县至今尚未发现彝族历史文献古籍收藏外，其余 11 个县市在 20 世纪 50 年代民族调查时都有收藏彝族历史文献古籍。如绿春县有 200 多卷、元阳县有 800 多卷、石屏县有 400 多卷、建水县有 400 多卷、个旧市有 200 多卷、弥勒县有 300 多卷、泸西县有 160 多卷、金平县有 60

多卷、红河县有 1000 多卷。1987 年在红河县初步普查登目彝族历史文献古籍，共普查登目了 836 卷。1988 年，在省民族古籍办的支持下，红河州组织有关人员在石屏县普查彝族历史文献古籍时，共普查登目了 314 卷，彝汉文布告 2 张和 2 块彝文碑。现红河州民族研究所征集到彝族历史文献古籍 150 多卷，复印件 57 本，新抄本 57 册，影印件 12 件 85 张；红河县民族局征集到 8 卷，红河县图书馆征集到 3 卷，弥勒县民族局征集到 3 卷，弥勒县文管所征集到 8 卷，红河州文化馆征集到 3 卷，红河州文管所征集到 2 卷，个旧市文管所征集到 3 卷，开远市文管所征集到 6 卷，泸西县民族局征集到 12 卷，元阳县民族局征集到 50 卷，元阳县彝学学会征集到 2 卷彝文医药书，建水县博物馆征集到 4 卷，石屏县文管所征集到 6 卷（件），红河州博物馆已征集收藏了 24 卷彝族历史文献古籍。

红河州彝族历史文献古籍从不同角度分类有如下几种类型：

以其载体角度分类有碑刻、崖画、木牍、纸书等。碑刻就是刻在石头上的彝文材料，多属于墓碑，并多为彝汉文两种文字，大多是记载家族谱系或家支的迁徙路线或家史，是研究清代各地彝族史的重要材料，也弥补了彝汉文化交融的缺佚。崖画以弥勒市巡检司镇独家村金子洞坡彝文崖画为代表，已发现多处彝文崖画。它是研究彝族诗书绘画为一体的重要资料。木牍又分灵牌和咒语牌。纸书多为土纸、绵纸、草纸、宣纸四种。

以其从版本角度分类有写本或抄本和木刻本。写本抄本又称为手书文献，它除了各种经书、著作之外，还包括信札、布告、账簿等。著名的"百科全书"式巨著《吾查》、《们查》、《苏颇》、《苏嫫》等以写本的形式流传于世。若按版本规格等方面细分，亦可分出不同规格的版本类别，即袖珍本、普通抄本、精写本、合订本、单行本等。彝文木刻本，红河州唯一发现的《爱简申觉》（《教育经典》）彝文古籍孤本和善本。但原件欲送北京展览，可 1988 年在弥勒市粮食局招待所被盗而失传。此真迹孤本目前藏于今台湾中央研究院傅斯年图书馆，2010 年日本学者清水亭博士携带此真迹来找笔者，并委托笔者释读，其内容提要收入日本公开出版发行的《台湾中央研究院傅斯年图书馆馆藏彝文（倮倮文）文书解题》一书中。

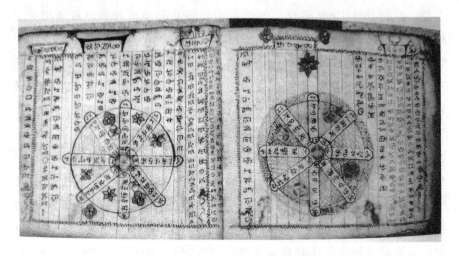

图 1 - 8　红河县彝族古籍八卦图

　　以其地区和支系分类有滇南彝族历史文献古籍和滇东南彝族历史文献古籍。前者流传收藏于红河、元阳、绿春、金平、个旧、石屏、建水及蒙自等县市自称尼苏颇的彝族民间。其特点，用通假代用字的比重增大，笔画简化趋向明显，零散的原始宗教经典经书逐步形成体系化，诸如《吾查》、《们查》等大型经典类似于丛书合订本。后者又分撒尼颇彝族历史文献古籍和阿哲彝族历史文献古籍，均流传收藏于弥勒、泸西及开远等自称撒尼颇、阿哲颇的彝族民间。

　　以其书目及其内容和用途分类有毕摩祭司宗教经典古籍和民众彝文古籍。前者从严格意义上说，就是毕摩祭司从事原始宗教文化和传统习俗文化的彝文古籍。毕摩祭司彝文古籍是彝族历代毕摩祭司从事这方面活动的产物，集中地反映了彝族原始宗教的意识形态和传统哲学思想。这类彝文古籍，种类繁多，卷帙浩繁。虽几经人为破坏、收缴、焚烧，但今保留下来的彝文古籍中，要数毕摩祭司彝文古籍数量最多，体裁最庞杂，内容最丰富。根据毕摩祭司进行的社会职能活动即原始宗教巫术活动和祭祀仪式及各种习俗活动时所使用的彝文古籍不同，把毕摩祭司彝文古籍分为祭献类、除祟类、卜课类、谱牒类、招魂类、咒术类、丧葬类、婚仪类、祈祷类等。后者又根据不同的内容和用途分为创世类、传说轶事类、神灵故事类、伦理道德类、童话类、情歌类、译著类、医药类、字典字集类等。

图1-9 元江县洼垤乡彝文木刻雕版

除以上几种类型外，还有畜牧、农事、建筑、工艺、音乐、舞蹈、地理、民俗以及与彝族有关记载其他民族的彝文古籍，也颇有"古为今用"的价值。

红河州彝族历史文献古籍，在省州县民族部门的大力主持下，现已翻译、整理、研究、出版了《尼苏夺节》、《苏颇》、《苏嫫》、《吾查们查》、《阿黑西尼摩》、《彝族礼法经》、《滇彝古史》、《红河彝族道德经》、《红河彝族行孝积德故事》、《太阳女·月亮儿》、《绿春彝族创世史诗》、《红河彝族阿哩查嫫》（上中下三卷）、《吴三桂清王朝》、《尼苏史诗》、《查诗拉苏》、《红河彝族创世史诗》、《木荷与薇叶》、《彝族爱情叙事长诗》、《滇南彝族原始宗教祭辞》、《滇南彝族尼苏颇殡葬祭辞》、《祭龙经》、《滇南彝族指路经》、《阿哲毕摩经选译》、《训示经》、《太阳女与月亮儿》、《百乐苏影印译注》、《红河彝族文化遗产古籍典藏》（20卷）、《尼苏诺期》、《尼苏婚姻溯源》、《元阳彝文叙事长诗》、《元阳彝文伦理道德经选》，等等。这些彝族历史文献古籍的翻译、整理、研究、出版，使被淹没了的彝族文明重现光彩，不仅对继承和弘扬彝族传统文化，也对民族文化强州建设、民族文化产业建设具有重要的现实意义，而且对丰富和发展中华民族光辉灿烂的文化也具有重要意义。

第三节　生活习俗

一　居住环境和住房

　　红河州彝族村寨大多选择在依山临田，周围有树而又向阳的地方。一般是几十户人家一寨，住宅排列无规则，依地势而分布。住房一般是土木结构的"土掌房"。土掌房是彝族先民为了适应农耕生活，除去原来土墙草屋顶上的草顶，在房梁架上加铺横木，再放上松木劈柴，上铺山草和泥，把黏性土摊平后捶实，既是房顶又是晒场。高寒边远山区的彝族居住的是土木建筑和竹木建筑的尖顶茅屋。无论土掌房还是草房，一般都分为三大间。中间堂屋，供会客、吃饭和祭祀用，左右为卧室和厨房。牛马猪鸡另建有厩舍。建房材料自备齐全后，择吉日由亲友邻居帮助建盖。随着生活的不断改善，住房也有了很大改变。坝区多像汉族房屋式样建盖成三间四耳的瓦楼房，"土掌房"的屋顶也逐渐为钢盘混凝土所取代，茅草房也正向"土掌房"和瓦楼房发展，屋内的陈设也逐渐讲究起来。

图1-10　泸西县彝族传统民居建筑

图1-11　石屏县彝族传统土掌房

二　饮食习惯

　　红河地区的彝族饮食因居住地条件不同而不尽相同。坝区和半山区彝族的主食是大米、苞谷、麦子、红薯等；山区和高寒山区的主食为苞谷、麦子、荞子和洋芋等。高寒山区彝族的主要饭食是苦荞糍粑和荞疙瘩饭，他们用荞糍粑蘸蜂蜜，苦中带甜，是逢年过节和招待贵客的食品。彝族大都有抽水烟筒和嗜酒的习惯，彝族善于酿酒，他们把糯米或苞谷或木薯或芭蕉芋蒸熟后酿成的酒叫"甜白酒"，经放入瓦罐中密封好，贮藏一段时间后再拿出来喝时，就叫"辣白酒"。坝区有种蔬菜的习惯，但山区因水利、日照的因素，只在苞谷地中插栽一些青菜、白菜、四季豆、南瓜、黄瓜等作为下饭菜。每逢年节或红白喜事都要宰猪。彝族都喜欢吃一种叫作"皮干生"的食物，即杀猪后，把新鲜的猪血旺和各部位割取一点切成薄片，用姜、蒜、辣椒、酱油、醋等拌和腌制后食用。糯米糍粑和糯米饭也是节日和祭日不可缺少的食物。

图 1-12　屏边县彝族传统食俗文化　　图 1-13　红河县彝族传统食俗文化

三　精美的服饰

红河州彝族服饰也因居住地区不同而样式繁多，各地彝族之间有"隔县不同语，隔区不同装"的说法。建水、石屏坝区彝族少女的发辫用红绒线扎三道冠绕头上，前面用黑纱帕包裹，后面露出并列的三道红色，故有"三道红"的称呼。而已婚妇女只扎二道红绒线。居于红河南岸的彝族未婚姑娘头上戴一顶用大小1200多颗银泡镶得银光闪闪状似鸡冠的"鸡冠帽"，而已婚妇女就只用绣花帕包头。但无论婚否，都穿右衽宽长上衣，袖子和胸襟都绣上各色花纹图案或镶着闪亮耀眼的细银泡，腰间系一条绣五彩花纹图案的腰带，脚穿勾尖绣花鞋。男子上穿黑色或青蓝色对襟外衣，下穿宽裤脚打褶裤。

石屏县龙武、哨冲一带有一种被称为"花腰"的彝族妇女，是彝族尼苏支系的一部分，其衣服采用多种颜色的布做成，一套青年妇女的盛装由大小11件组成，衣服上面用各种颜色的丝线绣上蝴蝶、花朵等图案，同时在衣服显眼处的胸襟镶上珍珠似银泡，头戴绣有花纹图案镶有银泡的"花冠"，故人称"花腰"。花腰衣服是花腰妇女最喜爱的服饰，也是花腰妇女艺术的结晶，具有较高的艺术价值。

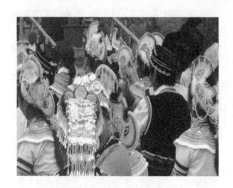

图 1-14　元阳县彝族妇女传统服饰

图 1-15　石屏县西北部彝族
男子传统服饰

　　生活在红河东部的蒙自、个旧、开远、屏边、河口一带的彝族妇女喜欢用花毛巾包头，毛巾两端露出无数小辫，包成四角形，耳戴大五柳半月形耳环，身穿青蓝色右襟衣，大裤脚打褶裤。生活在红河北部弥勒、泸西一带的彝族妇女头饰花冠，两角朝上，一角朝前，前角较长。白彝的头冠是两朵花，阿细是两个小花辫；黑彝头饰呈牌坊形；阿哲阿乌戴花围腰；黑彝穿花长袍，未婚的头戴红布，订婚的包蓝布，已婚的包黑布。白彝的裙子分四块，前后长、左右短。阿细妇女上穿蓝色右襟长衣，前襟斜束于腰间，下穿青色裤角过膝的短幅裤，腰间挂一个精致的小荷包，男子在外衣上加罩白底蓝花的领褂。

　　随着时代进步，各民族文化的频繁交流，特别是彝族人民与外界的交往和联系日益增强，彝族服饰发生了变化，彝族男子的服装已趋汉化，妇女服饰朝着简便实用的方向发展，坝区的彝族妇女已基本与汉族一样，有的妇女已烫发、穿高跟鞋和连衣裙，山区的彝族服饰也在逐渐发生变化。

第四节　宗教信仰和道德礼仪

一　宗教信仰

　　红河州彝族宗教信仰是彝族原始文化最主要的支柱，是彝族原始传统文化的最重要组成部分，也是彝族毕摩文化的主要组成部分之一。彝族宗教信仰的神灵观念、崇拜形式、崇拜对象、活动仪式、活动内容等都对彝族原始社会乃至以后彝族社会生活中的自然观、历史观、道德观、哲学观、价值观等具有决定性的影响。可以这样说，彝族如果没有复杂多样、丰富多彩的原始宗教信仰，就没有后来纷纭复杂而多姿多彩的传统优秀文化。因为其原始宗教信仰是彝族生产生活在各个时期谋生活动和思维方式的一项重大的文化遗产，包含着彝族历代先民的感受和经验，以及哲学、艺术、史学、文学、法律、天文、历法、科技等。彝族信奉万物有灵的原始宗教观念，普遍相信鬼神的存在，相信鬼魂神的作用。通过各种祭祀活动表示对各种鬼魂神的信仰和崇拜，并对自然界中变化无常的现象作出解释。彝族原始宗教信仰的基本形式和内容除祭神、招魂、保福、祭鬼、驱鬼、除邪、占卦等外，还盛行复杂多样的巫术活动，反映和体现了彝族历代先民的自然崇拜、植物崇拜、鬼神崇拜、祖先崇拜、图腾崇拜、灵物崇拜和偶像崇拜，以及彝族历代先民的哲学观、伦理观、道德观、历史观、人生观、价值观等。

红河州彝族原始宗教有如下特点：

一是祖先崇拜为核心。他们历来不数典忘祖，重源流，追根溯源，由于祭祖时要点祖，所以彝族也是世界上最重视谱系的民族。

二是万物有灵，灵魂不灭的原始性。由于各方面条件的制约，彝族原始宗教发展缓慢，至今仍保留有殷商甲骨时代占卜的遗风。彝族原始宗教仪式的神秘性，如咒怨、咒语、黑色巫术、毕摩文化的特技等令人百思不得其解。

三是祭仪的规范性、统一性。用各种树枝作象征代表各种神灵，用祭品祭牲表达对神灵虔诚敬献，既有高深莫测的神秘性，也有原始朴素的自然性。

四是祭经的丰富性、多样性、兼容性，实为宗教迷雾掩盖下的人文科学。例如《指路经》，既是一部地理书，亦是一部先民迁徙史；既是一部山川志，所有周围的名山大川名字都要提到，亦是一部《叫魂经》，也是祖先迁徙之歌。

五是和谐性。彝族原始宗教主要表现为人与自然的和谐，人与社会的和谐，本民族与其他民族的和谐，比较理性、比较温和始终贯穿"仁

图 1-16　石屏县彝族祭献龙神　　　　图 1-17　红河县彝族祭献天地神

爱"、"和为贵"的思想。具有理论的系统性、丰富性，可以说它是彝族自己的"儒教"。

六是松散性、自由性、自发性。因彝族原始宗教没有宗教组织，没有入教不入教的分界，没有固定场所，没有教规，没有教义，所以具有信仰者的广泛性、群众性、随意性。

七是长期性。彝族原始宗教发端于原始社会，跨越母系社会、父系社会，成熟于奴隶社会，延续至封建社会，直至今日，将来也不可能很快消失。

八是良莠并存。彝族原始宗教有许多禁忌，有的禁忌具有积极意义，有教化的功能，如保护森林、保护生态、保护生物多样性。也有的过于烦琐，有的是消极因素，如大量的祭祀用牲畜影响彝族社会的生产力。我们只能取其精华，弃其糟粕而利用之。

总之，红河州彝族原始宗教可以认为它是最完整的、最典型的、最具有代表性的原生态宗教（这里首次提出原生态宗教概念，并且认为当今时髦的各民族原生态歌舞皆源于各民族的原生态宗教）。彝族原生态宗教博大精深，它以毕摩文化为代表，它的内涵是很丰富，涵盖多学科的内容，具有多功能的作用，需要再认识、再研究。由于社会在前进，科学在进步，彝族原始宗教也在不断地演变，其发展趋势会逐渐衰落，但不会很快消亡。

　　与此同时，在红河州彝族原始传统宗教传承、发展、丰富的同时，唐宋以后，弥勒、石屏、建水等地彝区出现了佛教，并在火葬罐上写有梵文、彝文相间的咒符和图案。元明以后道教寺观也相继建立。清末民初，基督教、天主教相继传入红河州彝族地区，形成了信仰原始传统宗教、佛教、道教、基督教、天主教五教并传的格局。

图 1 - 18　红河县彝族妇女传统歌宴　　　**图 1 - 19　石屏县彝族传统烟盒舞**

二　道德礼仪

　　红河州彝族传统伦理道德礼仪，自古有之，并用书面的形式（彝文文献）记载、传世而代代相袭。如《尼苏史诗》中已记载了彝族传统道德礼仪或者传统伦理道德方面的思想内容，不妨列举数例，以飨读者。

　　……

　　不要的有三：灾和祸不要，疫和病不要，贫和穷不要。那三件东西，没有人需要。

　　不良的有三：毒药不良好，毒蛇不良好，恶妻不良好。这三样东西，不要抬举它。

　　不吃的有三：毒药不能吃，黄花不能吃，草乌不能吃。那三种药物，千万吃不得。

　　莫挑拨有三：莫挑拨父子，莫挑拨宗族，莫挑拨夫妻。父子间挑拨，父子不团结；宗族间挑拨，宗族变仇敌；夫妻间挑拨，夫妻闹分离。

莫抵嘴有三：莫抵君臣嘴，莫抵师傅嘴，莫抵父母嘴。若抵君臣嘴，灾祸和铁链，可能会系颈；若抵师傅嘴，学不到书理；若抵父母嘴，家中无饭吃，家庭不和睦。

生存的有四：一条要读书，读书学文理，蠢人变聪慧；一条种田地，栽田种地活，饥饿有粮吃；一条当师傅，来把家什造，造好家什后，劳酬养儿女；一条做生意，赚钱养儿女。

耕地的农人，晚睡养力气，早起莫懒惰。穷富天地管，饥饱由手管。灌溉走远地，灌溉莫歇气；做活手莫闲，庄稼五谷丰，农人心里喜。

世间的皇粮，皇粮要交纳，交纳心莫疼，皇粮莫交少，赋税莫纳少；公牛要耕地，耕地心莫痛。勤耕不会穷，心莫想大话，眼莫往看高；勤耕精作者，不愁饭吃饱。早起做农活，耕作要尽力；晚上做农活，做活莫歇气。莫看他做活，看看他做事，只想让他做，如同露水涸。

当手巧师傅，工匠做精活，不无说精美，自己莫夸己；心中莫掺假，做活莫懒惰；世上活计多，众人做活计。雕刻百花图，手艺要精湛。千人见图案，都说好精美，万人观图案，思绪就遐想。匠身在家中，名声扬远方。

做手巧师傅，教人要端正，教人要谦虚；别人来学习，放开心怀教，来把徒弟教。小时不教育，长大不知晓。不教变蠢人，后生来传承。师傅死去了，手艺莫带走；师傅收授徒，手艺莫留手；人聪手勤快，可做七十二；不善又不好，切莫传后人。

买进和卖出，对人要公平；大卖莫骗人，小买莫诈人；不要大秤买，小秤卖出去；不要大戥进，小戥卖出去；不能大斗进，小升卖出去；进来又出去，皆要求和睦。

大地上百姓，做活莫贪玩。做活若贪玩，撒种他后面，种地落人后，收谷不如人。出门莫贪玩，商贾莫贪玩。出门若贪玩，商贾若贪玩，贪玩落伴后，三年不返家，没脸见伙伴。走路莫贪玩，走路若贪玩，天黑才到家。孩童莫贪玩，孩童若贪玩，放牛莫贪玩，放马莫贪玩。放牛若贪玩，放马若贪玩，牛马吃他稼，人叫赔偿时，亲父打孩童，亲母骂孩童。新媳莫贪玩，新媳若贪玩，丈夫扇

耳光，妻身被挨打。不可能玩足，不可能舞饱，人如果贪玩，人会
变懒惰。

　　四件大事情，也写在书中：先莫反天地，也莫抗皇粮，后莫忘
父恩，也莫忘母情，再莫忘师恩，亦莫忘师诲。这四件大事，一定
要记好。

　　有德的十种：当君做臣的，这是第一德；会数会算的，这是第
二德；孝敬父母的，这是第三德；宗族和睦的，这是第四德；己富
救济的，这是第五德；借赊别人的，这是第六德；人来起身的，这
是第七德；起身让座的，这是第八德；不言丑话的，这是第九德；
能说会道的，这是第十德。

　　无德有十二：见君不下马，这是第一种；生儿不养父，这是第
二种；育女不赡母，这是第三种；老来幼不起，这是第四种；打骂
妇女的，这是第五种；遇见亲和戚，互不打招呼，这是第六种；说
脏话丑话，这是第七种；遇见宗族人，互不问声好，这是第八种；
手中持尖刀，拿刀吓唬人，这是第九种；放毒害死人，这是第十
种；偷人骗人的，这是第十一种；谋财害命的，这是第十二种。

　　聪慧有十种，智慧也有十种：人说己思考，这是第一智；人想
己思辨，这是第二智；开路又搭桥，这是第三智；他乡站住脚，这
是第四智；迎来又送往，这是第五智；爱憎分明的，这是第六智；
对错明辨的，这是第七智；善人歹人分，这是第八智；不破坏他
物，这是第九智；贫者来就给，这是第十智。

　　……①

　　纵观红河州彝族传统道德礼仪，从大体分有家庭伦理道德和社会伦
理道德两大类。

　　家庭伦理道德是调整他们家庭中人与人之间的行为规范和准则，是
伦理道德在他们居家生活中的特殊表现，是他们传统文化的重要组成部
分，是社会生产关系最为直接的反映。长期以来，红河州彝族家庭伦理
道德传承发展着一种尊老爱幼、重礼节守信用、礼轻情重、和睦相亲的

---

　　①　佚名撰：《尼苏史诗》，龙倮贵译，云南民族出版社 2009 年版，第 405—460 页。

道德风尚。

尊老爱幼是彝族家庭伦理道德的首要内容，几乎成了彝族重要的风尚礼节，具有自身的特点，维系着父母与子女、长辈与晚辈、宗族与家族、家族与家庭的关系。父母抚养教育子女，子女长大成人并成家立业后赡养父母，这对他们来说是天经地义的事，此乃在他们整个家庭伦理道德礼仪中体现和反映极为鲜明的特点。彝族传统思想观念认为，父慈子孝、尊老爱幼、和睦相处才是最幸福美满的家庭。

在彝族传统家庭里，男女之间，旧时以男权为主，女子地位相对低下。但随着社会生产力的发展，社会意识的更新和进步，女子在家庭中的地位也日益提高，在生活中多是男主外，女主内，男女共同劳动、勤俭持家、荣辱与共的居家生产生活。具体讲，家长是丈夫，丈夫主管一切事务，握有对家庭财产的决定权，妻子在家庭中只有从属地位，除了持家务、保管钱财、管理全家人的生活起居外，一般不参与家族议事决策，更不参与村社事务的决策。但这些现象随着社会的发展进步，今已得到了明显的改善。

更有趣的是，兄弟姐妹或亲朋好友间有某种特长和技能者，都要毫无吝啬地把自己的特长和技能传授给他人。否则，他们认为持有特长和技能者将会变成一事无成的下场。甚至认为投胎换骨时，竟会不是聋哑就是瞎子。他们这种道德教育传统不把自己的一技之长视为私有，反映和说明了他们原始教育和原始生产农耕共同进步发展的思想道德观念。他们尚未把自己的一技之长视为私有，所有的人都是出自一个祖先，是平等的。他们的传统道德教育目的就是共同进步、发展、繁荣。

红河州彝族社会伦理道德是一种非常重要的行为规范和社会准则，它具有远古社会生活的原始气息和传统力量，维护着他们社会内部的团结和睦、和谐统一，并在漫长的社会历史发展进程中，形成了完整丰富的道德行为规范。主要表现在亲善和睦的称呼、豪爽大方和重义轻财的礼制、路不拾遗和结草为记的风尚、团结互助和友爱相处的礼俗、均衡和睦和荣辱与共的内部关系等方面。如路上遇到行人，不论相识与否，也不论民族、性别、年龄、职业，都会相互打招呼。对上了年岁的老者称"阿爷"、"阿奶"，对中年人称"阿叔"、"大爹"、"大妈"、"阿婶"、"阿姨"，对比自己稍大的称"阿哥"、"阿姐"，对比自己小的称"弟弟"、"妹妹"

等等，遇见不同人有不同的称呼。凡是成家立业且生儿育女的人，或者已当姑姑和舅舅的人，亲戚朋友都不呼其名，一般改称"某某阿爸"、"某某阿妈"、"某某姑姑"、"某某舅舅"来代称，以示敬重，也有祝福之意义。又如红河州彝族古往今来，热情好客、豪爽大方、重义轻财为著称。不论民族、性别、职业，只要与他们结交，甚至到他们家串门，一进家门，全家老小都会起身让座，并敬烟倒茶敬水。正如他们的俗话所说"主人不会冷，客人不会饿"、"客人不饱，主人难受"、"客人不醉，主人不喜"。除此，凡老人到邻居对门、邻村遥寨做客，作为晚辈的，都要护送。再如自古以来，尚有夜不闭户、路不拾遗、结草为记、非我之物不取的良好习惯。此外尚传"一家有难大家帮"之风尚，这种互助互济、友爱相处的风尚，无处不在，无时不在。

第五节　节日文化类型与特点

一　类型

有关民俗学、民族学研究资料表明，民族传统节日文化分岁时民俗文化和节日民俗文化两种。岁时民俗文化是随着时序、节令变换，气候、物候变化在民间自然形成的风俗习惯。这种风俗习惯与客观自然条件的变化密不可分，有着很强的黏着性，有时甚至不以人的意志为转移。而节日民俗文化是岁时民俗文化的一种独特的表现形式。二者共同的地方是都以时序、节令为转移，不同的季节，有着不同的岁时节日文化。不同的是，节日民俗文化带有强烈的人为因素，文化色彩更浓。[1]一般说来，民族节日民俗文化的传承，随着社会的发展，地域、民族、生产方式和生活方式的不同，内容和形式都随时起变化，但总是和节日民俗文化所流传地区人们的宗教祭祀、生产生活、宗教信仰、纪念活动、社交和文化娱乐活动、岁时活动及各民族之间的相互影响有着密切的关系。纵观红河州彝族传统节日文化也毫不例外，具有这些形成因素的本身。

---

[1]　陶立璠：《民俗学概论》，中央民族学院出版社 1987 年版，第 186—197 页。

红河州彝族传统节日文化，既有本民族的传统节日文化活动如彝族年、火把节，又与汉族共有的传统节日文化活动如春节、端午节、清明节；既有传统习俗性节庆文化活动如尝新节、日月节、祭祖妣节等，又有原始宗教性节祭文化活动如祭龙节、祭树节、咪嘎哈等，也有传统习俗性和原始宗教性节祭活动融为一体的节庆活动。又红河州彝族分布较广，支系复杂，各地各支系彝族节日活动也不尽相同，又各地各支系彝族节日活动的形式和内容也不完成相同，既有共性又有个性之特点。

一是年节文化。年节，在各民族中普遍受到重视。其形成一方面有祈求来年丰收的含义，另一方面更重要的是迎接新的一年的来临。但红河州彝族年节有传统年节如彝族年和火把节，以及外来年节如春节。

二是宗教性节祭文化。宗教性节日文化就是原始宗教节祭文化。彝族原始宗教信仰是一种全民性的活动。每一个民族成员对崇拜的神灵包括自然崇拜、图腾崇拜、祖先崇拜，都怀有一种纯朴、神圣的情感，每到一定的节日，要举行祭祀活动。后来随着社会的发展，彝族原始宗教信仰作为全民性的活动消失了，但它的某些仪式及与之相关的活动，作为民间习俗传承下来，一直流传到今天。红河州彝族传统节祭文化的"咪嘎哈"、"祭火神节"、"祭祖妣节"便是。

三是生产性节日文化。生产性节日文化，一般是指农业、林业、牧业、饲养业、渔业、手工业等生产中，伴随着岁时变化和生产习俗所传承的群众性活动。其有固定的时间，是在生产实践基础上产生的，并表达人们的美好愿望，并带有祭祀、纪念等意义。红河州彝族传统节日文化的"尝新节"、"日月节"属于这一类节日文化活动。

四是文娱性节日文化。文娱性节日文化，大都具有联欢性质。在文娱性节日文化活动中，较有特色的是各民族的歌会、歌节。红河流域南岸红河、元阳县彝族男女青年歌舞节和北岸异龙湖畔罗色庙歌舞节就是典型的代表。

二　特点

纵观红河州彝族传统节日文化活动，不论是年节文化活动，还是宗教性节祭文化活动、生产性节日文化活动、文娱性节日文化活动，具有如下几个方面的特点和功能。

图 1—20　弥勒市彝族传统火把节

一是全民性。红河州彝族凡举行大的节日欢庆或祭祀活动，都是全民动员，家家捐资捐物，贡献人力、物力，因为它代表着全民族的根本利益。大家的事，大家办，这是基本的指导思想。无疑这一指导思想和所举行的祭祀活动对于加强民族的凝聚力，培养集体观念有着一定的积极作用。当然，我们也要看到，他们崇拜神灵，把希望寄托在虚幻的神灵上，欲以解脱肉体和精神上的痛苦，这是荒唐的。并对民族经济文化的发展是极为不利的，也容易形成落后、滞后、封闭的民族地域观念，不利于与其他民族在政治、经济、文化等方面的广泛交流。

二是功利性。红河州彝族崇拜祖先、崇拜动植物、崇拜神灵，目的是为了祈求祖先、神灵保佑自己，保护部落或民族的利益。崇拜动植物，也是希望获得动植物的某些特性，求得保护自己或民族的能力，以及征服自然，发展民族的能力。另外，通过这些祭祀活动，起到了保护集体利益的一定作用，民族和个人从中亦直接获得了许多实际的利益。如"祭龙节"，实际是祭龙（彝族龙图腾崇拜）。而每年祭龙神的时候，除祭祀外，还要清净修治水井、水池，以利众人饮用。又如"咪嘎哈"、"祭龙树节"、"密枝节"，它们所处的那片树林，甚至可说是一座山的树林，都具有神的灵性，寨里人谁也不敢砍，也不准砍。显然，在一定程度上，起到了保护树林的作用。

　　三是娱乐性。如前述，红河流域南岸红河、元阳两县彝族男女青年歌舞节、北岸异龙湖畔的罗色庙歌舞节以及各地春节、火把节中青年男女赶花街、跳烟盒舞、唱海菜腔，还有"咪嘎哈"中驱赶虎豹仪式、祭火神节中的"阿细跳月"等，都具有鲜明的娱乐性。如"密枝节"活动中的"撵猎"、"狩猎"场面（祭祀完毕后，有的人扮作猎物，手拿猪蹄、鸡爪等物绕着祭祀场地跑，有的人边喊边追），完全出于彝族人民为发泄某种激情和观照自己的审美需要，既娱神又娱人。

图1-21　弥勒市彝族传统祭火节　　　　图1-22　开远市彝族祭神树节

　　四是教育性。大凡每一个节日文化活动，或多或少都具有鲜明的教育作用。春节中，绿春县牛孔彝族四大寨的"出门"、"拜年"、"跳鼓舞"等，如"出门"教育人们要勤劳勇敢，具有民族献身的精神；"拜年"培养孩子尊老爱幼的思想品德；"跳鼓舞"正像老人们常说：不会栽秧就学跳鼓舞，显然是生产劳动教育。从民间文艺的角度看，还具有潜移默化的艺术审美教育作用。如"端午节"、"火把节"、"祭火神节"活动及有关传说是对爱国者和民族英雄主义的赞颂，同样具有一定的教育作用。当然，他们把某些传统教育寓于某些对鬼神的崇拜活动之中，对后代的教育，对民族的发展都有许多不利的消极因素。不过，这种有意识地把民族精神的教育、民族性格的培养寓于各种节庆习俗活动中的教育方式、手段，倒值得我们认真研究和借鉴。

　　除此，红河州彝族传统节日文化，从活动的内容来看，传统宗教节祭文化活动多于传统习俗节庆文化活动，支系性、地区性、部局性传统节日文化活动多于全民性节日文化活动。一句话，红河州彝族全民性传统节日文化活动只有春节、火把节及祭鬼节（七月半），其余都是支系性、地区性、部局性的传统节日文化活动。但这也反映了红河州彝族传统节日文化的多样性、多元性的特点。

　　总而言之，一定的风俗习惯和民俗事象反映着一定的民族心理、性格，行为道德规范。红河州彝族历代先民在社会历史文化生活的长河中，把美好吉祥的希望寄托于事物之中，创造了多姿多彩的传统节日文化，进而形成了一些务必恪守的风俗习惯和民俗事象。这些民族化或区域化的传统节日文化活动反映和体现出来的民族心理、民族性格、民族情感，正反映了红河州彝族纯朴善良、诚实、勤劳、勇敢、聪明、憨厚、好客、热情的民族性格和民族情感。

上篇　节庆文化

第二章

彝族年和春节

第一节　彝族年

一　年节时间

红河州各地彝族过传统年节时间不同，以红河县为例，以乐育镇虎山为界，以东、以东北的宝华、甲寅、石头寨、阿扎河等乡镇及乐育镇以东自称尼苏颇的彝族村寨逢农历腊月二十三日至二十六日过传统年节。而以西、以西南的浪堤、大羊街、车古等乡镇及乐育镇以西南自称尼苏颇的彝族村寨及绿春县、墨江县、江城县自称尼苏颇的彝族村寨等逢农历冬月二十三日至二十六日过传统年节。滇南红河流域自称濮拉颇的彝族村寨以红河县迤萨镇大白能村为界，以东自称濮拉颇的彝族村寨逢农历腊月二十三日至二十六日过传统年节，而以西自称濮拉颇的彝族村寨逢农历冬月二十三日至二十六日过传统年节。金平县自称尼苏颇的彝族或逢农历冬月二十三日至二十六日过传统年节，或逢农历腊月二十三日至二十六日过传统年节，但该县金河镇保山寨彝族逢十月初三过传统年节，绿春县牛孔四大寨彝族逢冬月十三日至十六日过传统年节。其他县市自称尼苏颇和濮拉颇的大多彝族村寨逢农历腊月二十三日至二十六日过传统年节或同汉族一起过春节。据调查，他们历史上曾使用过"十月太阳历"，认为冬月是年尾接年初月，并冬月二十四日至二十六日是年尾连年初的交替日。

二　传说由来

红河州各地彝族过传统年节的传说不一。

传说之一：

从前，红河县彝族地区有一个地方土司官，辖内的彝族，每逢过年，各个山寨都要拿鸡鸭、猪肉、野味、米酒等向他上贡。可贡品一时吃不完，他就把过年的时间按地区作了调整安排，以红河县虎山为界，居住在西面和西南面的彝族逢冬月二十三至二十六日过传统年节，居住在东面和东南面的彝族逢腊月二十三日至二十六日过传统年节，其他地方的彝族同汉族一道过年。这样一来，从冬月到次年正月，他都可以享受到子民上贡的佳肴美酒。

传说之二：

很古的时候，哈尼族、彝族、汉族是一娘生的同胞兄弟，哈尼族是大哥居住在高山上，彝族是二哥居住在半山腰，汉族是三弟居住在坪坝。他们三兄弟以前是一起过年的，后来有一年，哈尼族大哥农作物秋收已完毕，并小春作物已下种，年猪已养胖了，天气渐渐变冷，也逢心闲农闲之时，一进入农历十月初就杀猪过大年。过完年，到彝族二弟家和汉族三弟家赠送腊肉干巴、糯米糍粑等。彝族二弟和汉族三弟收到年贺后，好生奇怪，就问缘由，哈尼族大哥理直气壮地说："我身为你们的大哥，提前过年，理所当然。再说，我大哥住在高山上，什么事也没有了，人闲农闲心闲，不过年怎么办？"彝族二弟和汉族三弟听了后，也觉得有理，没同他争辩什么，就默认了。第二年，彝族二哥心想，居然哈尼族大哥可以提前两个月过年，我作为老二，就提前一个月过年，也是合情合理，日久成俗。

生活在开远市碑格乡一带自称濮拉颇的彝族民间流传着这样的传说由来：

很久以前，人类不知什么"年"，也没有"过年"之习。因为没有"年节"，也不知道时间、季节概念，人类觉得自己难以继续生存下去。于是，经大家商议后，派两个精明强干的男子出去找"年"。他俩走到某处，遇见一伙人便问："你们是否知道哪个地方有'年'？"那伙人答："不知道，我们也是找'年'！"知道对那伙人问不出什么名堂来，继续赶路，逢人就问，但都说不知道什么叫"年"。一天，遇见几个做生意的人，便问："地上哪里会有'年'？"生意人回答："天神策格兹手里掌握着'年'。"而且还得知天神策格兹那里还有司管粮食的"章申龙"。此两人一听"年"及"谷神"在天神那里，于是决定到天上把"年神"及"五谷神"要下来。到了天庭，两人向天神策格兹诉说了人间的悲苦，千般万般请求，终于得到天神策格兹点头同意。不过天神策格兹说："'年'我可以赐给你们人间，但你们地上要干净。若是不干净，我的'年神'是不会愿意下凡的。还有'年神'下凡到人间，并非他一个悄然地去，有多少陪同神灵隆重地护送下凡。这些神灵，或提着灯笼，或举着旗幡，或敲锣打鼓。到了你们人间，'年神'骑的马，拴在什么地方？灯笼、旗幡、锣鼓放在什么地方？"两人答："这些都不怕，为了迎接'年神'的下凡，我们已经把房屋内外、大街小巷都打扫干净了，一切邪气都驱赶出去了，到处都是香烟缭绕，幽香无比，张灯结彩。'年神'的马，可以拴在门前那棵松树上，灯笼可以挂在松枝上，旗幡可以插在门头上，锣鼓可以挂在门框上，'年神'可以坐在高堂的供桌上。"此时，从地上传来接二连三的猪叫声。天神策格兹问怎么一回事？两人异口同声地答："为了迎接'年神'下凡，我们地上的人家家户户都在杀猪了，都要用最好吃的猪肉来款待'年神'。"天神策格兹问："宰杀那么多猪，怕是从此以后猪就绝种了？""不会的，老母猪是不杀的。只要老母猪还在，就会继续添猪崽，永远都宰杀不完，永远都可以吃猪肉，永远都可以用猪肉来供'年神'享用。"说得天神策格兹、年神及其他神灵都连连点头，当即决定于某日某时年神就下凡人间。

两人在天上讨要到"年"后，又去找司管粮食的五谷神主"章申龙"，五谷神主听到地上的人，平时生活靠男子打猎，没有五谷可食，恻隐之心油然而生，同意赐给人间五谷之神，并交代种植管理等方法。但五谷神主又说："这个我不能自作主张，须得天神策格兹同意方可。"于是两人又跑到天神策格兹前，一把眼泪一把鼻涕地苦苦哀求，最终得到恩准，五谷神主"章申龙"把五谷神放到了人间。

两人从天庭返回到地上，把两件大喜事告诉了人们。人们自然欢欣鼓舞，个个依照两人的吩咐，热热闹闹地张罗起迎接"年神"的事情来。

到了某日某时，天上的"年神"，闻到地上飘上来的香味之后，骑着一匹高大骏马，在提灯笼的小天神的引领下，在喧天嚷地的锣鼓声中，在五颜六色的旗幡簇拥下，踏着轻飘飘的香烟，浩浩荡荡地下凡到人间。年神把马拴在青松脚，灯笼挂在青松树上，旗幡插在门头。

从那以后，地上的人们把那一天称为"年"，作为结束旧的一年和开始新的一年的临界日期。其他时间、季节由此推算，对生活带来极大方便。每到那个时候，村村寨寨，家家户户，都自觉地洒水打扫，到处点起香火，在大门前栽上一棵从野外挖回或砍回的松树，松树上挂一个红灯笼，门头插红布块、红布条，没有红布的贴红纸。有锣鼓的挂在门两侧的墙上，供"年神"的供桌上摆满酒、肉。这就是过年的来历。①

三　年前礼习

1. 砍年柴

红河州彝族不论是过大年节，还是遇红白喜事，都兴砍松柴作年柴或红白喜事炊饮食之用。在砍年柴时，砍柴者把自带上山吃的食物置于所要砍的松树前，念诵《砍年柴歌》：

直直的松树，我站在你前。不是我非要砍你，而是我们要过年，过年没年柴，没柴烧年猪，不会做年食，没食不会祭祖神。今天要砍你，砍你做年柴。远古造天时，同时造万物。万物千万种，

① 赵静、师有福、王朝明：《开远彝族濮拉颇文化习俗研究》，云南民族出版社2014年版，第8页。

松为无血种，无血的物种，分化千万种：杉松树乃一，雪松树乃二，白松树乃三，青松树乃四，黑松树乃五，五松分十种。你是老大那一支，世上树神你最大。树神你最灵，树神你最好。今天来砍你，砍你做年柴，不是怕你来砍你，不是恨你来砍你，不是找不到做柴的树，不是不敢砍别的树，是祖先定下的规矩，是祖先传下来的，说是只要来砍你，只有你配做年柴。[①]

念毕方可动手砍松树。砍倒松树后要破柴劈成柴块时，也要念诵《破年柴歌》：

吉日破柴，破柴过年，过年祭祖，家事平安。

就是在背年柴回家之前，也要先念诵《背年柴歌》：

年柴乃松柴，松柴上背上，背柴回家里，猪肉又酿酒，猪肉与米酒，祭献祖神灵，祖宗之后裔，饱吃又饱喝。[②]

以上这些《砍年柴歌》、《破年柴歌》、《背年柴歌》则说明和反映了彝族对松树的虔诚崇拜和原始意识文化。

无独有偶，贵州毕节市彝族历史文献《西南彝志·恒氏源流》中就记载了不少的彝族信仰崇拜物，其中关于松树以开天创世，就说明了松树具有创世功能，创世是图腾崇拜及其原始文化的重要特征，其"创世兴家"的过程便是"靠松树创天，靠松树创地，有鸿来兴土，有雁来兴地……"，其更说明和反映了彝族顶礼膜拜松树的原始文化。

2. 舂糯米糍粑

红河州彝族，不论过大年，还是过春节，节前都要舂糯米糍粑。但由于"十里不同天，隔山不同俗"的原因，舂糯米糍粑，有的村寨在年前进行，有的村寨在年后进行。不论年前还是年后舂糯米糍粑，以此

---

① 左玉堂主编：《云南彝族歌谣集成》，云南民族出版社 1986 年版，第 90—91 页。
② 同上书，第 91—92 页。

示"生活圆满，家人团结，邻里和睦"之寓意。当地彝族糯米糍粑分三类：一类大型糍粑，大小视簸箕而定，其厚寸把。此类糯米糍粑，一来预备馈赠亲朋好友，二来以备切做干糍粑片，晾干炸食，脆香下酒。二是中型糍粑，与碗口一般大小，食量大者可吃两三个，食量小者吃一个就饱。此类糯米糍粑，一备送往迎来中"你有情，我有意"，二备带其上山下地做活烘食，即作晌午饭。三是小型糍粑，此类糯米糍粑的大小没有定论，不求一律，只要圆满即可。此类糯米糍粑为自家烘食。宾客进家，也烘烤敬献。① 又不论年前还是年后春糯米糍粑，从质地种类来说，有一般糯米糍粑、紫米糍粑、小米糍粑、高粱糍粑等，但除了前者，既一般不能馈赠亲友，也不能祭祖祭年神，只能自家食用。还有蒸糯米饭时，切忌用手抓吃。据说，抓一把糯米饭，就会有七个鬼魂同来抓，故当年饭不经吃，家人食量入不敷出。又宾客来家烘烤给宾客享食时，切忌吹灰、拍灰，否则犯有"吹灰是吐唾沫喷他人之脸，拍灰是扇他人之巴掌"之大忌。

四　年节仪礼

1. 上山接年神

二十三日下午，将屋里屋外打扫干净，各家各户都要到村后松林里，挖一棵三台或三台三丫枝健全无虫害、完整无损的幼松和砍一树叶茂盛的青锥栗树枝回家，认定方位，并栽于天井中，以此象征吉祥如意、四季常青、终年发财兴旺，加以供奉。与此同时，还要另砍若干松枝回家插于门头、锅庄、灶头、神龛、柱子、畜圈禽舍等无一漏处，以示将祖灵及诸神灵从山上接回了家中，并安顿好了它们。最后插有三丫的松枝在自家大门外右方墙上，以示无家可归的历代血亲野鬼此处安顿。栽插完毕，放一串鞭炮，以示喜迎年神及其他神祖进家，此乃谓之"一请祖神"。

2. 送灶君神

二十三日晚上，家庭主妇剪一碟稻草摆灶头，撕一撮绿松毛排放一边，草头上撒些荞子、大麦，以此示喂灶君神"马料"。摆设就绪，燃

---

① 李朝旺：《石屏彝族民俗》，中国文艺出版社 2002 年版，第 103—104 页。

图 2 – 1　红河县彝族传统年节　　　　图 2 – 2　红河县彝族传统年节
门外插松枝　　　　　　　　　　　庭院栽幼松

香点烛烧纸，磕头礼拜送灶君神回天宫。据说，灶君神上天回宫往返时间需七天，冬月三十日那天重返人间。因此，待冬月三十日夜晚再用此方式接灶君神回家。送灶君神时，要用糯米汤圆塞灶君神嘴，用蜂蜜抹祭品。据说，灶君神上天，是专门禀报人的功过，天君神视其功过，大德加寿 360 天，小功加寿 3 天；大过每次减寿 360 天，小过每次减寿 3 天。用糯米汤圆塞灶君神嘴，用蜂蜜抹祭品，意在让灶君神"只言人功，不言人过"。

3. 杀鸡祭神祖

二十四日早晨，雄鸡啼鸣，男女老幼都穿上节日的盛装，青年人鸣枪放炮，妇女唱吉祥歌，家家户户男家长先杀一只大雄鸡祭献神祖、家神及其他诸神灵，接着点燃神龛上的香炉和油灯，香火和油灯昼夜不得熄灭，即灯火昼夜通明。家中老者在前祈祷，请历代祖宗同子孙过节，此乃谓之"二请祖神"。杀鸡祭神祖时全家老幼均向祖灵磕头祈求福禄，祭毕全家就开始进早餐。

4. 杀年猪祭神祖

二十四日早饭后，烧水杀年猪。当地彝族过大年为什么要杀猪，有一个悲切的传说由来：

相传，很古很古时候，鸡和猪是一对好朋友。那时候，人们田地少，只有天君神策格兹占有大多的土地。有一次，天君神策格兹下令下界所有动物都到天宫听令，要在所有动物中选中两个最勤劳的给天君神策格兹做工。所有动物都到齐后，经过一番推举后，选出猪为第一个勤劳者，选出鸡为第二个勤劳者。第二天一早，鸡和猪随便吃了一点东西就上路了。走了三里多路，太阳才升起来。走啊走啊，不知翻过了多少座山，渡过了多少条河，终于走到了工地。猪老老实实地在地里干起活来。鸡贪玩，一点活也不干。它一会抓蝴蝶，一会捉蚂蚱，一会啄小虫——玩啊玩。玩得多痛快，太阳偏西了。鸡跑到地里看了看，猪把活都做完了。鸡想：如果天君神策格兹知道我今天没干活，那可就遭了，怎么办呢？它想啊想啊。终于想出了一个办法。鸡在地里走来走去，把整块地走了一遍，就抢先跑回天宫去了。鸡向天君神策格兹告了猪一状："天君啊，地里的活全是我鸡干的，猪一天都在贪玩，您要是不信就到地里看看吧！"这时，猪也赶来了，猪听了鸡的话，心里发慌结结巴巴地说："你……你……别听鸡的哟。地里的活都……都……都是我猪一个干的！"天君神策格兹听了一时真假难辨。这时，鸡又说："我俩的话谁也别听，还是请天君您到地里看看吧！"天君神策格兹领着大臣们到地里一看，地里都是鸡爪印。这下可把天君神策格兹给气坏了。天君神策格兹一怒之下定了条规：今后猪只准吃糠，而且一到年底就要宰杀。就这样，每年年底人们家家户户都杀年猪过年。

图2-3　红河县彝族杀年猪

图2-4　红河县彝族传统腌熏腊肉

杀年猪前一定要用清水浇在猪头猪脚猪尾，以示用清水洗过猪身，祭祖的猪肉是干净卫生的。刮毛剖肚，取猪肝请毕摩看猪肝卜，其后供于神龛前或供桌上，随即灯火通明，香烟缭绕，既庄重又热烈，父或长子用托盘托着年猪的各部位分生、熟肉及酒饭等依次向天、地、土、水、日、月、仓、龙、灶等诸神位祭献，全家老小向各神位磕头请安。在祭祖宗神位时，将祭品放在祖宗神位前，然后拿少量祭品依次祭献柱子、水缸、畜厩、大农具等。祭毕，全家人围席入座，将取一点桌上的各种食物放入一只破碗里，再加生血、火炭、烟丝等于碗中，送到村外岔路口倒掉，以示让无家可归的野鬼吃，劝野鬼不要进村入家。然后盛碗饭加少许肉和汤给狗吃。传说人类遭第一次洪水灾害时，世上的庄稼全被淹没，是狗从天神那里讨回了五谷种子，才挽救了人类。因此，人们把狗视作自己的救星。每逢过年过节，首先要慰劳狗，狗吃饱了家人才能开饭。

5. 出嫁姑娘回娘家省亲

二十六日早饭前，出嫁姑娘回娘家省亲，甚至出嫁的女子已去世，其子女也要代其母省亲。省亲时要背着糯米饭、猪肉、酒等年节礼品，其意义有二：一是祭献娘家祖宗，二是孝敬娘家老者。结婚不满三年的女婿，无论有无生育子女，即使家里因遭猪瘟，没杀年猪，也要出钱买一个猪头（一个猪头表示一头猪的价值）背回娘家，并加糯米饭、年猪肥肉、瘦肉和一只大红公鸡，带着自己的妻室到女方家给岳父母拜年，并献祭女方的祖宗。出嫁姑娘及女婿回去时，娘家也要回敬猪肉、活鸡等礼物。若带有小孩来的，娘家还要给压岁钱及公母鸡一对。刚出嫁的姑娘也如此，年迈的妇女也如此，虽已去世但子女健在的由子女替代她回娘家祭献历代祖妣。

6. 送祖

二十六日晚饭后，家长要以肉、菜、酒、糍粑、糯米饭等作祭品，点燃三炷香火，进行送祖仪式。仪式上用托盘托着以上祭品边向诸神位及祖灵一一祭献，边念"年节已过清，年猪已吃完。请回吧！请回吧！来年我们又来接你们回来过年"。随后拈一点冷饭菜送至村外岔路口，表示催无家可归的野鬼到村外。

在这笔者须说明整个过大年期间的祭品和饮食习惯方面。二十三日晚饭到二十六日早饭前，每餐前都要祭献，每祭一次饭，放一串鞭炮，以示宴请祖神庄重、肃穆、隆重。每餐祭献的祭品有明确的规定：二十三日晚饭前以豆腐和水酒为主；二十四日早饭前以鸡肉为主，二十四日晚饭前以年猪生、熟肝、心、肺、血为主；二十五日早饭前以年猪的糯米血肠、肥肉、瘦肉为主，二十五日晚饭前以年猪的头脚为主；二十六日早饭前，以已出嫁的姑奶、姑姑、女儿、孙女背回来的米酒、猪头、年猪糯米血肠、瘦肉等祭献神祖。

图2－5　红河县彝族糯米血肠

图2－6　石屏县彝族煎炸鱼

与此同时，节日期间，家家户户忙着腌年猪肉，忙着加工糯米血肠，除此而外就是忙着请客做客。

五　娱乐活动

1. 跳舞娱乐

（1）欢跳乐作舞

红河、绿春、元阳、金平四县自称尼苏颇的彝族男女青年成群结队，聚集在村寨附近的山上，吹拉弹唱，围成大圆圈，欢跳民间传统舞蹈"乐作舞"；欢唱悠悠动情的民间传统"阿哩"（情歌）。当地彝族民间尚传乐作舞的由来：

> 传说，很久很久以前，彝族人家茶余饭后或逢年过节都喜欢在一起相聚、聚拢聊天、议事。有一次，一个勤劳的孤儿来到大家相聚的场所，他一边手舞足蹈，一边津津乐道地告诉大家，今年他栽种的荞子丰收了，大家看他跳的动作既形象又优美，如割荞子、捆荞把、掼荞子、踩荞子、簸荞子、筛荞子等动作。大家就跟他跳起了踩荞舞。从此以后，只要彝族人相聚在一起总要跳拍手舞，庆祝来年丰收。

乐作舞，在长期的流传过程中，形成了完整的舞蹈套路，如由踩荞、撵调、斗脚、斗肩、穿梭、找对象、擦背、游调等舞蹈套路组成。但彝族民间有72套之说，如约舞、一步舞、三步舞、二转舞、三转舞、采树叶舞、吃叶子舞、死舞、活舞、采果舞、吃果舞、生火舞、取火舞、钻火舞、着火舞、火把舞、火塘、擦背舞、擦胸舞、葫芦舞、生娃娃舞、狩猎舞、围猪舞、打麂子舞、打虎舞、分猎物舞、天冷舞、缝兽皮舞、缝树叶舞、撒棉花舞、纺线舞、做饭舞、开荒舞、下种舞、薅除舞、收割舞、穿牛鼻子舞、驯牛舞、套马笼头舞、赶马舞、开沟舞、垦田舞、铲埂舞、砌埂舞、犁田舞、耙田舞、撒秧舞、祭田舞、栽秧舞、烧害虫舞、打谷舞、丰收舞、吃晌午饭舞、摸螺蛳舞、拿鱼舞、喝酒舞、蜜蜂采花舞、相识舞、欢喜舞、摸耳朵舞、赠物舞、拉媳妇舞、结婚舞、一步追脚舞、二步追脚舞、三步追脚舞等舞蹈动作套路。但大多由前六种和后两种舞蹈套路为主要跳法。此舞的基本特点：起伏连贯，重拍向上，脚的动作小巧灵活，上身随舞步有左右倾斜，前俯后仰。如跳"撵调"时，舞者身体翻转自如，似彩蝶游花，白云缠浮山巅。又如跳"游调"时，脚步轻盈灵巧，恰似蜻蜓点水，时而正转，时而反转，时而斗脚，时而穿梭。在领唱者抒情委婉的歌声中，众舞者还可以"作——啊作"伴唱，此起彼伏，有应有合，气氛显得热烈欢畅。1956年红河县阿扎河乡垤施洛孟彝族代表红河县彝族，进京演出，深受广大首都人民和文艺节的热烈欢迎，并受到周恩来和刘少奇等党和国家领导人的接见。现红河县阿扎河乡被有关专家誉为"乐作舞之乡"，星期天赶集天称为"乐作舞街"，红河县委县政府把其定为"县舞"，在全县内推广普及。

（2）欢跳大圆圈舞

红河、绿春、元阳、金平四县自称尼苏颇的彝族中老年人，相约在村寨场子跳大圆圈舞。舞者人数不限，但须成双。表演时众舞者围成大圆圈，按鼓点声节拍，由易到难，由简到繁，从进三步、退三步开始，用斗脚、顺转、逆转、踮脚、踮脚互转、蹲步、蹲步擦背、扫步擦背、踮步穿梭、翻身、拖步对叉、蹲步起纵、踮步踩碓、踮步越墙等36个动作组成舞套。男性舞姿干净利落，刚健有力，潇洒自如。女性舞姿轻快如燕，落落大方。但节奏一致，动作协作，步调统一。

图2-7　红河县彝族传统乐作舞

图2-8　红河县彝族传统大圆圈舞

2. 荡秋娱乐

（1）荡秋千

说起荡秋千，当地彝族有这样的传说由来：

很久很久以前，有一条平坦的通天路，有一个仙女乔装改扮成凡女，下凡与穷汉配成夫妻。仙女她爹发怒，把上天路断了。一年大旱，仙女叫村民架起了一座荡秋，用荡秋一起一落荡上天去，求仙人布云降雨。又传说，滇南彝族尼苏颇每年过年要杀死很多肥猪，肥猪不服向天君神策格兹告状，天君神策格兹为了蒙骗肥猪，就对它们说，人太残暴了，我让他们吃饱喝足后就去吊死。天君神策格兹就教人们荡秋千，哄骗猪族。

秋千，以两股数米长的绳索（多用拇指般粗的野生葛根藤条），间距稍宽于人体平行，上端系于可支的树枝或两个三脚架横档或屋梁上，下端系于近地面处平系坐档（木棒或木板），便成秋千。蹬荡时双手紧握绳索或藤条，站或坐于档座，自蹬或让人推动。荡法有两人面对面蹬荡或单人蹬荡。彝族民间有"老年人荡秋千，百病不治而愈；中年人荡秋千，万事可遂心欢；男青年人荡秋千，配偶如同仙女；小娃娃荡秋千，一生一定平安"之说。①

（2）荡磨秋

生活在金平县金河镇保山寨一带彝族过大年时有荡磨秋之习。他们荡磨秋也有传说由来：

　　远古时候，有一年秋末冬初，临近过大年的一天，天降暴雨，山洪吞没了村庄、田地，彝族人民面临灭绝的危险。有家兄妹俩，哥叫沙勒，妹叫沙妮，他俩抓起泥土飞上天去补天池的漏洞，泥土用尽，兄妹俩就进天池，用其身体堵住漏洞，天终于补好了，但他俩永远回不来彝族山寨了。他们的鲜血变成满天彩霞，与彝族人民永远在一起。为了纪念这对兄妹俩，当地彝族便过大年时，砍来大树做磨秋，让年轻人荡着游，磨秋"咕咣咕咣"的响声飞到天上，对兄妹俩诉说人们的思念和感激之情。

另一则传说：

　　远古时，牛马、虎豹、老鹰到天君神策格兹那里去控告人类，说人类役使它们，又追杀它们，请求天君神策格兹惩罚人类。但是猫狗、燕子、喜鹊等又到天君神策格兹那里为人类辩护，说人们对它们爱护又关心，请求天君神策格兹切莫惩罚人类。天君神策格兹调查了一番，知道双方说的都有道理，就告诉它们过大年前后去惩罚人类和奖赏人类，燕、鹊们把这个消息悄悄地透露给人们，聪明的人们到了过大年前后，砍大树做成磨秋，在秋轴上抹上猪鲜血，两个人爬在秋杆上飞快地旋转，一面转一面叫，天君神策格兹看见了，便对牛马、虎豹、老鹰说："看看，看看，人们已经受到惩罚了，他们上不沾天、下不着地，被钉在木头上了，看看，听听！他们痛得叫了，血也淌出来了。"牛马、虎豹、老鹰们看看果真如此，于是就满意了。从此，当地彝族过大年时都要荡磨秋，免得天君神策格兹以虐待牛马、虎豹、老鹰等来惩罚人类。

磨秋由桩、横杆、扶手三部分构成。桩高出地面约180厘米，直径约20厘米，制作简便的，在横圆木的中间凿一个40厘米左右的圆孔

图2-9　红河县彝族打磨秋　　　　图2-10　红河县彝族荡秋千

（不能把圆木杆凿通），两端各凿倾斜朝内的小孔眼，安上扶手即成。横圆木杆中粗两头稍细，长600—800厘米，直径20厘米。磨秋以桩为轴，横木在轴上旋转。打磨秋时，一人或二人在一端，起伏旋转。女子多为骑马式，男子为腰磨式。为了取乐，经常有人"送秋"，让秋上的双方都在空中飞速旋转，以多次求饶止，让其下秋。

3. 其他娱乐

（1）三台棋

过大年期间，成年男子，尤其是爱好者两人为一组或若干人为一组，就地先画好三台棋图，相互对弈。每一线交点处都可以搁子，三子一线就可打死对方一子，每线交点处搁满子为止。捡出被打死的子，随即开始动子。动子时也是每每动成三子一线时就视为打死对方一子，即捡出对方一子，直至打死对方或对方认输为止。全死或多死子者为败方，未死或少死者为胜方。规则先下子者后动子，后下子者先动子。

（2）母猪拱仔猪棋

亦称大子吃小子棋，或一豹吃群猪棋。过大年期间，男孩两人为一组或若干人为一组，相互对弈。动子前，群子方摆好规定位置上的棋子16颗，独子方即大子方摆好规定的一颗棋子于中央。动子时，群子方先运行，步步逼近中心。独子方运行挑拱吃群子方，当独子方运行至一条线的群子方两子间时，即视为这两子已挑拱死且捡出，独子方速即返回原位，重运行另一方向挑拱吃一条线的两子间即可。每人每次只能走动一步。如果群子方被独子方挑拱吃完，就视为群子方输。要是独子方被群子方团团围住且不能走动一步时，就视为群子方赢。

至于棋艺对弈娱乐的很多，如西瓜旗、撵死棋、六子棋等，数不胜数。

（3）钻人手桥

过年期间，男女儿童择宽敞的场地，先选出两人，双手互插架起人手桥，其余的人以个头高矮秩序排成一行，并用双手抱着前者的腰间。活动开始，那排领头领着后面的人在人手桥下两边各绕三次，架人手桥者开始从最末一人套起。每次只能套住一人。如果套住了，就视为被套住者输，并令其叫一种禽类或兽类的声音才放行。如果无法套住，就视为架人手桥者输，另选两人架人手桥从头开始。如果从最末一个人套起，并依次套住，就视为架人手桥者胜，活动从头开始。但不得在中间突破，也不得·次套住两人或多人，否则视违法规和违令。

综观所述，红河州传统彝族年，虽在部分地区、部分支系中留存，但从活动时间看，反映和再现了历史上彝族曾使用过"十月太阳历"的文化遗迹。从具体活动内容看，反映了彝族松树崇拜、年神崇拜、灶神崇拜、祖先崇拜、糯食崇拜等原始宗教信仰文化内涵，还反映了彝族过年节不仅仅是为过年而过年，而是集祭祖祀神、庆祝五谷丰收传统、娱乐嬉闹的节庆文化活动。然而，纵观当今红河州彝族年活动的状况，由于当地社会生产力的不断发展，物质生产资料的不断丰富，加上大多青壮年进城打工，再加上在外工作、读书、经商的人越来越多，彝族传统过年节，不如往常一样注重，更不那么隆重和热闹了，只是在家留守的儿童、老人杀只鸡，象征性地过彝族年，大家都注重全民性的春节。特别是传统歌舞的展现、传统娱乐活动如竞技游戏的表演、传统棋艺的博弈，由于广播电视普及且都市文化的冲击，几乎濒危。这个趋势是好是坏，笔者不敢妄加评说。

第二节 春节

一 传说由来

春节，红河州彝族称"矻喜窦"，为新年来临之意。在当地彝族的心目中，从大年三十到十六都是节日。这期间都要吃好的穿好的，不能说不吉利的话、不能违反村规民约、不打骂孩儿，见客让座、来客请吃。至于春节，石屏县西北部彝族民间还有一个传说由来：

很古的时候，彝家人民安居乐业。春收麦子夏收荞子，秋割稻谷冬挖洋芋。一年四季有收入，吃不愁穿不愁。有一年，不知从哪里来了一伙长胡子的强盗，杀了彝家的猪，烧了彝家的房子，踏死彝家的庄稼，霸占彝家的五谷六畜。强盗们占山为王，拿着长矛大刀强逼彝家人供养他们。

那时，彝家有一个爱笑的胖伙子悄悄串联彝民，人们一串十，十串百，不肖几日，就村村串联起来了。各村选派了头人，集中到胖伙子的村庄，谋划商议铲除强盗的事。大伙决定大年初一听爆竹行动。

除掉强盗可不是闹着玩的，因那时村村有强盗，寨寨有强盗，弄不好，莫说是除掉强盗，还会被强盗杀死。人们为了不出差错，商定大年夜就煮好饭，杀好鸡，切好肉，劈好年柴，一切弄出响声的事情都提前做好。

第二天天刚亮，各村各寨的青壮年都不声不响地起床，悄悄准备好长矛大刀，默默地等待爆竹的声响。爆竹一响，各自轻手轻脚摸到强盗的床前，狠狠地一刀砍下去，让强盗们一个个成刀下鬼。后来大年夜放爆竹，大年初一不劈柴不杀鸡就是这样兴起了。

大年初一，太阳照耀彝家山寨，人们欢呼雀跃，相邀相约载歌载舞庆贺。爱笑的胖伙子，骑着高头大马走村串寨说："杀死了强盗，应该清扫堂屋。松毛能避邪，大家都撕松毛铺撒堂屋，镇住强盗鬼魂。"从此，就有了大年初一，堂屋铺撒松毛的习俗。

人们为了感谢那个爱笑的胖伙子，大家一致推他为头人。爱笑的胖伙子推辞说："串联大家铲除强盗，是把大家从水火中解救出来，眼下事已告成，头人我当，我从初一到十五，让你们尽情欢乐。"于是这期间，各家吃最香最甜的饭菜，穿最漂亮的衣裳，相互说最亲近的话，朋友小伙伴互请吃饭，街头巷尾热热闹闹。从此，彝家山寨初一到十五都穿红着绿，热热闹闹，欢欢乐乐。①

---

① 李朝旺：《彝族民间故事选》，中国文艺出版社 2003 年版，第137—138 页。

二　节前礼习

1. 招五谷魂

生活在石屏、红河两县自称尼苏颇的彝族部分村寨，以户为单位，年前腊月二十五日或二十六日，家庭主妇备五谷爆米花和一把犁耙上的牛皮小环扣及三炷香火，到自家最大的田边招谷魂：

> ……土地神醒来，五谷魂醒来，睡着你醒来，躺着你醒来。冬天山寒冷，寒冷莫守山；冬天水寒冷，寒冷莫守水；冬天田寒冷，寒冷莫守田。冬天家温暖，请你跟我回。回家有谷仓，我让你守仓；回家有米柜，我让你守柜；回家有五谷，我让你守谷。来年春回暖，春暖花开时，水田齐整整，送你回田间。①

图 2 –11　弥勒市彝族取松针作祭物

图 2 –12　弥勒市彝族毕摩祭司制作祭器

招魂歌的歌词不拘一格，能表达意愿即可。招后拔几根谷茬洗净放进原先备好的提篼提回家，将五谷爆米花和谷茬分别置于谷仓、米柜、粮堆上。据说这样"招谷魂"，来年五谷就会丰登。

———————

① 李朝旺：《石屏彝族民俗》，中国文艺出版社 2002 年版，第 64—65 页。

2. 扫尘和铺撒松毛及栽幼松

遵循古老之习，迎接春神要扫尘。过年前三天开始直到大年三十清早，家家户户每天清扫一次屋里屋外的卫生，且拆被洗衣，清洗水井，修路补桥。一般用锥栗树枝和糠皮树枝清扫屋内外的灰尘。大年三十清早，上山撕松毛回来铺于堂屋，以示四季常青。同时，门前栽幼松，大小门头、灶前圈旁、屋柱缸边皆插一松枝，以示除夕迎新之到来，祝愿生活比往年幸福美满。

生活在建水、石屏两市县坝区一带自称尼苏颇的彝族，上山砍回一棵十分标直的三四米高的小松树，栽在宽敞的庭院中央或大门外，这棵松树叫"天地树"，靠近这棵松树旁插一炷 1 米的大香柱。

3. 除夕守岁

大年三十早，兴舂糯米糍粑。如前述，大年三十日舂了糯米糍粑，人们生活就会圆满，家人就会团结和睦，邻里就会和谐相处。大年三十，所借之物如钱粮都要还他人，只求进不求出，不能在他家借宿过夜。与此同时，全家团圆，严禁说不吉利的话，也不能指鸡骂狗，不打骂妻儿，一派和睦气氛。

不论是红河江外或江内彝族，家家户户杀一大雄鸡祭献神祖，神龛、供桌上灯火通明，香烟缭绕，既庄重又热烈。特别是生活在建水、石屏两市县坝区一带自称尼苏颇的彝族，供桌中央置一座大香炉，两侧高灯蜡台，一大碗米花糖，还有各种糕点、荸荠、香菇、橙子、苹果、柑橘、香橼果等摆满整个供桌，这些供品一直要供到正月十六日以后才能食用。这一派吉祥、喜庆、幸福、快乐的新年氛围要延续到正月十六日。同时男家长或长子用盘托着酒肉饭菜祭品，依次向祖宗、天地、土、水、日、月、仓、龙、灶等诸神位祭献；家庭主妇或长媳用盘托着舂出来的糯米糍粑祭献神祖，全家人向各神祖磕头祈求，将祭品放在祖宗神位前，然后拿少量的祭品向门、柱、水缸、畜厩、大农具一一祭献。祭献毕，全家人围桌开始吃喝。吃饭前，将桌上的各种饭菜拈一点，放于一起倒出门外，以示让无家可归的历代血亲野鬼吃，叫野鬼莫进家入屋。接着盛碗饭喂狗。传说：

第一次洪水灾年的时候，世上庄稼全被淹死，是狗从天神那里讨回来的五谷种，人类才有生存，因此过年过节的时候，首先慰劳狗，狗吃饱了家人才能动筷拈菜。

图2-13　石屏县彝族过大年　　　　图2-14　建水市彝族传统松毛席
　　　堂屋撒松毛

又传说：

　　古代洪荒中，五谷杂粮的种子都被洪水淹坏并冲走了，人们焦急不安，意志小鸟从遥远的天边落水洞叼回一穗谷种放在万年青树上准备啄吃充饥。不料，这时被狗发现，向它狂吠几声，小鸟受惊放弃了谷穗，狗把谷穗叼回来，人间又有谷种。今人逢年过节吃饭前，先盛饭慰劳狗，以示对狗的报答，感谢狗对人类大恩大德，永不忘记。

这一天晚饭一般多在天黑甚至半夜三更才吃。有的不睡觉，意为守岁迎新年，亦称守岁饭。蒸饭做菜都要满满的，且要到吃不完的程度，意为年尾转年头，年年有余，当年的可以吃到次年。睡前务必洗脚，据说，除夕之夜晚若不洗脚，来世托生变成马牛。

生活在建水市普雄、坡头、青龙、官厅及石屏县坝心、牛街的一些彝族村寨，大年三十晚上，延请本村毕摩或祭司、歌手、德高望重的男长老至家唱贺年词。与此同时，除夕之傍晚，要把水缸挑满，以此象征来年风调雨顺，栽种庄稼不缺水，人畜饮水有保障。蒸饭也要蒸满甑，以示来年五谷丰登，不愁吃，甚至一吃两年。

4. 送火星

弥勒、泸西、开远等三市县自称阿细颇的彝族，大年三十傍晚，各户清理房屋祭台，等待来接送火星神人。由一位男性长老和毕摩祭司负责接送火星神，他俩走村串巷过村人家门时，各家各户用一破碗装火炭，并加肉食、烟丝等散发油烟气味，丢进他俩原先备好的木架框内。他俩接送完每家每户的火星神后，即把所有火星神送往背离村寨的村北方深埋于地下，以示族人家中隐藏的火星神、恶火神、火灾神已送走并深埋于地下，来年一定能过上平平安安的瑞年。

三　大年仪礼

1. 开门迎春神和抢新水

大年初一，雄鸡刚啼鸣，家中男子拿着香火，放着火炮或鞭炮，到水井或龙潭向水井龙神或龙潭神祭献，去得越早表示越勤快，能够挑到圣洁的水，全家老幼一年健康无病。开门前，男家长端着酒肉边祭祀各大小门神边念诵《开门歌》：

> 打开门喜迎春神，迎接好年神春神。大门大大打开啦，金银财宝滚进来，六畜牛羊滚进来，五谷杂粮滚进来；贫穷落后滚出去，瘟疫疾病滚出去；假丑恶全滚出去，真善美全滚进来；恶人坏人远离去，好人贵人迎进家。

笔者搜集到的另一则《开门歌》是这样的：

> 开门开大门小门，左门神呀右门神，花枝花朵开进来，鸡鸭猪鹅开进来，牛羊牲口开进来，五谷粮食开进来，金银财宝开进来，布帛绸缎开进来，儿女子孙开进来，福禄吉祥开进来，家神屋神开进来，开进来呀开进来。开门开大门小门，左门神呀右门神，妖魔鬼怪开出去，眨巴烂眼开出去，瘸脚秃手开出去，瘟疫疾病开出去，三灾六难开出去，瘿袋肉瘤开出去，污秽邪祟开出去，不洁不净开出去，不好不吉开出去，开出去呀开出去。

唱出人们对新的一年的五谷丰收、人畜康泰的期盼。念毕，开门出行，手持两炷大香火，到水井边，投几分硬币于水井中，以示付了买水钱。此习俗彝族民间还流传着这样的传说：

相传，古时候，有一家哥俩，父母早亡，由哥哥把弟弟拉扯大，到弟弟二十四岁时，哥哥已过三十多岁了，可还没有娶到一个媳妇。有一年大年三十晚上，别人家杀鸡吃鸡肉，他哥俩煮了一点芋头充饥，而大年初一便没有吃的了。哥哥对弟弟说："我俩就烧一壶开水喝喝算了。"于是哥哥挑桶，弟弟提壶，天未亮就去水井里把水打回来。没想到烧了半天，陶壶都烧红了，水就是没有开。揭开壶盖一看，见陶壶里面有一壶银子，再到桶边一看，见桶里满是白晃晃的银子。从此，兄弟俩娶了媳妇，挣了家业，一直到死也没有吵过嘴，更不用说分家了。后来，彝家每到大年初一，就要到水井"抢新水"回家，用抢回来"新水"做汤圆祭献祖神之礼俗。

又当地彝族民间相传，大年初一之黎明鸡鸣声中，村寨公共水井会发三次"福禄水花"，谁家要是挑到那头水，就会从此大富大贵。因此，黎明鸡鸣声中，家家户户的男主人悄悄地起床，挑上水桶，提上供品，放着鞭炮，点上一炷香火，到水井边祭献，边祈求边伸桶打"新水"：

金银进桶来，福禄进桶来；绸缎进桶来，儿孙跟着来；……①

祈词不拘一格，求啥念啥。挑得新水要大放鞭炮庆贺。新水挑回到家中，先向天地、祖宗敬献新水，天地树的枝丫上放一碗新水祭天地神。同时，泼洒一些水于地上并念道："香烟冲天天赐福，净水洒地地生财。"祖先牌位前也要敬献一碗新水。

大年"新水"用作洗脸、煮饭、洗祭器等。认为用其洗脸，能除去

---

① 李朝旺：《石屏彝族民俗》，中国文艺出版社2002年版，第102—103页。

伤风感冒；用其煮饭，能增粮经吃；用其洗祭器，祖灵会护佑；若蓄人水缸，家人饮之平安健康，一定会福禄滚滚。

2. 祭锅庄神和祭家屋神

开门迎春神后，接着祭锅庄神和祭家屋神。家庭主妇备茶水、米酒、饭各三碗及三炷香火，交男主人主持祭锅庄神和祭家屋神，先后跪于锅庄前和供桌神龛前，并分别念诵《祭锅庄神经》和《祭家屋神经》。其中前者大意：

> ……白花花石条，直立立锅庄。石头生山头，石头是山魂。彝家的锅庄，锅庄是家魂。先祖阿龙祖，始驯打猎狗，始带兵打仗，阿龙是英雄。……一生办好事，专打坏恶人。阿龙死之后，尸首分三段，三段三处烧，三处立锅庄。……穷人用锅庄，穷人变富人；猎人用锅庄，猎人成猎手；官兵用锅庄，次次打胜仗。……你立我家几十年，有吃有穿全靠你，人丁兴旺全靠你，风调雨顺全靠你。人间难得你好心，生前帮人丢性命，死后为人做锅庄，家家户户来祭你。不能一天祭一次，一年一次来祭你。你的恩啊你的德，彝家永远记在心。①

图 2—15　金平县彝族传统铁制锅庄　　　图 2—16　屏边县彝族传统锅庄石

据传，远古先祖英雄阿龙与妖魔决战时，因寡不敌众，妖魔把阿龙的尸体分成三截，并抛在三个地方焚烧，后其骨灰变成了三块石头，今天彝族用的三块锅庄石就是阿龙骨灰所变的三块石头。《祭家屋神经》

---

① 左玉堂主编：《云南彝族歌谣集成》，云南民族出版社 1986 年版，第 74—76 页。

的大意是：

> ……
>
> 天有五方位，地有五方位，家有五方位，家神居五方。
>
> ……
>
> 保全家安康，佑全家幸福，护家人出门，处处逢贵人，事事能如意，时时都美满。放牧在山上，做活在地里，砍柴在林边，狩猎在山中，挑水在井边，拿鱼在河边，出门在异乡，读书在学堂。
>
> ……
>
> 求你来保佑，求你来庇护。

诵毕，全家人即地就餐共享祭品，以示家人与祖神共享，且血脉相连。但若有外人在场，一般不得享用。

3. 做汤圆献祖神

先做汤圆祭献各位神祖，再做一个生汤圆贴于孩儿的脑门心上，表示其孩儿又长了一岁。但元阳县彝族普氏家族不做汤圆，更不做汤圆祭献祖神。

> 相传，他们祖先一位少妇，在煮汤圆的时候，背在背上的孩子掉进汤圆锅里被烫死，普氏家族视汤圆所害，全族赌咒决不拿汤圆祭献自己的祖先。

祭献毕，又做丰盛的饭菜作祭品祭献神祖。生活在石屏县西北部自称尼苏颇的彝族，什么都可作祭品祭神献祖，唯独汤圆不作祭品祭神献祖，究其何因？

> 传说，远古时，世间花草树木都会说话，猪鸡牛马也会说话，汤圆照样兴祭神献祖。可有一年，一个新媳妇上山砍柴火，可一到山上，想砍这棵树时，这棵树就说不要砍我；砍那棵树时，那棵树也说不要砍我。如此反复，后狠下心来，好不容易砍好柴火，急急忙忙背柴火赶回家。老公公在做汤圆祭神祈祷时，由于她嘴馋，偷

吃了一个大汤圆，恰好被老公公看见，新媳妇脸红气急，大汤圆卡在喉咙里，一会半时无法喘气，窒息而死。从此，这一带彝族逢年过节中，汤圆不兴祭神献祖了。①

除此，大年初一，大多村寨不动刀斧，不出寨门，不兴做客宴请，外民族宾客兴进不兴出，倒水置物走路要小心轻放。这天又称女人节，因女子不做或者少做家务，菜饭全由男子操办，甑子有多大，饭要蒸多满，表示全年有余粮余米，吃穿不愁。有的村寨或宗族、姓氏，这天不生火冒烟，吃的喝的前一天晚上全部准备好，如吃猪脚猪头冻肉、凉菜、腌菜，喝圣水。要是在这天吃了冷的食物，认为终年定会无疾无病，且经饿抗寒避暑。

4. 祭祖庙和祭土地庙

弥勒、泸西等两市县自称阿哲颇的彝族村寨，大年初一早饭后，各家各户端着酒肉、香火等，到自家祖庙里祭献，鸣鞭炮，祈求历代祖先保佑。先祭为荣，祭毕回家吃晚饭。

生活在红河县乐育、宝华、浪堤等乡镇的彝族，大年初一早饭后，村中男女长老带香火、酒肉、汤圆面，聚集在自村土地庙，做汤圆祭献本村土地神和寨神，并延请毕摩来演唱"诺依"（民族历史文化）和"瑟依"（神灵故事）及"理夺"（道德经）等，毕摩念经为族人村民祈求风调雨顺、五谷丰登、人畜康泰等。此外，婚后久不育的夫妻，抱着一只大红公鸡或提着大猪头来求一男半女；或者无婚配的大龄青年抱着大红公鸡来祈妻求夫；长年在外打工者，燃着爆竹来报喜，祈求土地老爷保佑出门逢贵人得喜财；年轻夫妻背着孩儿抱着大红公鸡来还愿报丁，祈求保佑孩儿健康成长。无奇不有，种种在其中，络绎不绝，好不热闹。

5. 拜年

红河县车古彝村和绿春县牛孔四大寨彝族，大年初一，各家各户祭献完毕，接着就吃早饭，而后在自家堂屋里备好糖果（糖、糕点、花生、水果），等待穿着花花绿绿的孩童来拜年。拜年是他们这一带彝族

---

① 李朝旺：《彝族民间故事选》，中国文艺出版社2003年版，第161—164页。

图 2 – 17　弥勒市彝族土地庙　　　　图 2 – 18　开远市老勒村神祖庙

孩童最高兴和最快乐的事。孩童们一大早就起床，穿上节日的盛装，兴奋地等着吃早饭。女孩子们更高兴，天还没有亮就约好伙伴。不过母亲们把她们打扮得花枝招展，总是微笑着告诫她们：去拜年时，要跟在男孩的后面，不然有些人家会不高兴，甚至会往你们身上泼猪食水。但从古到今，还没听说谁家女孩被泼了一身猪食水。孩童们的心目中，没有贫富之分，他们从寨头到寨尾或寨尾到寨头，挨家挨户去拜年。拜年的方法也很简单，孩童们进了堂屋后，在主人家铺好的席子或松毛上双腿跪地朝祖宗灵位磕一个头。礼毕，双手接过主人家分送的糖果，接着又到另一家拜年，直至拜完全村人家止。礼物或多或少，家家都要给。上百户人家，家家送一点，遇到亲戚家，或生活宽裕且大方的人家，还加送煮好的鸡蛋、咸鸭蛋及糕点、糯米糍粑等礼物。孩童们满载而归，足够他们吃一个多月。

6. 宴请娱乐

初二至初三日开始走亲访友，互相拜年，宾客除彝族外，多为周边民族如哈尼族、傣族、瑶族、拉祜族、苗族、壮族等，当宾客告辞时，主人都要赠送糯米糍粑、肉、蛋等礼品。出嫁的妇女领着小孩，背着糯米糍粑、猪脚、鸡腿、米酒回娘家省亲、探望，将所拿的食品向祖宗祭献，娘家要回敬猪脚、活鸡等礼品。整个过大年期间，不务农活。

7. 撵鸟兽

石屏、红河、元阳等三县自称尼苏颇的彝族民间有"撵鸟兽，撵鸟兽，多撵鸟兽多丰收"之民谣。据说，大年初一或初二撵鸟雀，如果撵死一只鸟雀可多收一斗五谷，打死一个野兽可多收一石粮食。故小伙子们格外热心撵鸟兽，成群结队，漫山遍野，追撵声、火枪声响彻山谷。

8. 祭祖树

弥勒、泸西、开远等三市县自称阿哲颇的彝族，大年初二上午，带酒肉和香火到村旁择一棵高大且枝叶茂盛的麻栗树即族树（代表家族祖先神），并加以祭拜。

图 2 - 19 弥勒市彝族老者祭神树

图 2 - 20 弥勒市彝族叩拜神树

9. 祭神树

弥勒、泸西、开远等三市县自称阿细颇和阿哲颇的彝族，大年初三上午，各家各户男子带酒肉和香火及炊具，前往各家族神树前聚集，或挖灶支锅，即做祭品；或清扫祭场，摆设祭台，诵经祭献神树，祈求天神风调雨顺，保佑本家族五谷丰登、六畜兴旺。祭毕，一起聚餐，席间叙述自家祖先的艰难历史和创业史，重申族律家规，教育族人子弟如何为人处事、待人接物等。祭献神树后，可吹笛弹琴，走亲串寨，唱歌跳舞，拜年访友。

10. 火星会

弥勒、泸西两市县自称老乌颇和葛颇的彝族，正月初四，以村为单位组织选择村边坪地上举行火星会。一般较有威望且比较干净的成年男子中推举担任"火头星"。是日，"火头星"便挨家挨户"灭火"，族人每一户早已在门前准备好一张方桌，上面摆好许多碗自制的香甜的白酒，在方桌前燃一块火柴头。屋内供桌上摆放一碗"灭火"的清水，一块"五花肉"①和一碗米。"火头星"来到，往往后面跟着一群男孩。"火头星"进屋，面对供桌磕上三个头，口中为此家人祈祷，说些无火

① "五花肉"：在此表示牛、羊、猪三牲。以下同，不另作说明。

无灾，四季平安，六畜兴旺，五谷丰登等美好的祝词。然后把供桌上的清水端出门，把燃着的火柴浇灭，拿上火柴头。此家人把米和肉拿给"火头星"，随从的孩子帮着拿米、肉和浇灭的火柴头，孩子们吃完了甜白酒，都笑着异口同声地说："好吃！好吃！"若遇到不好的甜白酒，孩子们则说："不好吃！不好吃！"那这家人便会显得很没面子，这种情况极少。待全村人家灭火完，"火头星"把米和肉拿到事先选好的地方，并其组织做晚饭，每户出一成年男子，共同在火星会场上栽七棵树桩，挂上七块木板，板上画有人和六畜，所有在场的人听"火头星"指令，对木板画像三叩九拜，祈求人丁平安，六畜兴旺。然后大家聚在一起就地聚餐。

11. 过小年

正月十六日过"小年"。此日无论菜碗多寡，家家户户力求杀一只鸡，摆碗酸菜炒鸡杂。饭前要祷告天地神灵，言明此是"小年"（即年节尾日），往后就不再吃喝玩乐，而要脚踏实地春耕春种了。

在这有必要说明过春节期间的一些饮食习惯，一般情况下，大年三十晚饭要吃不掐断的青菜苔，半夜吃祭献祖神的鸡肉；大年初一早餐吃汤圆，午饭吃头天晚上煮熟被冻的猪头猪脚猪尾巴肉；正月十六杀鸡祭祖送祖，吃碗酸菜炒鸡杂，以示大年已过完。除此，在春节期间，尚有择日煮米之习。他们约定俗成地认为选择食量少的家人某人生辰日煮米饭，当年才会不费粮食，吃到年底多多有余，故从初一始择子鼠、卯兔、巳蛇、申猴和戌狗日煮米饭，除非万不得已，他日就不再煮米饭。要特别强调的一些饮食习惯是：生活在石屏、建水、个旧、开远、蒙自等市县彝汉交融区的彝族食俗文化，由于汉族习俗文化的影响，别有一番特色，除夕之晚餐，鸡、鱼、大葱、蒜苗、豆腐、芹菜、青菜及八宝饭等非吃不可，这些菜都有特殊的寓意，如吃鸡（精）肉，家人来年就会精明；吃鱼（余），家人吃的年年有余；吃大葱（聪），家人来年就会聪明；吃蒜（算）苗，家人来年就会算账；吃豆腐家人姑娘来年长得像豆腐一样白嫩；吃芹（勤）菜，家人来年就会勤劳；吃青（清）菜，家人来年清清楚楚，干干净净，健健康康。

12. 果木嫁接

红河州彝族春节期间，除了以上提及主要活动内容外，还有一项就是果木嫁接。他们认为，春节是一年之初之始，是天地万物精气接触的初始，大年初一是大地最鲜嫩的第一天。并认为果树嫁接与男女青年多在春节期间结婚，如出一辙，都是两性相合、交合的自然规律和原始自然哲理。因而，他们在春节期间特别是大年初一，果木嫁接自然而然地成了红河州彝族在春节期间特别是大年初一活动的主要内容之一，并约定成俗。过去他们传统嫁接的果木树多为李子、杏子、梨、柿子、石榴等果树，现在什么果树都可以嫁接，如桃子、樱桃、核桃、葡萄、枇杷等，应有尽有，数不胜数。在这略举梨、李子、桃子、柿子等嫁接方法，以飨读者。

（1）梨树嫁接

先用利刀把已栽活的棠梨树干枝削平，并将轻轻划开，再把已嫁接并开花结果的梨枝削成上长下短的丁字状，插入棠梨树枝的开口处，糊上稀泥或牛屎之类，再用布包好即可。

（2）李子嫁接

当地彝族李子传统嫁接方法，分露根发芽移栽和枝蕾粘接等两种。前者把已嫁接并已开花结果的李子树根露出地面，让其根发芽，然后连土带根挖断，移栽到其他地方，让其生长。后者同果木嫁接中的枝蕾嫁接法如柿子嫁接法嫁接即可。又有把李子树枝拉于地面，压石壅土，在壅土处让其生根，然后按露根发芽法移栽即可。

（3）桃子嫁接

先用利刀把已栽活的野桃修枝断干，在主杆中部或叉枝中剖选健苗苗点，割下头层皮，然后用事先选好的桃树苗，同样割下大小相等的苗皮，填入野桃树缺口，相吻合压紧，系上麻线，糊上棉纸，使其不透风，不被雨淋湿。发芽后久留3—5株壮苗即可。

（4）柿子嫁接

当地彝族柿子传统嫁接方法，分枝芽嫁接和剥皮嫁接两种。枝芽嫁接，先把野柿子树栽活1—2年后，选择出苗旺盛的一枝，然后将已嫁接好的柿子品种割下一枝，根部削成三角形，插入用刀划开皮的野柿子树内，绷扎严实，贴上棉纸，即可发出新芽。剥皮嫁接，先削下要嫁接的柿子树蕾芽，再划除被嫁接的野柿子树蕾芽，两者合拢糊上，绷扎严实，贴上棉纸即可。

四　娱乐活动

1. 文体活动

红河、元阳、石屏、建水等四市县自称尼苏颇的彝族，在春节期间，每年一村，轮流坐庄，组织举办各种文体活动。节前东道主村民组织筹备文体活动项目和食宿，发出邀请书。邀请邻村近寨的彝族村寨及邻村哈尼族、苗族、瑶族、傣族、壮族等村寨，前来参加文体活动。文体活动以篮球和歌咏比赛为主，并以此文体活动的形式来增进村与村、族与族的情谊，努力营造和谐民族、和谐地方、乡风文明的氛围，大力传承和弘扬彝族传统文化。

2. 荡秋娱乐

春节期间，生活在石屏、建水等两市县的彝族，最有趣味的莫过于打秋娱乐活动。彝族民间有"老年人荡秋千，百病不治而愈；中年人荡秋千，万事可遂心欢；男青年荡秋千，配偶如同仙女；小娃娃荡秋千，一生一定平安"之说。据说很久以前，有条平坦的通天路。有个仙女乔装改扮成凡女，下凡与穷汉配成夫妻。仙女她爹发怒，把上天路断了。一年大旱，仙女叫寨民架了座荡秋，用荡秋一起一落荡上天去，求仙人布云降雨去了。

图 2-21　石屏县彝族妇女赶花街

图 2-22　蒙自市彝族妇女跑花山

3. 出门

绿春县牛孔四大寨彝族，初二至初八期间，由村里主事者择一良辰吉日，并选定一块离村寨较远的草坪地。全村成年男子（老年人一般不参加）扛着猎枪、背着弓弩，带着糯米糍粑和腊肉干巴，前往草坪地聚集。可以带自家的男孩，并且那天大人们还特意为男孩们装钱带物，表示出远门，有意培养孩童们热爱劳动、勤劳勇敢的良好品质。正午时分，人到齐后，大家推选一个体格健壮、品行优秀的青年人，由他在百米远的地方，竖置一块约8厘米宽的木牌作为靶子。这块小木牌就是竖靶人的替身。所有在场的成年男子都可以参加打靶。打中了，说明竖靶人命薄，所有在场的人要凑钱买鸡为其招魂。若没有打中，说明竖靶人命大，认为压迫族人村民，村里无宁日，所有在场的人凑钱买猪鸡为全村人招魂。在此活动中，竖靶人要具有勇敢献身的精神。因为，当靶子被打中后，就意味着来年村里平安无事，而对于竖靶人来说，其为族人村民献出自己宝贵的"生命"。

4. 跑花山

大年初二至十六期间，建水、蒙自、个旧、石屏等四市县自称尼苏颇的彝族，以村为单位，择一日为跑花山日。届时，男女青年排成长队，顺本村领地四周绕一圈。一路上，男女青年集体互对情歌，或一人领唱众人合腔，或男女单独对歌。每到一座山头即地跳一阵舞。傍晚回村寨时，寨门口用青枝绿叶扎成一座牌坊，老年人堵在牌坊前，与跑花山归来的男女青年对唱，直到男女青年们获胜，老年人才取掉牌坊前的横杆，并让男女青年们进寨回家吃晚饭。

5. 表演虎舞

泸西、弥勒、开远等三市县自称撒尼颇的彝族逢农历正月十五跳虎舞，青年男子以虎头虎皮作道具，模拟虎性虎习动作表演虎舞。自称撒尼颇的彝族地区尚流传着虎舞的传说由来：

> 古时有一个横行乡里，鱼肉百姓的土司，有一次出门行猎，被一只猛虎咬死了。老虎为民除了害，老百姓闻讯禁不住欢欣鼓舞，拍手称快。自那以后，为了纪念这一奇迹，人们模拟老虎动作编"虎舞"，并代代相习。

跳虎舞时，"老虎"出场，先向四面八方张望，随后抖身摆尾，翻滚扑跳，形象逼真，表现出勇猛矫健，雄姿栩然，自有一套娴熟的技巧，这是其一。其二，虎爹和虎娘带着一对憨态可爱的小老虎出山玩耍，两只可爱的小老虎时而互相嬉戏，时而爬到虎妈妈身上耍赖，或是把虎爸爸掀翻在地，一家子在一起开开心心，把彝族崇尚自然和平、善待自然的情感表现得惟妙惟肖，尤其是作为道具的虎头，制作更为精妙，老虎眨眼、闭目养神、红闪闪的舌头一伸一缩，表现得活灵活现。其舞主要动作有翻、扑、滚、跳、爬等，并表演时都有大鼓、大镲、小钹、小铓锣等伴奏。他们认为，虎是群兽之王，虎能威震群山，于是他们借虎的勇猛和威力以镇压本地的妖魔鬼怪，祈求全村清洁平安，庄稼丰收，体现了他们历代先民灵物崇拜的原始信仰。今凡逢年过节均可跳。

6. 喜跳洗衣棒舞

弥勒、泸西、开远等三市县自称撒尼颇的彝族地区，逢正月十五，组织村民男子举行祭献狮子山的同时，女子在村子草坪表演集体舞"洗衣棒舞。"其传说：

> 从前泸西县凤舞村毕氏家族中有一个哑女，胆量很大，有一次她手拿洗衣棒，身背花篮到狮子山上去，这时正碰到凶猛的狮子山神乱吼乱叫，她用计把它降服了。哑女自己也能开口说话了。从此，当地自称撒尼颇的彝族在正月十五这一天，都要到狮子山祭祀狮神，祭献后组织女子欢跳洗衣棒舞，以此追忆哑女的聪慧和勇猛精神。

洗衣棒舞，主要模拟生活中的踩衣、捶衣翻打动作和提篮伸腰的跑跳动作。舞蹈多为下身稍韧，上身自然轻松潇洒，队形多为圆圈和两横排。多有笛子、二胡、月琴伴奏。

7. 表演篾马舞

蒙自和开远两市自称濮拉颇的彝族村寨，正月初二送火星神和正月十六送祖神仪式结束后，以竹篾编织成牡牛、牝马两动物状为道具，两人套入马内作骑马状，在铓、锣、鼓、钹伴奏下跳跃起舞，表现二马负重爬坡，欢快奔驰，嬉戏追逐，互相亲昵，前蹬后踢，叉腿顾盼等情节，为祀神娱鬼。并大多情况下，与大刀舞、棒棒舞、连枷舞、三叉舞、勾镰舞、铓舞等一起，原只在祭祀神灵和驱邪禳解时跳，有敬神娱鬼之意，也有强身健体的功能。现今已演变发展为一般性舞蹈，凡在节日庆典上都能看到这些舞蹈。

　　8. 表演兵器舞

　　有的彝族地方称"刀叉棍棒舞"，又因在表演时常带健身杂技性，故又称"杂耍舞"，常与舞狮、舞虎等舞蹈同时同场表演之多。由于地域的差异和居住环境的不同，又有着不同的表演方式。正月初二始起，彝族青年男子艺人或持棍棒、流星球、三尖刀、双刀等兵器，组成庞大的表演队，走村串寨，为节日助兴，直到正月十六止，方才停息。表演刀舞时由一人双手舞动双刀，双腿稍梢弯曲，双手左砍右劈，动作迅猛，类似武术；叉舞和流星球舞蹈各由一人表演，动作模拟古代兵士之态，手脚配合协调，舞姿迅猛激烈，令人眼花缭乱；棍舞模仿古代战争场面，由两人成队击打，一招一式，表现出古代武士征战中杀敌的逼真神态。

图 2-23　泸西县彝族传统　　　　　图 2-24　弥勒市彝族传统
　　　　　兵器舞　　　　　　　　　　　　　兵器舞道具

　　9. 踢毽子

　　毽子以鸡毛为主要材料构成。整个春节期间，男女青年和孩童双人和多人为一组踢毽子，在规定时间内踢的次数多寡定胜负，或连续踢毽子不落地面而时间长短定胜负，多则或时间长则为胜方，反之而负方。踢法有内踢、外踢、左脚踢、右脚踢，用什么方法踢由参赛者商定。

　　10. 打毽子

　　春节期间，男女青年择避风宽敞的草坪，分站两旁，互相击毽子对垒。男女青年挥舞毽板，你击我对，眉目传情。若未击中，毽子落于一方，则由另一方的异性青年罚以"搓耳朵"。在这一搓中，男女青年即以轻重之分传递情意，重则反而轻，轻则反而重。

综观所述，红河州彝族春节，时间虽与汉族同，但具体活动的内容有所区别，如年前招五谷魂、修路补桥、清洗水井、送火星，春节期间抢新水圣水、做汤圆祭祖、祭家屋神、祭锅庄神、祭祖庙、祭土地神、祭祖树、祭神树，以及举行火星会、赶花山、歌舞展演，都是红河州彝族独具特色的文化传统。特别是过小年，当地汉族为正月十五（元宵节），红河州彝族为正月十六（过小年）。据说，汉族祖先来自中原，而彝族是土著民族，所以当地汉族送祖要比当地彝族提前一天。从红河州彝族过春节的整个活动内容来看，是彝族传统年节不断演绎、创新及吸纳汉族春节的一个节庆文化活动。但不论怎么，红河州彝族春节还是有自身的特色，且别有风味。

第三章

端午节和火把节

第一节　端午节

一　传说由来

端午节，也称端阳节，或五月端午节。红河流域南北两岸自称尼苏颇和濮拉颇的彝族均兴过端午节。但过节的含义与汉族不同。汉族是为了纪念屈原，而红河彝族是为了感谢为民除恶龙的天神——妮吉圣。

传说之一：

很古以前，彝族山寨有一个名叫余生，从小失去父母双亲，一个人以打鱼为生。有一天，去湖边去打鱼，路上遇见一个老毕摩，老毕摩说："小伙子，今天中午在湖面上会有一场暴雨，暴风雨中会游来一条红鲤鱼，这条红鲤鱼非打着不可！"中午时分，湖面上果真来了一场暴风雨，在暴风雨中见到一条红鲤鱼，并打得了红鲤鱼。这条红鲤鱼拿回家，越看越漂亮，舍不得卖，更舍不得吃，便养在水缸里欣赏。

第二天清早，他照样去湖边打鱼，没多久，从东北方来了一个小男孩，这个小男孩是湖中龙王所变，是来寻找它的四姑娘（红鲤鱼）。男孩问余生："打鱼的哥哥，你天天在这里打鱼，昨天是否打得一条红鲤鱼？"余生点点头，把打得红鲤鱼的经过一五一十地告诉小男孩，并把老毕摩的住址告诉那个小男孩。小男孩告辞余生后，即刻变成一个白发苍苍的老人，去找那位老毕摩。龙王找了三天三夜才找到老毕摩。龙王问老毕摩："您昨天怎么知道我姑娘在那里玩？"老毕摩直截了当地回答："你每天做的好事坏事我都知道。"龙王说："那您知道后天的天气会成什么样?""后天会下大雨。"老毕摩肯定地回答。龙王说："如果后天不下大雨，就要宰你的头。"龙王刚回到龙宫，天君神策格兹就下令龙王：人间正在栽秧缺水，后天下一场大雨。龙王为了宰老毕摩的头，有意违抗天君神策格兹的旨令，随便下一点毛毛雨就停了，便应付过去。天君神策格兹知道后，派下120个天兵天将，严惩龙王，砍掉龙王的首足，身子吊挂在半空中，从此龙王便成了无头无尾的虹。一砍龙王首足就下起大雨。此后龙王再也不敢违抗天君神策格兹的旨令了。砍龙王首足的那天正好是农历五月初五，于是人们包粽子纪念这一天好日子，并用粽子祭献天君神策格兹，祈求龙王按时下雨，好让人们栽种庄稼。

传说之二：

远古时候，水中老龙王统管着大大小小的水生动物，也管着天上的雷神雨神。清早，老龙王清点数目把水生动物放出去，傍晚又把水生动物清点关起来。龙王发现放出去的多，收回来的少，疑心水生动物不服管治，派出随身的侍从去侦察，查明结果，不是水生动物不服管治，而是被渔夫捕走了。老龙王听了大怒，下令渔夫不能再来捕捞，可是渔夫们为了生计，拿着天君神策格兹大臣妮吉圣的圣旨，天天照捕不误。这样一来，更加激怒了老龙王。它为了报复，索性把雷神和雨神关起来，一天也不让出来，三年听不到一阵雷声，也见不到一滴雨水，树木晒得垂头，禾苗晒得枯萎，就连君臣也难得喝到一碗茶水。世间的君臣民一起向天君神策格兹控诉老龙王的罪行，天君神策格兹派大臣妮吉圣传下圣旨，令老龙王放出雷神和雨神给人间降雨，可是老龙王却把天神的圣旨当儿戏，且令它城外下七分雨，它却下三分雨；叫它城内下三分雨，它却下七分雨，我行我素，倒行逆施，致使城内洪水泛滥而房屋倒塌，且人亡畜死；而城外干旱无雨而庄稼颗粒无收。并且降三分的却降了七分雨水，狂风四起，暴雨如注，树木被刮倒，田地被洪水冲垮，人们又遭受一场更大的灾难，君臣民又向天君神策格兹控告。天君神策格兹派大臣妮吉圣去惩罚抗命的龙王,将老龙王斩首示众。从此,作恶多端的龙王变成了无头无尾的虹,既不能回海翻腾击浪,又不能上天吞云吐雾,呼风唤雨。但老龙王贼心不死,在夏天的季节里,变成了有色无形的虹在山川里偷喝井水,想继续危害世人。据说,五月初五正是妮吉圣将龙王斩首示众的日子。这一天,家家采回紫叶藤,放于锅中烧煮,使水变成紫红色,如同血液一般。再把糯米浸泡在紫红色的紫叶水里,用紫米包成粽包,把紫叶水泼在门外寨外,老龙王变的虹看见了就像自己的血,不敢进村入家偷喝井水和缸水。同时,族人村民在门头插上菖蒲,如同一把把锋利的宝剑,虹看见了,好像又见到了砍自己的头的宝剑,把身子缩了回去,不敢进村入家害人。

这个传说故事流传到今,这种风俗也流传到现在,当地彝族看见虹,总是吐泡吐沫表示憎恨。有虹的季节,彝族家家户户的水缸都加盖,以防虹来偷水喝,见到虹也不去挑水,也不喝野外的泉水和溪水。

二　节日礼俗

1. 杀牛祭祖

节日前夕,即五月初三,几家或者几十家不等,合伙杀黄牛分牛肉,拿回家分生熟两次祭献祖先。有的连户杀猪,还要杀鸡鸭分生熟两次祭献祖先。

2. 杀鸡招魂

彝族认为,一个人有十二个灵魂,分主体魂、护身魂、守身魂、附身魂等。滇东南弥勒市彝族历史文献古籍《梅布苏》里详细记载:

　　　　灵魂十二个,个个皆附身,一是可着兀,它是在天宫,居住苏纳宫(阴魂宫);二是可着兀,它是附身魂;三是兀罗妮,它是守家魂;四是兀着妮,五是罗成让,六是让于多,七是于着着,八是兀格克,九是兀文多,十是文多梅,十一克陆陆,十二白莫白,都是护身魂。①

　　这些灵魂各有大小主次不同的作用和功能。如果附身魂离体而去，身体就不舒服，生小病。如果主体魂或者护身魂，或者守身魂离体而去，就要生大病，甚至死亡。所以必须把失落的灵魂和离散的灵魂招之回来且附身守体。又认为，人死了以后，灵魂就不再附身守体，一魂去天庭，一魂去阴间与历代祖先团聚，一魂去守坟头，一魂在祖先灵位处享受后代子孙的祭献，其他数魂游离四周。节日这一天，不论生魂和死魂，一定要团聚，必须把离散的灵魂都要招回来。招魂时，有的用一只大红公鸡，在大门口摆上一桌饭菜，一手端着一碗清水，一手拿着一条点燃的叫魂布条招魂；有的提着一大红公鸡到野外招魂或到水井旁招魂。把一件衣裳铺于地上，一边召唤一边观看衣裳内是否有小动物昆虫，尤其是蚂蚱跳进来，以此示所招的灵魂已经招回来了。将小动物昆虫用衣裳包着，拖着一枝树枝，表示祖魂骑马或者游离魂骑马，至家，把树枝挂在门口，表示拴祖魂或者游离魂骑的马。把用衣裳包着的小动物昆虫放于正堂屋，说明所招的灵魂回到了自家里，已附身守体了，随即杀鸡煮熟祭献祖宗神后全家共餐。

　　3. 包粽子

　　初四晚饭后包粽子。彝族粽子分肉粽和素粽。肉粽是先把肉剁碎，洒下草果面，加上盐，连同一小木姜树枝包在一起，便成肉粽，吃起来清香可口。素粽则放几颗花生米在里面。粽子样式有三角粽、尖头粽、双胞粽、螺丝粽、长条粽等。粽叶分野生和人工栽培两种，阔叶质软有韧性，吃粽子留下粽叶，晾干经过烘烤，可当茶饮，其味既有糯米的芳香味，又有草叶子的清香味。

　　4. 祭献祖神

　　初五之早，族人村民个个穿上节日的盛装，把粽子煮熟，连同煮熟的大红公鸡祭献天地神、历代祖先及家神。开饭前，拿粽包喂耕牛先吃，感谢耕牛为人劳苦一年。与此同时，挂一小包粽子于牛厩横梁上，

---

　　① 佚名撰：《苏颇》，杨家福释读，师有福、阿哲保濮、罗希乌戈整理，云南民族出版社1988年版，第138页。

图 3 - 1　粽叶

图 3 - 2　粽子

意在让蚊虫苍蝇吃，请它们不要去叮咬耕牛，让耕牛休养生息，来年为
主人再效劳。又挂一小包粽子于正堂屋的横梁上，意在让蚊虫苍蝇吃，
请它们不要去叮咬家人老小。据说这样做了，一家会除去伤风感冒，免
去三灾六难。

5. 炒吃蚕豆

与此同时，无论家里有无蚕豆，都要设法炒吃蚕豆。炒蚕豆一般饭
后进行，分发炒蚕豆时，另加搭一扇红糖。据说，此日吃蚕豆食糖，家
庭幸福甜美，与邻里能和睦相处。

6. 招牛羊马魂

初五中午，牧童带着粽子、肉、饭、蛋及米酒等去放牧，把牛羊赶
拢在草坪上，凑拢饭菜，先在一棵大树下或石旁前祭献山神、树神、草
神、水神，并为全村牛羊马招魂。其《招牲魂歌》是这样：

> 山顶坡脚你莫在，山顶坡脚太凄凉。箐沟悬崖你莫在，箐沟悬
> 崖太危险。山口岔路莫徘徊，山口岔道魔鬼猖。他家厩里莫贪恋，
> 他家厩里蚊虫多。溪河深潭你莫玩，溪河深潭蚂蟥多。你在山上顺
> 石滚来，你在溪边顺水回来。你在山脚把脚打回转，你在树前像大
> 风折回头。魂在天边要叫回来，魂在地角要招回来。

念毕，牧童们共同野餐，因而这天也称牧童节。食毕，边念诵《招
牛魂歌》边赶着牛羊回家。其《招牛魂歌》：

……

太阳落山了，你该回来了。星星眨眼了，你该回来了。年头年尾转，你回厩里来。来你坐处坐，来你站处站。没牛地不肥，没牛田不灵，没牛谷歉收，没牛粮少收。我声所到处，牛魂听见了，牛魂回家来，牛神来主事。

7. 插菖蒲

初五晚饭后，门头插菖蒲。当地彝族插菖蒲之习，他们民间还有一个传说由来：

从前有个寨主横行乡里，对穷人万般刁难。一天，有个穷汉骑马路经他大门时，马屙了一泡屎。寨主见了，说什么败坏了他家门风，吐唾沫喷穷汉，用木棒挑马屎塞穷汉嘴，责令穷汉脱下帽子兜走马屎。三年后，穷汉招兵买马，说要为民除霸。攻打寨主那天，穷汉见蜂拥逃跑的民众中，有个妇女与众不同，背着大娃娃，牵着小娃娃。经查问，知道背的是大老婆生的，牵的是她自己生的。大老婆已死，意在不负大老婆。当时穷汉深受感动，说："莫逃啦，回去在门头插棵菖蒲，兵马进寨决不糟蹋插菖蒲的人家。"端阳节门头插菖蒲，意在纪念此人此事，也就约定俗成了。

图 3-3　菖蒲与艾蒿

图 3-4　门框插菖蒲

据说。端午节期间门头插菖蒲，会逢凶化吉，遇难得脱。

8. 戴五色线

插好菖蒲，要在娃娃出门前喊拢，男左女右戴五色线。当地彝族民间还有戴五色线的传说由来：

很古的时候，雨后晴天的彩虹是天上独一无二的红龙，天君神策格兹特别爱它。这红龙水性子，火脾气，不守天规，常常到人间糟蹋庄稼。秧苗刚刚出齐，它会来一阵冰雹，打个泥飞秧折；荞子开花满地白时，它会来一夜狂风暴雨，吹枝又断杆；谷子抽穗扬花时，它一家伙跳进去，滚个泥包穗……世人恨透了这无法无天的红龙，大家拜请一条带有仙气的黄狗到天上找天君神策格兹告状。天君神策格兹派身边的大臣去查访，查实有三三九大罪状。天君神策格兹剑眉一竖，说："它是年纪尚幼，不懂厉害，赐它不死，削职下凡，遣送深山老林。"红龙削职下凡，本性不改，继续造孽，世人再次拜请黄狗找天君神策格兹告状，一连告了六六三十六桩罪状。天君神策格兹咬咬牙，说天上只有这么条红龙，杀了怕绝种，派手下下凡狠狠打一顿红龙了事。红龙挨了打，一点没醒悟，依然兴风作浪。世人第三次拜请黄狗上天找天君神策格兹状告红龙，黄狗一气控诉红龙九九八十一桩罪状。天君神策格兹发怒了，说红龙恶贯满盈，派手下把红龙杀死在山头甜荞子地里。红龙被杀后，阴魂飞到天君神策格兹那里大哭大闹，说它死有余辜，也不该杀在甜荞子地里，应该杀在龙案上。天君神策格兹以防红龙阴魂再造孽，封红龙阴魂为诸蛇的首领，负责管理大大小小的蛇族，不许咬伤娃娃。叫黄狗到人间宣传，让娃娃在红龙被杀的端午日这天手戴五色丝线，以示给红龙戴孝。此五色线绕成圈儿套手，松紧要适宜。因为此五色线要戴到六月二十四日火把节。[①]

据说，戴上五色线，蛇虎不敢咬，消灾又免难。

9. 出嫁姑娘回家省亲

初六早晨，出嫁姑娘回家省亲，甚至出嫁的女子已去世，其子女也

---

① 李朝旺：《彝族民间故事选》，中国文艺出版社 2003 年版，第 149—150 页。

要代其母省亲。省亲时要背着粽子、糯米饭、猪肉或黄牛肉、酒等年节礼品。其意义有二：一是祭献娘家祖宗，二是孝敬娘家老者。结婚不满三年的女婿，无论有无生育子女，出钱买一个猪头提回娘家，并加粽子、糯米饭、猪肉或黄牛肉、一只大红公鸡，带着自己的妻室到女方家给岳父母拜年，并献祭女方的祖宗。出嫁姑娘及女婿回去时，娘家要回敬猪肉、活鸡等礼物。若带有小孩来的，娘家还要给压岁钱及公母鸡一对。刚出嫁的姑娘也如此，年迈的妇女也如此，虽已去世但子女健在的由子女替代她回娘家祭献历代祖妣。

10. 吃黄鳝

初六下午，无论菜碗多寡，要吃一碗黄鳝，既有族人寄托意愿和希望财神临门之意，又有喻为食蛇而震长蛇之意，劝其莫胡作非为。

此外，端午节期间，还可以观雨晴。若是万里晴天，就会喜上眉梢，即当地彝族民间有"五月端午晴天，当年不别忧害虫"之说；要是阴雨绵绵，就会忧心忡忡，即当地彝族民间有"五月端午一滴雨，六月田里一条虫"之说。

11. 移栽竹木和果树

每逢五月端午，红河州彝族有竹木和果树移栽之习，也是传统的植树节。他们认为，五月初五是地气、地精最升腾的一天，是大地气潮湿的伊始，是天、地、气交合的吉日，是天时地利气和的节气，是栽种树木包括竹子、果树移栽的好时机。要是在寨前寨后或房前屋后的园子、菜地、空地等移栽梨、杏子、桃子、柿子、石榴、李子等果树。如果五月端午移栽各种竹木和果树，其成活率就高。他们传统移栽的多为竹类、棕榈以及野果树和已嫁接成活的果树。

移栽竹类多为大龙竹、甜龙竹、金竹、滑竹等。移栽竹类时，先将移栽的竹子砍去竹梢，连土带根整棵挖出，后挖坑放水和稀泥，再把竹子放进泥坑内栽稳培土，时常浇水，直至生根发芽。

移栽棕榈，先撒秧育秧，长三四片棕叶后，逢五月端午节前拔苗移栽即可。

移栽野果树和移栽已嫁接成活果树方法与移栽竹类方法同，并多在五月端午节前后移栽。

综观所述，彝族端午节，虽时间上与汉族相同，并都是以围绕粽子过节，但具体活动的内容却截然不同，如汉族是为了纪念屈原，而滇南彝族是为了感谢为民除恶龙的天神——妮吉圣，还有杀牛祭祖、杀鸡招家人魂、招牛羊马魂等是红河州彝族端午节的传统，又红河州彝族端午节期间插菖蒲也有自己的文化内涵。

第二节　火把节

一　传说由来

火把节，是整个红河州彝族的传统节日。据《滇彝天文》记载，这个节日称为"天地汇合节"或"阴阳交替节"。彝族民间有多种多样的火把节传说由来。

传说之一：

　　一次民族战争，彝族兵马被围困，伤亡十分惨重，全军覆没。一个夜晚，彝军首领突然听到一群牛的叫声，突然计上心来。在牛角上扎起火把，在牛尾巴上拴起火炬，牛群冲入敌阵，彝军乘胜追击，一举打败了敌人。为了纪念这次胜利，彝族就过火把节，节日期间为英勇战死的勇士们招魂。

传说之二：

　　古时候，彝族农奴不堪忍受土司的压榨，聚众起义，围攻土司衙门，数日不克。后，众商议得良策：选一群羊，角绑火把，入夜后点燃火把，驱赶"火羊"狂奔于前开路，义军呐喊冲杀于后，一举攻战成功。当日为阴历六月二十四，后定为"火把节"，以示纪念。

传说之三：

　　古时候，有一年，彝族村寨流行瘟疫疾病且蔓延，蝗灾特别严重。彝族为除害灭病，人们约定于六月二十四日晚，各村各寨同时燃引松枝、干草成烟。居室内外，田野山林，顿时浓烟弥漫，熏死蚊蝇蝗虫无数，消灭了蝗害，控制了疫情。以后，年年如是，祈保人畜平安，五谷丰登。

传说之四：

从前，天上有个大力士，地上有个大力士，两人都有拔山的力气，没有人敢跟他们比武。一次天上的大力士和地上的大力士比武，经过你来我往较量了三天三夜，结果天上大力士吃了败仗，但不服输，又来找地上大力士比武。这一次，结果地上大力士把天上大力士摔死了。天神知道自己的大力士被地上的大力士摔死，便大怒，但又无法对付地上的大力士，于是派出大批的蝗虫、蛾子来吃地上的庄稼，作为报复。地上的大力士便在六月二十四日这天晚上，砍来许多松树，破开扎成火把，领着族人点着火把到田野驱烧害虫，把天神派来的害虫统统烧死，保护了庄稼。从此，彝族人民便把六月二十四日定为火把节。

传说之五：

古时候，彝族居住的地方山清水秀，田肥地沃，家家户户过着丰衣足食的好日子。有个无良心的魔鬼，不愿让彝族过好生活，在庄稼快要成熟的时节，放出数不清的蛆虫来咬噬庄稼。彝族人民看到庄稼被糟蹋的惨境，男女老少全都出动去消灭，但始终消灭不完。收成一年不如一年，生活越过越艰难。山上能吃的野菜、野果采光、挖光了，到处是一片凄惨的景象。人们天天烧香求神，可是，神没有保佑，也没有恩赐，年年都是庄稼颗粒无收。有一年，彝族山寨的老少携带行装准备流浪到他乡谋生，正要离开村寨时，看见一位白发苍苍的老人在夜间点着火把在烧蛆虫。大家走近一看，只见老者用松香撒到火把上，那燃烧的一团团火焰，把庄稼上的蛆虫烧死了。人们欣喜若狂，连夜点起火把，用老人的方法将蛆虫灭尽了。传说这个日子是六月二十四日。为了纪念它，每年的这天，人们点着火把欢度"火把节"。

传说之六：

　　相传，很古以前，在红河南岸彝族聚居的地方，有一个土司残暴凶狠，除收租、收苛捐杂税、派劳役外，还要各村寨每年给他不少的贡品，什么虎皮、熊胆、熊掌、鹿茸、麝香、水獭皮，小的鹌鹑、竹蛆、蜂蛹等等。有一年时逢天旱，直到农历六月也未见一滴雨，彝民心急如焚，家家户户吃树皮、草根度日。但土司硬叫彝民给他打猎进贡，并限定六月二十二日前交来。彝民只好忍饥挨饿去打猎，但因天大旱，野物都跑进深山老林里去了，到六月二十二日也一无所获。时间到了，土司不见哪个村上贡野物来，就下令他的衙兵们六月二十三日这天到各村各寨去抢掠。六月二十三日这天，男子们一早就出去给土司打贡品去了，衙兵们就趁此机会把彝家山寨抢掠一空。等打贡品的男子们回来，见家被抢掠一空，怒火冲天，当夜就有一个叫武珍的彪形大汉出头串联各个村寨彝民，翌日（六月二十四日）揭竿造反。义军4000多人浩浩荡荡地向土司衙门进发，把土司衙门围得水泄不通，英勇地攻打土司衙门。义军前赴后继，英勇作战，杀得沙场尘土飞扬，天昏地暗，战斗进行一天一夜，义军战死3000人，首领武珍也当天战死。沙场尸体堆成如山，血流成河。义军只剩1000多人了，硬攻看来不行了。另一个首领想了一个办法，当天派人找来2000多只山羊，并在每只山羊角上捆上一把松明子，待天黑把所有山羊角上的松明子点着，1000多人义军每人手里拿一把火把，赶着羊群高呼"窝呵！窝呵！"向土司衙门冲去。土司站在高高的围墙上见5000多把火把直朝自己杀来，认为义军增人了，就吓得急忙撤走。义军就于六月二十五日这天夜里攻下了土司衙门，并在土司衙门了举行盛大的庆功大会，并为英勇战死的义军们招魂。从此，彝族人民永远纪念这节日。

传说之七：

很久很久以前，天上有个凶神，名叫期热阿比，他奉天君神策格兹之命，经常到人间派粮派款，收租催税，敲诈勒索，无恶不作，激起了世人的反抗。为了战胜凶神，广大彝人共同推举一位叫鲁特（后成为彝族白彝支系）的民族首领同凶神作战。鲁特机智勇敢，与凶神斗智斗勇，战了九天九夜，终于把凶神杀死，为民除大害。可是凶神被杀的消息快传到了天君神策格兹的耳里。天君神策格兹大怒，立即放下"天虫"来吃庄稼，企图把世人饿死。这时正是六月，洋芋结薯，荞子开花，苞谷被苞的时候，铺天盖地的天虫吃了三天三夜，眼看庄稼将被吃光，彝家人人心如刀割。这时彝人又聚集山头开会。商量用"火把"的办法，于是彝家男男女女、老老少少，人人举起火把，到田里去烧"天虫"。火把烧了三天三夜，终于烧死了"天虫"，保护了庄稼，夺得了丰收。但是，有一部分没有烧死的"天虫"，钻进庄稼地里，第二年六月又出来吃庄稼。因此彝人又举起火把烧"天虫"，害虫烧不完，火把烧不尽。彝族人民的火把就这样一年年、一代代地传下来，逐渐发展成为彝族人民做隆重的传统节日。

二　有关汉文文献记载

《昆明县志》记载：

汉之有夷妇阿南，其夫为人所杀，南誓不从贼，是日（六月二十四日）赴火死，国人哀之，因为此会。一云：南诏皮罗阁会五诏于松明楼，将诱而焚杀之，遂并其他。邓睒诏妻慈善，谏夫勿往，夫不从，乃以铁钏约夫臂，即往，果被焚。慈善钏得夫尸以归。皮罗阁闻其贤欲委擒焉，慈善闭城死，滇人以是日燃炬吊之。

清雍正《临安府志》卷七《附夷俗》记载：

星回节，即六月二十四日点火炬。相传汉时有夷妇阿南，其夫为人所杀，南誓不从贼，以是日赴火死节，国人哀之，因为此会。一云诏皮罗阁欲并五诏，乃设宴，会五诏于松明偶，将焚杀之。邓赕诏妻慈善其谋，劝夫勿赴，夫不从，以铁钏约夫臂。既而果被焚。慈善认钏得夫尸归葬。皮罗阁闻其贤，欲娶之，慈善闭城死节，滇人以是日燃炬吊之。一云孔明以是日擒孟获，侵夜入城，父老设燎以迎，后未遂相沿成俗，未知孰是。剁生，夷俗于六月二十四，以生肉加各种豆蔬，剁碎用蒜调和，分而食之。相传阿南以是日赴火死，故用生祀之也。

六月二十四日为星回节，燃松炬照室及田间，每田水口，在荞地一处各杀一鸡以祈丰收。

六月二十四日星回节谓之火把节，研松为燎，高丈余，入夜炮之村落，用于照田祈年，以炬之明暗占岁之丰歉，街市儿童扬松脂来互相烧洒为戏，比户剁生饮酒。

罗罗俗以六月二十四为节，十二月二十四为年。至期，搭松棚以敬天……长幼皆严肃无敢哗者。

清乾隆《弥勒州志》记载：

……入夜争先燃之村落，用以照田祈年，以炬之明暗占岁之丰歉。

《安南州志·风俗志》记载：

六月二十四、五日为火把节，亦谓星回节，夷人以此位度岁之日，犹如汉人星回与天而除夕也。

乾清隆《易门县志》卷六中说：

爨蛮，即阿车。……以六月二十四日为大年。是日，宰剁牛，拜坟祭祖。

清雍正《建水州志·风俗志》记载：

六月二十四日束松为燎朵，草花高丈余燃之，杀牲祭祖，老少围坐火，食肉饮酒。自官署以及乡村田野皆燃，谓之火把节，又谓星回节。

图3-5　元阳县彝族火把节
　　　　文艺汇演

图3-6　绿春县彝族火把节
　　　　之夜

元李京《云南志略》记载：

六月二十四日，通夕以高竿缚徽剧照天，小儿各持松明火，相绕而戏，谓之驱禳。

明李元阳《云南通志》也记载：

六月二十五，属松明为火炬，照田者，以火色占农。

《宁洱县采访》记载：

以六月二十四日为度岁，男女杂聚，携手成圈，吹笙跳舞，名为跳笙。

民国《马关县志》记载：

夏历六月二十四为火把节，是夜燃火炬，击羊皮鼓，绕行田亩以及园圃、果树，谓光照所及，则收获丰而虫害少。照毕陈酒脯，集男女行歌互答，进酒为欢。

《蒙自续修县志》记载：

> 六月二十四日土人以为节，祀祖。入夜，家家以松束及蒿为炬，自官衙城市及田野村墟皆然。或椎牛置酒，围坐火旁，达旦为乐，诸夷人采松或相扑为角觝之戏，曰"回星节"，亦曰"火把节"。

汉文文献明确记载了火把节的流传范围，从官衙、城市到山野村落，居住在城镇的汉官、彝民、汉民及山野之间的彝族村落，都在欢度火把。

清代著名学者许印芳在《回星节考》中，亦细致描述了彝族歌舞活动的盛况：

> 则夜燃火树，歌舞广场上，乘醉作乐，若口琴、若阮琴、瓢琴、缅箫、二弦、三弦之属，杂然并兴，而肉声即发，山歌水调，一唱百和，其词头总谓之石榴花，一曰大攀浆（即指海菜腔）其扬袂顿足，穿花对竹之舞、略如苗人跳月。夜分，歌喉渴、舞腹饥、大陈肴核条，更燃树作长夜饮。

纵观汉文文献记载，"火把节"一词是汉学者根据节日活动内容"夷人以火炬"来命名的。

三　节日仪礼

因彝族居住分散，又支系复杂，各地火把节活动内容有所差异，但多与"火把"、"招魂"、"摔跤"有关，从古到今，节日期间活动主要还是这三项活动内容。

1. 祭猎神

生活在绿春、江城、墨江等三县结合部自称老务颇的彝族，逢六月二十二日，以村为单位，都要举行祭猎神和狩猎活动。此举的主要目的就是为节日增添一道丰盛的野味佳肴。因为按他们的传统，每逢欢度一个重要的佳节，都要吃一碗麂子肝生，而六月二十四火把节更是一年中的重大节日，吃麂子肝生就成了过节的传统习俗。当地彝族民间至今还流传着这样一首歌谣：

> 长角的公麂子，不长角的母麂子，昨晚你在对面的山上鸣叫，今晚你又在这边的山上鸣叫，六月二十四日，有酒没有肉，肝生等着你，炒肉等着你，……

不论彝族的哪一个支系，或者居住在何方，均是一个由游猎社会逐步向农耕社会转变过来的古老民族，猎神崇拜在彝族原始宗教信仰中占有十分重要的地位。古代彝族先民靠狩猎为生，他们的衣服取自兽皮，食物来源于兽肉，认为狩猎有猎神存在，只有猎神保佑狩猎人，上山打猎才能捕到更多更大的猎物，故彝族猎人们只要上山打猎，在围猎之前都要首先祭祀猎神，祭祀时用占卜打卦的方式来预测此次上山打猎是否会捕到猎物。自称老务颇的彝族习惯在农历六月二十二日祭祀猎神并上山打猎，它是千百年来形成的传统。狩猎这天，大伙都要早早起床，太阳刚出山，猎队以村为单位，每户不能少于一人，大伙相约，村子里所有擅长打猎的男子，带上弓弩枪支和其他捕猎器具以及祭祀猎神时用的香纸酒肉，领着撵山的猎狗，来到大山顶上野炊祭祀猎神。祭猎神时，要选一棵马缨花树作为"猎神树"，猎人们在马缨花树下摆设祭坛，在祭坛内撒一层青松毛，祭坛正上方插一枝三杈头松枝，将松枝的正面削去一层皮，以此作为所要祭祀神灵的牌位，并砍一节松枝制作一副占卜用的松木阴阳卦牌，供祭司占卜时用。

祭祀开始，祭司开始敬酒上香，向东南西北中五方三拜九叩之后开始诵念奉请猎神的祭辞：

> 猎神爷爷在上，猎兵猎将在上，今逢黄金吉日，今逢白银吉日。今日猎人要上山，五方山上去打猎，山高林深路不明，不知猎物藏哪山？今日此处设祭坛，香茶美酒来祭你，杀二脚金鸡祭你。请猎神爷爷以及七十二位猎兵将，三十六条花猎狗撵山，小哥狩猎

童子，主厨菜花妹妹速到祭坛，来给猎人指点迷津，请来喝美酒，请来品香茶。吃饱喝足之后，随我猎人速速进山。今日猎人我，山雀野鸡我不打，山猫狐狸我不打，只打麂子马鹿黑头野猪。打猎遇着象，越大越喜欢。请猎神爷爷保佑我主人围猎丰收。

念毕开始杀鸡打卦，猎队要看祭司卦象吉利方位出猎。

最为有趣的是，彝族打猎还有许多传统和规矩，只要火炮枪响，猎物击倒在地，猎人必须马上从猎物伤口处拔下一撮带有血腥的毛，粘在所使用的弓弩或猎枪上，此举示意祭敬猎神。若遇到射击时，箭发不中，枪打不响，那猎人们就会认为猎具上粘有污秽和邪气。必须捡一只烂草鞋挂在猎枪上，猎人认为烂草鞋是除秽避邪之物，射杀猎物就能弹无虚发，百发百中。捕到猎物，不分大人小孩，就是路人巧遇，也得见者有份，人均分享。就是这些千百年来形成的优良传统，为彝族的狩猎活动增添了有趣而神秘的色彩。

如今，随着国家《野生动物保护法》的贯彻落实，彝族保护野生动物的意识也大大增强，他们已经认识到自然界生存的所有动物都是人类的朋友。放下了手中的猎枪，挥起农耕的锄头，从昔日的狩猎者逐步转变成如今的护猎者。就是每年都要举行打猎活动的传统火把节，如今也不再巡山狩猎了，彝族打猎过节的时代已成为历史。但这种传统在彝族民间延续了几千年甚至上万年，为了祈求猎神保佑彝族一年四季风调雨顺、五谷丰登、六畜兴旺、人人平安。虽然不能再出山打猎，但在每年的六月二十四日火把节，众乡亲还会带上木制猎枪和诱捕野兽的猎具，带上猎狗和祭祀用品，来到往日祭祀猎神的山上祭祀猎神，开展一些娱乐性的捕猎射击演示比赛。当今的彝族六月二十四日火把节吃不到麂子肝生，他们就用吃羊肝生来替代麂子肝生，节日喜庆的隆重气氛一点也不比昔日差。

2. 祭天地神

生活在绿春、江城、墨江三县结合部自称老务颇的彝族，逢六月二十三日，以村为单位，要举行一项极其重要的活动，即祭天地神。天地神崇拜是彝族极为古老的自然崇拜习俗。彝族认为，天地神是自然界中享有最大主宰权的神灵，世间的万事万物都在它们的管控之下。如果人

图 3 - 7　建水市彝族祭天地神灵
吹奏过山号

图 3 - 8　红河县宝华彝族
祭天地神灵

们敬祭天地神，就会得到它的庇护保佑，它将赐福予人，让人间一年四季风调雨顺、五谷丰登、六畜兴旺、人人平安。如果不好好地敬祭天地神，那将会受到天地神的严厉惩罚，立即降灾予人，会让人间瘟疫四起、旱涝不均、地动山摇、灾祸连连。随着一年一度火把节的临近，家家户户都会把房舍打扫得干干净净。这天一早，人们都要上山砍一棵留有三台枝杈，丈余高的青松树抬回家，把它栽在自家门前院子的正前方，以此作为天地神树。天地神树栽好之后，在天地神树下支一张四方桌，并在桌面上铺一层青松毛，上面摆一升苦荞子、一碗净水、一碗酒、一碗茶水。在升斗左边摆一个小簸箕，右边放一把小筛子，里面分别放一大一小两个荞糍粑，置放大糍粑的簸箕代表天，置放小糍粑的筛子代表地。在天地神树主干上用红线或红布条捆上一把青松毛作为插香之用，再裁剪 72 绺五色纸条粘挂在天地神树的枝杈上作为喜庆彩带。此日的祭祀活动包含两层意思，第一层意思是履行一年一度火把节传统的祭祀天地神仪式；第二层意思是趁杀牲祭祀天地神之机，为过火把节准备节庆肉食。因为火把节所要宰杀的猪羊都必须在祭天地神前时杀完，祭祀诸神天地优先。

祭天地神仪式一般由毕摩祭司主持，仪式开始，毕摩敬酒上香，面向天地神树三拜九叩之后，举手摇动手中的法铃，念诵《祭天地神经》：

天呀四四方，地呀四四方。往上看一看，天外还有天。往下看一看，大地九千层，最高是老天，最大是大地。天公最为大，地下有地神，地神坐山川，地母最为大。今逢黄道日，吉日做好事，祭祀天地神。

　　有名毕摩我，屋前设祭坛。清香烧三炷，好酒敬一杯，香茶敬一杯，朝天拜三拜，奉请天神爷，下界行好事。四方拜三拜，奉请地母神，回归祭坛来，保我五谷丰。今日来祭坛，美酒多多有，香茶多多有，胖猪杀祭你，绵羊杀祭你。

　　今日祭天神，今天祭地神，天上众神仙，速速下界来，归我祭坛来。地下众神仙，归我祭坛来，请来品香茶。天地这二神，万物归你管，今日祭你后，保我主人家，一年四季里，风调雨又顺，五谷丰又登，六畜兴又旺，家宅平又安。

　　毕摩祭司念毕，就开始领牲杀猪宰羊，猪羊杀好之后，要将猪头羊头以及心肝肉煮熟，放在托盘里，供在祭坛。毕摩祭司再诵一段回熟祭经，祭天地神仪式就算结束。

　　3. 杀牛祭祖

　　六月二十三日，家家户户把屋内外打扫干净，男女老少穿上节日的盛装。同时，几家或者数十家不等，合伙杀黄牛分牛肉，拿回家分生、熟两次祭献祖先。有的连户杀猪或杀山羊，还杀鸡鸭分生熟两次祭献祖先。

　　4. 祭田公地母神

　　六月二十四日或二十五日中午，各家各户杀一只鸡并煮熟，加备一碗米、一枚鸡蛋及酒，家庭男主人到自家田地边，以旱地为主的以地边长得最高的苞谷苗旁边进行祭献，以水田为主则在稻田水口处设祭。先砍一松枝或青香树枝、巴茅草插于田地埂上搭建简易的祭坛，再铺一层青草，坛边插红绿黑白黄五色旗，摆上祭品，祈求田公地母神保佑稻谷长得如松枝壮、如巴茅草高，颗粒饱满，秋收丰收。其祭词大意是：

　　你是五谷爷，你是五谷娘，五谷你所生，五谷你所养。求你快快育，祈你快快养。仓里等着你，锅里等着你，甑里等着你，桌上等着你。

　　……没有你五谷，当爹不好当；没有你谷粮，做娘不配做；没有你五谷，无法孝敬老；没有你谷粮，子孙无法长。

祭毕，祭品带回家分吃，并在当天割下第一把谷穗或掰下第一包苞谷。

生活在石屏县西北部一带彝族，祭田公地母神时，由远及近，先撕一撮青松毛，铺于田埂上，接着插一松枝，点燃一炷香火，制三个树叶碗摆在松毛上，然后将饭、鱼、鸡等祭品挑少许放入树叶碗内，滴酒奠地，并祈祷：

山神请来吃，地神请来喝，吃了守田地，莫让鸟兽食……

祈词不拘一格，可借景抒情，可喻物言状。祈毕，从原先备好的葫芦或土罐里倒出少许清水于左手，边洒田地边求福："香烟升天降吉祥，清水洒地出银子。"彝族认为，祭田公地母神，庄稼会长得旺盛，麻雀不敢来偷食，野兽不敢来糟蹋，五谷就会丰收。据说，火把节期间祭田公地母神时，因田公地母神在白云山上静享人们的祭奠，看谁家祭得虔诚。因而祭后都要哼着祈福小调，邀约邻近祭祀伙伴，饱食祭品。如此这样做，田公地母神才认为祭祀虔诚，赐其谷物饱满，让其大吃大发财；要是哪家不食祭品，不喝美酒，田公地母神以为祭祀虚情假意，惩其谷物长成瘪谷。[1]

5. 祭五谷神

众所周知，五谷是历代祖先们从野生植物中发现并不断驯化种植成熟后最有生产食用价值的谷类作物，是人类赖以生存的主粮。生活在绿春、江城、墨江三县结合部自称老务颇的彝族，在火把节期间，以村为单位，还要举行一项重要的祭祀活动，即祭五谷神。关于彝族火把节期间祭五谷神的由来，彝族民间有几种传说。其中一种传说是：

六月二十四日是天神向人间恩赐五谷种子的日子。

另外一种传说：

六月二十四日是五谷神巡游田间地头视察五谷生长状况的日子。

---

① 李朝旺：《彝族花腰人》，民族出版社2005年版，第215—216页。

　　这两则传说只能反映彝族对于五谷神的崇拜和祈盼五谷神保佑增产增收的美好愿望。而真正的原因是人们在长期的农业生产过程中，由于缺乏农业科技和自然灾害抗争的能力，辛辛苦苦种下的庄稼常常会因为天气异常原因发生旱涝虫灾和遭受禽兽的糟蹋，造成庄稼歉收绝产的情况，从而人们对无法抗拒的自然灾害产生一层神秘敬畏心理，也给五谷生产种植蒙上了一层神秘的色彩，赋予了某种神性，认为五谷有谷神存在，五谷的增产与歉收都是由五谷神掌控主宰着。如果人们虔诚地祭祀五谷神，五谷就会喜获丰收。若不好生地祭祀五谷神，五谷神就会降灾予人，让五谷颗粒无收，使人们难以生活。

　　彝族自称是大山的民族，自古以来都是生活在山区或半山区，彝族最先种植的谷类是苦荞。彝族对五谷的称呼排列与汉族不同，彝族是将苦荞排在五谷之首，称苦荞为"作兹玛"，即五谷之娘的意思。在古代彝族以祭荞神为主，祭五谷神是彝族后来从单一种荞发展为种植五谷之后，祭祀仪式也从祭荞神逐步演变成祭五谷神，但大部分彝族地区，至今还保留着祭荞神的习俗。

　　当地自称老务颇的彝族火把节期间祭五谷神，它不是以地区或村落为单位的大型社祭活动，只是以家庭为单位的小祭。祭祀的地点也不一，或到荞地边祭的，或到稻田边祭的，或到苞谷地边祭的。但一般都喜欢到庄稼长势比较好的田间地头作祭。祭品是一只鸡及酒、茶和香火。祭祀时，将祭坛及周围的杂草清除，清理出一米长宽的小块空地作为祭坛，在祭坛内撒一层青松毛，祭坛正上方插上一枝松枝作为五谷神牌位。祭祀时，如果村里的毕摩祭司忙，那临时的祭司一职就只有主家男人担任了。祭祀开始，祭司面对立有五谷神牌位的三拜九叩，上香敬酒，然后摇动法铃，开始吟念一段《祭五谷神经》：

　　　今逢黄金日，今逢白银日，喜逢黄道日，吉日祭谷神。一年十二月，月月有耕作，天天有收种。田中谷黄了，黄谷收进仓，煮出白米饭，米饭香喷喷，不吃先敬你。山地荞黄了，荞熟收进仓，做出荞糍粑，不吃先敬你。今日祭坛内，美酒多多有，香茶多多有。三岁红公鸡，今天杀祭你，五谷神老爷，回归祭坛来，请来喝美酒，请来品香茶，请你来领生。祭祀五谷神，生熟行二礼。生礼行

在前，熟祭留在后。过了今日后，五谷你要管，撒下一碗种，要收
一斗粮，撒下一升种，要收一石谷。

祭司念完请神祭经，开始杀鸡领生。到鸡肉煮熟，再来履行一次熟
食祭礼，诵一段《回熟祭经》，祭五谷神仪式就告结束。

6. 背子祭六祖

六月二十四日午饭后，弥勒、泸西、开远等三市县自称阿哲颇的彝
族，头年六月二十四日到次年六月二十三日所生的男孩，由其父亲背负
并带酒肉、糯米及香火，或抱大红公鸡到本村六祖庙磕头报丁，并祭献
六祖神，以此祈求保佑其子。同时全村每户出一成年男子，聚集在六祖
庙里，并邀请本族男性长老，享用祭品食物。

7. 燃火把祭神灵

六月二十四日夜幕降临，家庭主妇招拢自家孩儿，剪下手腕上（端
午节时戴）的五色线，等点着火把烧掉。剪断五色线时由毕摩祭司或德
高望重者念诵有关驱邪、避灾的祭词：

　　　　剪灾不剪福，剪病不剪德。烧灾不烧福，烧病不烧德。烧过五
色线，手腕大一圈，烧去灾和病，四季常平安。

然后点燃火把，举火把先向家中老者拜三拜，祝其福体安康，又向
灶君神拜三拜，求其赐福赐康；又向门神拜三拜，求其赐财赐粮；最后
向牛厩羊舍拜三拜，求其六畜兴旺。据说，如此这般一拜，灾星惧怕火
神，逃之夭夭，福星见光旺盛，家业能兴旺发达，体现的是原始的火神
崇拜之风。[①]

8. 祭火盛典

古往今来，彝族自称为火的民族。彝族火把节又是耍火的节日，祭
火盛典是整个火把节活动的重头戏，又是节日活动的主体内容。生活在
绿春、江城、墨江三县结合部自称老务颇的彝族，每年六月二十四日的
火把节之夜，所有的彝族村寨都要举行一年一度的祭火神耍火把仪式。

---

① 李朝旺：《彝族花腰人》，民族出版社 2005 年版，第 216—217 页。

吃过晚饭，村里的男女老少就会纷纷会集到举行祭火神仪式的火把广场，载歌载舞欢度节日。祭火盛典的祭火神仪式一律由毕摩大师主持，活动内容主要包括扎火把摆祭坛、请火神取火种、祭火神点圣火、撒火把除虫害、跳火舞唱火歌等五项活动内容。

（1）扎火把摆祭坛

当地自称老务颇的彝族火把节祭火神仪式庄重热烈。火神祭坛设在村子周围相对固定的广场上。火把节当天一早，村里的族长就会安排多位年轻力壮的小伙子配合毕摩祭司扎火把，搭建摆设祭坛。扎火把的传

图 3 - 9　扎火把

图 3 - 10　取悦火神舞

统方法是：首先在广场中央栽一棵六七米高的木柱，然后以木柱为中心按宝塔形状一层层向上堆积松木，并在木柴的缝隙间填充塞上一些香树叶、柏枝叶、万年青树叶、炸香树叶等，让其火把燃烧时散发出浓浓的清香味。柴与柴之间用藤子加以固定，以防止火把燃烧时向下垮塌。大火把扎好之后，在大火把的东、南、西、北四个位置再扎四把两米高的小火把。祭台建在主火把的正南方，祭台中央摆三张四方桌，桌子上撒一层青松毛，祭坛正中摆一升米作为祭坛神座和插香之用。然后在升子两边摆上牛头、猪头、羊头三牲祭品以及酒、茶、水果供品等，并在祭场中铺撒青松毛以此来突出节日的喜庆气氛。

（2）请火神取火种

六月二十四日夕阳西下，族人村民吃过晚饭后，就会纷纷聚集到举行祭火盛典的火把广场。夜幕刚刚降临，毕摩祭司就开始作请火神、取"圣火"的法事。取火种的方法是按传统的钻木取火方式获取。时辰一

到，毕摩祭司身披法衣，头戴法帽，面向五方三拜九叩，向祭坛上香敬酒。祭毕，站立于祭坛前，左手握法刀，右手执法铃开始吟念《请火神祭经》：

年头转年尾，转到火把节。头转月尾，转到好日子。今逢黄金日，今逢白银日。六月火把节，火神要掌火。今日这时候，毕摩大师我，身披老虎皮，头戴大法帽，右手摇法铃，左手来请神。今日祭坛内，白酒摆一坛，香茶摆一罐。要请火神爷，回归祭坛来，来护主火坛，毕摩大师我，法铃摇三下，向东拜三拜，东方火神爷，东山你莫坐，今天这时候，听我法铃声，铃声召唤你，锣声召唤你。今逢火把节，毕摩大师我，此处立祭坛，清香烧三炷，美酒敬一碗，香茶敬一盅，大鬼我不祭，小鬼我不祭，饿鬼我不祭，专祭火神爷。东方火神爷，请归祭坛来，吉时已到了，圣火将燃起，奉请火神爷，请来掌圣火。今日祭坛内，美酒多多有，香茶多多有，请来喝美酒，请来品香茶。

今天这碗酒，三年陈酿酒，今天这盅茶，春尖雀嘴茶。今天这碗酒，不喝会后悔。今天这盅茶，不喝会后悔。东方火神爷，隔山绕路来，隔河搭桥来，隔江渡船来。请来喝美酒，请来品香茶。东方火神爷，速速归祭坛，请来助火威，请你来掌火……

毕摩祭司诵完《请火神祭经》，用打卦的方式来测试火神是否已经降临。如果打得顺卦，说明火神已经到坛。那毕摩祭司即刻就向火工童子发出钻火指令。此时，早已等候在祭坛旁边的火工童子，开始拨动手中的钻子钻火，只要一钻出火星，火工童子即刻将一种当地彝语称为"甲梅"的火草绒丝点燃。等火种燃起火焰，火工童子就将火种盆躬身递给毕摩祭司，毕摩祭司立即将主火把四周的四支小火把点燃，取圣火仪式就告结束。

（3）祭火神

取得火种之后，接下来就要举行祭火盛典。点燃主火把，是祭火仪式的中心环节。因为点燃圣火是一件庄重而严肃的事情，必须邀请寨里具有较德高望重的族长或族内福寿双全的长老来点火。大火把火炬燃起之后，火焰升得越高，象征彝族来年的生活像火把一样红红火火，为了纪念歌颂火给人类带来光明和温暖，为祈求火神爷莅临祭场为圣火助威，保佑彝族一年四季风调雨顺、五谷丰登、六畜兴旺、人人平安。在点燃圣火之前，毕摩祭司要念一段《颂火经》。仪式开始，毕摩祭司身披法衣，头戴法帽，左手舞着法刀，右手摇着法铃，迈着巫步，按逆时针方向围着大火把边走边念《颂火经》：

　　年是好年份，月是好月份，吉日请火神，良辰请火神，火神老爷你，人们需要你，不回不行啊。今天这火把，要你火神掌。五方火神爷，今日归祭坛，火是风神火，火是风送来。火神坐火塘，人以火为伴，人们围你坐。火神所在处，野兽不敢来，老虎不敢来，豹子不敢来。妖魔你烧死，恶鬼你烧死。今请火神回，伴人来过节。火神老爷呀，春天砍火地，荞地你烧熟。夏天虫吃苗，害虫你烧死。秋天收五谷，生食变熟食，灶火你燃起，冬天霜雪大，火神来护身，浑身暖洋洋……

图 3-11　绿春县彝族火把节

图 3-12　绿春县彝族火把节跳丰收鼓舞

　　毕摩祭司诵完祭经，立即向五方各喷洒一口净水，召唤五方火神莅临祭场掌火助威。同时将握在手中的小火把点燃，递给即将点燃圣火的长老。点燃圣火的长老手举起火把向五方行礼祭拜，之后走向大火把点燃圣火。在长老点火的一瞬间，在场的参祭众人齐声高呼："阿跺都列……阿跺都列（圣火燃起之意）……"圣火一点燃，在场的人们争先恐后地拥向大火把将自己手中的小火把点燃，众人举着火把尾随毕摩祭司按逆时针绕大火把转三圈。之后所有参祭人员手举火把，拎着用陈香和松香制成的香面，跟着毕摩游村耍火把。耍火把时，村里的每户人家各个角落都要耍到。此举意示烧死所有的蚊蝇害虫和驱走所有躲藏在各个角落的妖魔鬼怪。村子里耍完之后，再到房前屋后的庄稼地边耍一转，耍完之后大伙又回到火把节主祭场，将燃烧殆尽的小火把抛归正在燃烧的大火把总火塘。然后人们手牵手、脚跟脚围着大火把载歌载舞。此时，小伙子们吹起葫芦笙和弹起大三弦，姑娘们吹着树叶和弹着响篾，跳火把舞，唱火把歌，尽情欢歌。祈望当年风调雨顺、五谷丰登、六畜兴旺、人人平安。节日欢歌一直要持续到第二天上午才结束。虽歌舞结束了，可火把祭坛里的火种不能熄灭，要等六月二十五日夜晚送走火神之后，圣火才能让它慢慢熄灭，决不能用泼洒冷水的方式将圣火浇灭，这样会被视为对火神不敬，切忌。

9. 耍火把

六月二十四日和二十五日两天，夜幕降临，家庭主妇，点燃节日前备好的火把，在屋内四周墙角、畜厩禽舍逐一烧熏，另一人拿着一个簸箕边敲打边叫喊"烧死蚊虫苍蝇"。熏完家屋，扫点灰尘于簸箕内，倒在村外岔道。年轻人们，到田地边游转，不断向火把撒松香，示意烧死害庄稼的蛆虫，并呼喊"烧死害庄稼的蛆虫"，以示照田祈丰年，并以火把的火焰明暗预测当年五谷的丰歉。

10. 杀鸡鸭招魂

如前述，彝族认为，一个人有 12 个灵魂，分主体魂、护身魂、守身魂、附身魂等，这些灵魂各有大小主次不同的作用和功能。如果附身魂离体而去，身体就不舒服，生小病。如果主体魂或者护身魂，或者守身魂离体而去，就要生大病，甚至死亡。所以必须把失落的灵魂和离散的灵魂招之回来且附身守体。又认为，人死了以后，灵魂就不再附身守体，一魂去天庭，一魂去阴间与历代祖先团聚，一魂去守坟头，一魂在祖先灵位处享受后代子孙的祭献，其他数魂游离四周。于是二十五日下午，不论生魂和死魂，一定要团聚，必须把离散的灵魂都要招回来。招魂时，有的用一只大红公鸡并在大门口摆上一桌饭菜，一手端着一碗清水，一手拿着一条点燃的叫魂布条招魂；有的提着一大红公鸡到野外叫魂，把一件衣裳铺于地上，开口念诵《招魂歌》：

呜——呜——呜——

某某某来应，在阴间来应，在天涯来应，在海角来应。千日行的路，唤三声来应；百日走的路，唤两声来应；十日行的路，呼三声来应；一日行的路，立即请来应。

某某某回来，饥饿来吃饭，寒冷来穿衣，口渴来喝水。狗吠你莫怕，狗是你家狗；鸡叫你莫怕，鸡是你家鸡；猪嚎你莫怕，猪是你家猪；马嘶你莫惊，马是你家马；鹅叫你莫惧，鹅是你家鹅。

某某某回来，快快回来呀！千日走的路，三天赶回来；百日走的路，两天赶回来；十日走的路，一天赶回来；一日走的路，立马赶回来。

与此同时，边叫边观看衣裳内是否有小动物昆虫，尤其是蚂蚱跳进来，以此示所招的灵魂已经招回来了。将小动物昆虫用衣裳包着，拖着一枝树枝，表示祖魂骑马或者游离魂骑马，至家，把树枝挂在门口，表示拴祖魂或者游离魂骑的马。把用衣裳包着的小动物放于正堂屋，说明所招的灵魂回到了自家里，已附身守体了，随即杀鸡煮熟祭献祖宗神后全家共餐。有的村寨或宗族，家家户户杀一对鸡鸭（白鸡和白鸭禁用），作为家人招魂的牺牲。招魂前，均要延请毕摩祭司为家人招魂。招魂时，把各自的一件衣物交给毕摩祭司，男的一般取帽子，女的一般取头巾或首饰。招魂从长辈开始，然后按年龄大小顺序召唤家人的灵魂回来，并附身。毕摩祭司须前往逐家逐户去招魂，并不取任何报酬，但可以选择在任何一家吃饭。有的到水井招魂。

11. 牧童祭献山神

居住在红河南北两岸的彝族，六月二十五日，各家大人要为牧童准备米饭、鸡蛋、咸鱼、牛肉或猪肉一大方块和头天晚上留下的鸡腿及香纸火、爆竹，交给自家牧童带上。牧童把牛羊赶到山上，集中到山神树下，祭祀山神，祈求山神老爷保佑，牛羊不吃庄稼，不糟蹋农作物，不丢失，不被贼偷也不被野兽伤害等等，然后并拢聚餐，欢欢喜喜吃个痛快。

12. 送火神

生活在绿春、江城、墨江三县结合部自称老务颇的彝族，六月二十六日，以村为单位，他们还要举行一项重要的节日祭祀活动，即"送火神"。彝族认为火是人世间能够左右凶吉祸福的神灵，只要人们好好的祭祀它，它就会赐福予人，会给人间带来风调雨顺、五谷丰登、六畜兴旺、人人平安的好年景。若不好生的祭祀火神，火神发怒就会给人间带来无穷的灾祸，让人世间永远不得安宁。每年六月二十四日过火把节，之所以人们都要杀猪宰羊奉请火神爷回来，目的主要是为了祈求火神爷保佑人间太平，让人们过上幸福美满的生活，并且奉请火神爷为节日当晚点燃的圣火助威，同人们一道欢度火把佳节。如今节日过完了，除了唯一的火塘火神留在家中之外，其他五方奉请而来的火神都有其职责与使命，它不能长期和人们呆在一起，节期结束，须将他们速速送走。

送火神仪式由毕摩祭司全权主持，同时还要邀请村里部分长者和十多位小伙子参加。六月二十五日下午日落西山，夜幕降临，受邀人员又重新聚回到前夜点燃圣火、歌舞狂欢的火把广场，给圣火塘添加一些松柴，将燃烧殆尽的圣火种重新点燃。送火神祭祀时，毕摩祭司准备一把筛子，筛子边上插五面用五色纸剪制而成的蜈蚣旗，再摆上五个用黄纸剪制而成的小纸人，此举意示代表五方火神。筛子中间摆放一节芭蕉杆

图 3 – 13　弥勒市彝族男童抬火神　　　　图 3 – 14　弥勒市彝族祭火神

作为神座插香之用。另外筛子中间还要摆一碗肉汤米饭、一杯酒、一杯茶、一碗水。同时准备五把小火把，送五方火神时点燃送走。送火神仪式开始，毕摩祭司首先打醋坛给筛盘祭坛上香，然后身披法衣，头戴法帽，左手握法刀、右手摇法铃面向正南方三拜九叩后开始吟念《送火祭经》：

　　一年一次火把节，一年请次火神爷。杀猪杀羊祭火神，好酒祭

过火神爷，好茶祭过火神爷。火把节日已结束，欢乐日子已度过。如今茶完酒已尽，如今香化烛已残。难留圣驾火神爷，就此吉日与良辰，奉请火神各回宫。

今夜毕摩大师我，祭酒祭茶已备好，清香帅旗已备好，黄纸木马来欢送。三年盘缠打发你，四年酒肉打发你。天上火神回天宫，地下火神回地宫。东方来的火神回东方，南方来的火神回南方，西方来的火神回西方，北方来的火神回北方，中央来的护送五方之火神回五方。走吧！走吧！

……

骑马的火神请上马，坐轿的火神请上轿。无马骑无轿坐的火神，请上五花筛盘来。毕摩送你到南山，火神童子来接你，接回到南山去做官。

毕摩祭司诵完祭经，参与送火神的人们将五把小火把点燃，跟着毕摩祭司，端着筛盘，将火神送往村子正南方的一座山下十字路口，将筛子中的纸人和旗子连同筛子烧掉。送火神的人们就跟着毕摩祭司回村，在回家的路上不能回头望。至此一年一度的火把节就算画上了一个圆满的句号。当然，当年的火把节刚过完，人们又在盼望着明年的火把节能早日到来。

四　娱乐活动

此节日期间，因居住地区不同、支系不同而娱乐活动也不尽相同，或跳乐作舞，或跳五笙舞，或赶花街，或斗牛，或摔跤等娱乐活动。

1. 欢跳乐作舞

六月二十四日和二十五日两天，红河、元阳两县自称尼苏颇的彝族，男女青年成群结队，聚集在村寨附近的山上，吹拉弹唱，围成大圆圈，欢跳民间传统舞蹈"乐作舞"，或"大圆鼓舞"、"栽秧鼓舞"，欢唱悠悠动情的民间传统"阿哩"（情歌）。乐作舞，在长期的流传过程中，形成了完整的舞蹈套路，如由踩荞、撵调、斗脚、斗肩、穿梭、找对象、擦背、游调等舞蹈套路组成。此舞的基本特点：起伏连贯，重拍向上，脚的动作小巧灵活，上身随舞步有左右倾斜，前俯后仰。如跳

"撵调"时，舞者身体翻转自如，似彩蝶游花，白云缠浮山巅。又如跳"游调"时，脚步轻盈灵巧，恰似蜻蜓点水，时而正转，时而反转，时而斗脚，时而穿梭。在领唱者抒情委婉的歌声中，众舞者还可以"作——啊作"伴唱，此起彼伏，有应有合，气氛显得热烈欢畅。

图 3 - 15　红河县彝族毕摩宗教经籍中娱乐绘画

目前，红河县境内彝族"乐作舞"已成为全民族性舞蹈，并确定以阿扎河乡垤施、洛孟彝村的彝族"乐作舞"为县舞，在全县内推广普及。

2. 欢跳五笙舞

金平县老集寨乡、元阳县黄草岭乡、绿春县大水沟乡以及普洱市的宁洱、江城、墨江三县自称阿鲁颇或俾颇的彝族欢跳五笙舞。"五笙舞"表演形式简单，无具体内容，属自娱性广场集体舞，是男女青年社交活动的一种形式。民国《思茅县地志》记载：

> 俅罗等以六月二十四日为度岁，杀猪宰羊，男女杂处，携手成围，吹笙跳舞，以尽欢乐。

（道光）《普洱府志》载：

> 利来……每年秋后宰牲祀神，吹笙跳舞而歌谓之祭庄稼。

舞时由一男性吹葫芦笙领头，众跟其后，以逆时针方向走圆圈起舞。舞蹈有"直步"、"一步一踩"、"三步一踩"、"三步三踩"、"乐作"、"狗跳步"等6套。这6套可分可合，又随人数的增多，五笙也可增至二、三支。自称阿鲁颇的彝族跳"五笙舞"时，上身随着舞步前俯后仰，动作规整。而自称俫颇的彝族跳"五笙舞"时则是边歌边舞，一人领唱众人合。动作和音乐节奏固定，上身保持正直，双手甩动自如，随着舞步，两手至胸前和身旁拍掌，有"紫歌"、"展歌"、"六翻六踩"、"穿花"、"老母猪吃食"、"苍蝇搓脚"、"马四踢"、"走调"、"拍掌调"、"三踱步"、"走挪"、"摇摆步"等舞蹈套路，也是可分可合，独套成舞。

3. 打火把战

六月二十四日至二十六日傍晚，孩童们各持火把，在村外村中草坪上，扬松脂互相浇洒为戏。男女青年将火把持到野外草坪，堆成篝火，围火对歌赛曲，跳舞比美。有的玩得高兴了还用火把作"武器"，互相"开战"，"战"者各自用松香撒到火把上，让火舌喷射对方。其实这是一种娱乐，人是不会受伤的，直娱乐到筋疲力尽，才高高兴兴地回家。特别有趣的是，居住在绿春县牛孔乡一带彝族，在男女青年打"火把战"中，女青年的火把不能抬到男青年的胸部，而且不得用熄灭的火把故意威逼烧伤男青年。男青年不得用木棍或石块砸女青年的火把，更不许抢、扔火把，只能用手扑灭火把。按传统习俗，女青年的火把扑灭后，她们重新点燃火把。这样的"火把战"要连续13天。

4. 赶花街

六月二十四日和二十五日日两天，石屏与元江、新平三县交界处及建水、开远二市自称尼苏颇和勒苏颇的彝族男女青年汇集一起尚有赶花街之习，如今赶花街不仅是这一带彝族男女青年觅寻知音的盛会，附近各民族兄弟也都赶来祝贺，祝福男女青年永远相爱，永远幸福，白头偕老。男女青年赶花街，当地彝族民间还有一个传说由来：

很久以前，彝族山寨有一个勤劳朴实的山苏颇（彝族支系）后生小伙子，以编卖竹器为生。他为人忠厚，又极能孝顺老人。他破的竹篾又细又匀，他编的簸箕，圆得像十五的月亮；他编的竹器，简直就是一件件美观大方的艺术品，一拿到街上被人们抢购一空。山脚下一户有钱人家的姑娘，看上了这位小伙子。日子一长，两人便产生了爱情。每个街子，他卖完竹器，便约着姑娘到山林中唱情歌，相互倾吐爱慕之情，并立下海誓山盟。但姑娘家的爹妈不同意这门亲事。父亲说："高寒山寨一年四季吃荞子，见不到一粒白米饭，你受不了。"姑娘说："不管吃什么我都受得了。"母亲说："他家穷，活计又苦又累，你会苦死的。"姑娘回答："再苦再穷我也要嫁他！"父母劝说无果，威逼她以后不能再和小伙子来往，更不能见面相会。家庭的阻挠，并没有改变姑娘对小伙子的一片衷情，她在家中暗自流泪，思念自己的情人。农历六月二十三日，是一个阴雨连绵的日子，家家户户都在忙着张罗过火把节，姑娘趁人不注意，逃出了家门，一口气跑到山顶上的山苏颇山寨，找到了日夜思念的小伙子。一对情人痛哭流涕，倾诉衷肠，他俩对天发誓：生不能成为夫妻，死也要死在一起。于是他俩离开了家，在山顶自尽了。彝家小伙子和小姑娘听到这一消息，纷纷跑到山顶痛悼，为他俩真挚的爱情所感动，为他俩早离人世而惋惜。黑云紧紧压住山头，阴雨沥沥下个不停，山顶上狂风阵阵，好像一对去世的情人在哭泣，不觉使人毛骨悚然。人们为了驱赶恐惧，便在山顶上高歌舞蹈。后来，每年六月二十四日至二十五日这两天，彝族年轻人就上山跳乐唱歌，以此来纪念这对诚心相爱的男女青年，赞美他们忠贞的爱情。彝家的姑娘小伙子们为纪念这对情人，追求恋爱自由，婚姻自主，寻找忠贞的情侣，每到这两天，便一对对相约在花街相会，尽情歌舞，互相交换爱情信物，定下终身。

如今他们的花街上有牛肉、羊肉、猪肉汤锅，如同长蛇阵，一汤接一汤。男女青年相邀，边吃喝边交流感情。时近傍晚，一群群身着节日盛装的姑娘，像服装展演般，打着花伞，三五成群地手挽着手，在花街上走来走去，一伙伙满怀希望的小伙子，背着四弦，弹着三弦，从这群姑娘串到那群姑娘身边，表心情，觅知音。有的在树下堆起干柴，或在草坪上燃起篝火，或靠在山脚大树上拨响四弦传情。夜幕降落，四处响起叮叮咚咚的四弦声，奏响了夜生活的序曲。接着就听到高亢嘹亮的"阿哩"白话即情歌小调，通宵达旦。总之，一张张笑脸像一朵朵绽开的鲜花，一圈圈跳乐人群像一团团花。那眼花缭乱的服装，那闪亮的银饰，飞舞的围腰飘带，欢乐的笑声，动人的歌声，汇成一片花的海洋，歌的大山，好不热闹。

5. 斗牛

六月二十五日和二十六日两天，当地彝族斗牛同摔跤竞技同时进行。斗牛，彝族民间还有一个传说由来：

> 古时候，有一年六月二十五日，有两位游者来彝山，因天热困倦，便在一棵大树下歇凉。忽见一白一黑两条黄牛，在离他们不远的地方四角相交，拼命决斗。两人惊奇地同声赞道："好牛啊！真是好牛啊！"他俩试图把牛隔开，想各人赶一条牛回去。但因两头牛斗得凶残，他俩想了很多法子都无法接近。正在为难之时，一位白发苍苍老者骑马而过，他高喊："白牛上天，黑牛入地！"喊罢便扬鞭而去。骑马老者刚走，两头牛也随即消失了。据说黑牛陷落在山脚，那里立即涌出一塘泉水，变成了泥滩。两位游者立即顺蹄印去追赶白牛。他们过了一山又一山，来到一个岔道便不知牛的去向了。只见一对农民夫妇正在种荞，便问："大哥大嫂，你们两位是否看见一条白牛到这边来？"农夫答道："牛是见了，但跑去的方向没看清。"两人十分惋惜地离去了。到收割时，这对农夫的荞子长得特别好。人们在传说着六月二十五日这一天的奇闻，认为黄牛抵架的年份是五谷丰收的年份。于是，每年农历六月二十五日这天，人们就来到山上，举行斗牛活动，盼望有个好收成。

斗牛这天，方圆十八里，人们都上山来，或摆汤锅卖米线的，或卖糖果的，或卖冰棒汽水的，或卖气球玩具的，应有尽有。斗牛之前，首先男女青年穿上节日的盛装，民间歌手弹起三弦、月琴，尽情高歌，欢乐舞蹈，谓之"扫场"。扫毕，就正式开始举行斗牛、摔跤活动。斗牛前，各村寨要选出膘肥体壮的牛，牵到会场，群众穿红着绿前来观看，由一位有声望的长老宣布斗牛开始，顿时锣鼓喧天，长号齐鸣，鞭炮震耳，一对对男女青年在场边弹弦拨琴，跳起欢快的传统舞蹈。在万众欢腾的热浪中，勤劳的彝家人将一头头瓜滚腰圆、体大角尖的公牛牵入场内，接受裁判员过目，一声令下，主人按照事先选择的对手，按淘汰制比赛程序，将赛牛放出去，任其格斗。凶猛的公牛扬蹄翘尾，勇猛地向对方冲去，角对角地顶碰，直到将对方斗败为止。有的地方一对一斗牛，多次角逐，最后留下的是冠军。斗败一方的牛主要给获胜的一方挂红，表示祝贺。相传有一年，一条在比赛中得了冠军的牛，牛角上挂着布，耀武扬威地回家。路上遇上一只老虎，由于头上有红彩布助胆，老虎被抵死在高埂子下，一天一夜不放松。人们用棍棒把牛撬开时，老虎已骨碎僵死，而"冠军"牛也力竭而亡了。从此，彝族的斗牛就更加隆重了，热闹了。

图 3 – 16　彝族火把节斗黄牛　　　　**图 3 – 17　彝族火把节斗水牛**

6. 摔跤

彝族在火把节期间摔跤，是他们传统火把节中重要活动之一。彝族民间也有摔跤的传说由来：

　　传说，很久很久以前，庄稼颗粒无收，人畜频频饿死。彝族先民认为这是恶魔邪怪在作祟，必须想法驱除，才能风调雨顺，平安吉利，于是就在"火把节"这天举行摔跤，并且连续三年都举行。目的是踩地盘驱邪，如果谁拿到大红（冠军），就证明他力大无穷，能威镇一切，也就驱走了一切邪恶鬼怪，因而人们可在此举行欢闹的摔跤活动了。

昔日摔跤一般采取淘汰制，但越到后来，气氛越紧张。特别是争大红布（冠军）时，摔跤场上简直到了白热化的程度，千万双眼睛焦点一致，死死盯着摔跤场上的"龙虎斗"，人们屏住气息，直到胜负一决，才松了一口气，为拿大红者欢呼。拿大红者从主持人手中接过大红——冠军的标志（一般4米左右的大红布），向四周的人群施致意。此时，早已忍耐不住的男女青年蜂拥一般跑进场子，跳起传统舞蹈或跳月舞，或跳乐作舞，在场的男女青年也自寻舞伴跳起来，整个场子一片欢腾，活动达到高潮，一直持续到夜幕降临，甚至到深夜。未婚男女青年则成双成对，步入僻静处，倾吐爱慕之情，选择意中人。

7. 打陀螺

陀螺分龟头和平头两种，其形大小不一。男孩或男青年在火把节期间，分成两人一组（互称"对家"）。每组由一位技艺高超的优秀手作陀螺王。以抽签或陀螺旋转时间长短定攻方和守方，两方相距10—15米，站于两边。先由守方支陀螺，最先支和打的均是双方的小兵卒。随后便出二兵卒、三兵卒，依此类推。攻方一对一的打，只要有其中一人击中陀螺不倒而旋转时间长，守方便要在离攻方较近距离处击中陀螺旋转时间长，视为攻方胜。最后陀螺王击中对方陀螺王的陀螺，但旋转中输给对方，视攻方转为负方，全队成员便给对方支陀螺，让对方打。因此，陀螺王必须打得稳、准、狠。

图3-18　彝族火把节摔跤

除此，还有抽陀螺。方法有二：一种是用手将陀螺捻转于地面，使其飞速旋转；另一种是先将鞭绳缠于陀螺上端，然后将陀螺抽拉放于地面上同时用力抽鞭绳，使其飞速旋转。有双人、三人、多人等赛法几种。赛法有二：一是看谁的陀螺旋转时间长定胜负；二是被抽转的两个或多个陀螺互相撞击，看谁的陀螺被对方的陀螺撞死撞倒定胜负，倒、死者为负，反之为胜。

8. 演唱山莜腔

山莜腔，又称坝子腔。源于建水市南庄、曲江等地区。因这一带盛产红薯（当地汉语方言称其为"山莜"，"山莜腔"因此得名），建水市坝区和半山区自称尼苏颇或他称三道红的彝族男女青年，借赶花街之机，以主唱或伴唱的方式演唱山莜腔。其分拘腔、空腔、桠腔、舍腔、四六句、正曲、落腔、白话等组成。"山莜腔"以按不同的内容和演唱对象及场所，也可分为如下几种调子。

（1）勾曲

用富有吸引力的唱词，唤起对方的注意。如：

大河涨水漫石岩，石岩顶上挂招牌，清风不吹牌不动，郎不招手妹不来。

（2）挂曲

表现青年男女双方相遇后，渴望热切的心理活动。如：

一进现场宽又宽，声叫小妹你实听，千里路上来相会，万里路上来团圆。

（3）叹曲

埋怨自己命运不佳，才气不高，本领不强，想借此得到别人的同情和达到自己的目的。如：

郎是山中枯树木，倒在路边无人扶，那个姐妹心肠好，扶起枯树会转绿。

（4）探曲

试探对方是否真心实意。如：

大河涨水漫桥头，手扶桥栏望水流，要学清水常流淌，莫学浑水来一头。

（5）玩曲

尽情欢乐，尽兴发挥，把愉快心情淋漓尽致地表达出来。如：

　　好玩好玩真好玩，好玩不过这群人，郎像金龙来戏水，妹像鲤鱼跳龙门。

（6）热曲

情投意合的青年男女双方，互相表达爱情的坚贞程度。如：

　　月亮出来白又白，郎是白纸妹是墨，黑墨落在白纸上，千年万年不变色。

（7）怪曲

用讽刺的口吻，严厉批评别人。这种形式在玩场上一般不常用。如：

　　天上下雨地上烂，拿团泥巴做条象，嘴巴鼻子样样有，眼睛生在脑壳上。

（8）离曲

表现离别时各种复杂的心理状况和情绪。如：

　　郎也慌来妹也慌，扫扫花园旧花山，锁住天门天莫亮，锁住花园人莫散。

（9）散曲

表现离别时依依难舍的心情。如：

　　小小歌场长又长，金鸡打水喂凤凰，凤凰不吃金盆水，眼泪汪汪离众郎。

山菝腔音律为五声羽调式基础上，伴有调式转换，以开头的拘腔为主题贯穿全曲。旋律以歌唱性音调与叙述性说唱结合，伴唱声部与主唱声部形成即兴多声部状态，歌词以彝语与汉语方言结合，唱时大小嗓音交替使用，节奏快慢并用，音律高低交错。

图 3 - 19　建水市彝族妇女
边唱山菝腔边跳烟盒舞

图 3 - 20　石屏县彝族老人家
弹唱山菝腔

9. 演唱海菜腔

也称"石屏腔"，源于石屏县。因异龙湖中生长着一种可食用的水草，当地人称之为"海菜"。这一带彝民常在异龙湖上捕鱼对歌，故把自己演唱的曲子叫作"海菜腔"。石屏县彝族男女青年，借赶花街之际，以主唱和伴唱相结合的方式演唱"海菜腔"。"海菜腔"按不同的内容和演唱的对象分为如下 10 种类型。

（1）勾曲

男女青年若要把对方勾引过来，成为自己的对象、爱人。犹如第一封求爱信，有的较婉转隐讳，有的单刀直入。如：

好朵鲜花鲜又鲜，可惜生在河那边。心想过河将花戴，又怕河水漫齐肩。

（2）热曲

正在热恋中的男女青年情人，表示对爱情的忠贞，发出山盟海誓，永不变心。如：

生不丢来死不丢，抓把冷饭放石头。冷饭放在石头上，冷饭发芽可才丢。

（3）捧曲

男女青年情人、恋人彼此的夸赞、夸耀，从对方的外貌、穿着、风度、才华等各个方面褒扬。有时也可主客之间的互相捧场和贺喜。如：

小小苞谷三尺高，苞谷结在半中腰。苞谷秆小包子大，小妹人小肚才高。

（4）扫曲

男女青年拒绝对方的求爱、求情，你爱我，但我不爱你，你唱勾曲勾我，我用扫曲拒绝扫开，或扫得较客气，或扫得毫不留情。如：

牛不吃水不压头，妹不跟哥哥不愁。三月茅草处处有，来到这儿把脚伸。

（5）离曲

男女青年送别情人，难舍难分，多少离愁别恨，一字一句涌上心头，入肺腑。如：

升子打米平洋洋，金鸡离伴妹离郎。金鸡离伴离不久，情妹离郎离得长。

（6）挂曲

男女青年情人、恋人离别后的互相怀念、挂念，望穿秋水，何日才能相聚相会团圆。或是初恋情人，只恨相逢机会太少，难免时时挂怀惦念。如：

挂哥挂哥真挂哥，平地相隔九支坡。买张白纸写黑字，风吹树叶信吹落。

（7）怨曲

男女青年满腹牢骚，怨天尤人，无非是爱情达不到目的或遭到坎坷，或爱情婚姻受到挫折，不满意、不称心，或怨爹娘、怨媒人、怨命运、怨对方，把压在心头的埋怨情绪倾吐出来。如：

公鸡打架四脚蹬，小妹梳头两边分。梳好头发跟哥走，甩开头发找别人。

图 3-21　石屏县彝族演唱海菜腔　　　图 3-22　建水市彝族妇女演唱山莜腔

（8）串曲

以局外人或客人的身份，到别人吃火草烟的现场里去做客，逛门子，这叫吃串烟，所唱的曲子叫串曲。一般是祝贺或道喜，或夸赞这里的小伙子小姑娘，但也有仗势欺人的挖苦讽刺，这往往容易引起格斗。如：

天上星宿排对排，地下灯盏配灯台。红漆桌子配板凳，官家小姐配秀才。

（9）怪曲

阴阳怪气，冷讽热嘲，讽刺打击。或失恋后的伤心悲愤，或达不到目的而争风吃醋，或对方不听规劝而勃然大怒。总是有意挑刺揭短、讽刺、挖苦你。如：

太阳出来红又红，手拿红香送癫龙。癫龙送到十字路，今生今世莫相逢。

（10）闲曲

闲常唱玩的曲子，它没有什么明显的主体对象，或不表达什么强烈的思想和爱情褒贬激情，只作平常的一般抒情。如：

月亮出来亮堂堂，打把镰刀割高粱。好吃不过高粱酒，好玩不过小姑娘。

海菜腔曲调唱词由拘腔、舍腔、空腔、桠腔、正曲、白话、花点儿等部分组成。音乐以七声羽调式为主，有调式转换。开始的拘腔主题贯穿整个曲子，形成套曲结构。旋律以歌唱性音调与叙述性音调结合，伴唱声部与主唱声部形成即兴的多声部形态，节奏变化频频，节拍混合多变，汉语彝化方言，大小嗓音交替使用。正曲中以 7 个腔唱完 4 个 7 字句。28 个字在各腔中的分布字数为 6、1、5、2、7、4、3 的点字眼方式演唱。目前，石屏县被国家文化部命名为"海菜腔音乐艺术之乡"。

10. 演唱河边腔

河边腔，主要流行于开远市东北部和南盘江岸，是当地彝族男女青年谈情说爱的传统歌种。多在男女青年山野劳作，特别是火把节期间男女青年赶花街时演唱。其有如下几种类型：

（1）勾曲

男女青年初次在歌场见面时唱的歌，诙谐、含蓄的词句具有逗嬉之功能。如：

大河涨水小河清，不知河水有多深，丢个石头试深浅，唱支小曲试妹心。

（2）探曲

男女青年双方选中了理想的歌友后，相互表达对爱情的追求所唱的歌。如：

郎在西来妹在东，要想见郎路不通；隔河如隔千里路，好比云南到广东。

（3）夸曲

男女青年双方通过初步了解后便进入以歌互赞的阶段。如：

河水落坡坡不落，只有郎哥说得合；只要郎心合妹意，陪你唱到月亮落。

（4）热曲

歌手在互相以歌相识中产生爱情后，便以歌向对方倾吐爱慕，表达自己忠贞爱情。如：

不丢不丢真不丢，砍棵竹子顺水流；若要小郎把妹丢，除非河水倒转流。

（5）离曲

男女青年恋爱关系基本确定后，便依依不舍地分手，以歌道别相互嘱咐。如：

大河涨水小河清，送郎送到河对门；要学鸳鸯同到老，莫学水獭把水分。

（6）挂曲

男女青年恋人再次在歌场相见时，表达相互思念而唱的歌。如：

河在低处田在高，青青秧苗无水浇；哪日等得水上田，哪日盼得情郎到！

（7）扫曲

女青年拒绝男青年求爱时唱的歌。如：

大河涨水万丈深，水獭浮水两边分；水獭吃鱼不吃刺，小妹输嘴不输身。

（8）悲曲

男青年找不到对象或爱情受到挫折时唱的歌。如：

大河涨水小河渣，鱼在水中摆尾巴，哪天打得鱼下酒，哪天讨得妹当家。

河边腔曲调委婉、悠扬，并略显粗犷。河边腔在长期流传并传承过程中，逐渐体系完备，内容丰富，见物编歌是其最大之特点。无论水面水下、花草鱼虫、乱石泥沙都是即兴编唱素材，具有诙谐、机智的情趣。

11. 演唱五山腔

建水、开远、弥勒三市结合部一带彝族男女青年，借火把节之机，相约异性伙伴，三个一党，六个一群，以对唱的方式演唱五山腔。曲调由拘腔、四六句、正曲、落腔、桠腔、空腔。句式五言、六言、七言、八言。音域宽广，适度自由，节奏多变。音调为七音羽调式，有上下五度调式转换。旋律以拘空为主题，反复加花点发展变化，歌唱性与叙述性相结合，有独唱开腔，伴唱呼应，一领众和，真假嗓腔交替使用。伴唱常与主唱形式或即兴式多声部状态。

综观所述，红河州彝族传统火把节，仅从活动内容来看，就有祭猎神、祭天地神、杀牛祭祖、祭天公地母神、祭五谷神、祭六祖、燃火把祭神灵、请火神、取火种、祭火神、杀鸡招魂、祭山神、送火神及耍火把、打火把战、赶花街、斗牛、摔跤、歌舞娱乐等，从中反映了彝族天地神灵崇拜、远祖崇拜、灵魂崇拜、火崇拜、松树崇拜、山崇拜、谷物崇拜等原始宗教思想文化，并反映和表明了彝族是"火的民族"。从活动范围来看，它属于全族性的节庆文化活动。所以有人曾说，火把节是彝族的大年节。

第四章

其他节庆文化

第一节　罗色庙歌舞节

一　流传地区和活动时间

罗色庙位于石屏县异龙湖湖畔五爪山顶。据笔者实地调查获悉，遂于每年农历二月初十举办罗色庙会，祭拜"罗色"，歌舞献艺。当地有句顺口溜"有吃无吃，过过二月初十"，体现了当地彝家人对这个节日的重视。

图4-1　石屏县罗色庙　　　　图4-2　石屏县罗色庙内的
　　　　　　　　　　　　　　　　　　　　"罗色"（虎神）绘画

二　缘起和由来

据汉文文献史料记载，元朝末年，统治石屏的土知州就是异龙湖南边山的彝族头领马黑奴，当地彝族民间称"罗色"（彝族称其为"头领"的意思，或"虎神"之意）。明洪武十四年（1381年）九月，明太祖朱元璋命颍川侯傅友德为征南将军，永昌侯蓝玉为左副将军，西平侯沐英为右副将军，统领步骑兵马三十万征云南。十五年（1382 年）正月，明朝军队占领临安（今建水）各州，石屏头领马黑奴与江外五土司亏容、思陀、瓦渣、落恐、左能均投诚明朝。同年三月，明朝将石坪州改为石屏州，并将地方行政长官改"土"归"流"，石屏开始设立流官。十六年（1383 年），马黑奴被夺职。同年七月，马黑奴与蒙自阿也、通海观音奴、宁州（今华宁）吉台等土官联兵反明，马黑奴首先率领本部人马，在异龙湖东部的海东扎下七座营盘，欲待其他各部人马汇集，共同进兵，直取临安府城。

但是，未待马黑奴进攻临安，镇守临安的王执即命天策卫指挥万中率师夜袭海东，并乘胜追至杨家庄。马黑奴兵败逃回五爪山，夜晚，明军在异龙湖上点纸灯，马黑奴见湖面上火炬遍起，疑是明军乘船来攻，眼看大势已去，难挽大局，自缢而死。

马黑奴宁死不屈，深受当地彝族群众敬仰，尊奉他为地方土主，在五爪山顶建庙祭祀他，称他为"罗色"（虎神），将他生前扎营的驻地命名为罗色湾（虎神湾）。明清两代，异龙湖畔的彝族群众每年火把节都要聚集在罗色庙（虎神庙）中举行歌舞活动，祈祷罗色（虎神）保佑，以求避祸纳福，五谷丰登，人畜兴旺。

又据说，彝族老人曾另有说，马黑奴死后，其鬼魂常在湖中作祟，兴风作浪，掀翻渡船，危害乡人，后来人们就在五爪山上建罗色庙（虎神庙）祭祀他，祸祟顿绝。

三　罗色庙壁画思想内容

壁画分左中右三壁。中间一壁依次绘马黑奴世袭土官世系图，正中塑罗色（虎神）泥像。左右两壁所绘图像分为"出师"、"拒敌"、"凯旋"三个部分。壁画中有两个手握肩扛竹节状管形火器和一个手持鸟枪的明军火枪手随队伍前进，这是明军入滇在战争中使用火器的证明。先以简劲的墨线勾勒人物、舟楫、战马等动态形象，再填以青绿、朱砂、赭石等矿物颜料，属工笔重彩画。其主要内容以连环画的形式从左至右依次描绘身穿战袍的乌蛮（彝族先民）将领身先士卒，挥刀纵马驰骋疆场，兵勇挥舞刀枪紧随其后，接着是描绘双方在湖中和山林中厮杀拼搏的情况，天上黑云翻滚，电闪雷鸣，狂风怒卷，舟船在烟雾迷蒙的波浪上摇晃，箭矢在空中飞鸣，刀枪剑戟的撞击声混合着将士兵勇舍生忘死的怒吼声惊天动地。壁画最后描绘身着土官服饰的头人马黑奴被欢欣鼓舞的人群簇拥着，乘坐在八个壮汉扛着的肩舆上。头人左手耽腿，右手摇扇，表现出一副傲慢得意的神态。前边有数十人组成的乐队，或吹号，或吹笛，或击鼓，或呐喊，显然是高奏凯歌，浩浩荡荡地向前开路。有一个士卒手持火炬奋力奔跑，他要赶在仪仗队之前去点着火炮，庆贺得胜凯旋。

图 4 - 3　石屏县罗色庙壁画之一　　　图 4 - 4　石屏县罗色庙壁画之二

四　节日仪俗

每逢农历二月初十，地处异龙湖畔的石屏县异龙镇豆地湾村委会锣鼓喧天，来自周边乡镇、村委会的彝族民间歌舞表演队齐聚豆地湾村，一起热热闹闹地过"罗色庙"二月初十歌舞会。据考，豆地湾村委会是彝族烟盒舞、海菜腔发源地之一。所以，罗色庙歌舞节活动主要以欢跳烟盒舞和高歌海菜腔为主。

1. 演唱海菜腔

至于石屏县彝族海菜腔，当地民间还有其传说由来：

传说之一：

因石屏县异龙湖畔大水村一带的甜石榴闻名滇南，海菜腔又名石榴花，就是因此而命名。

传说之二：

据传，在元朝末年，异龙湖畔发生了一场战争，双方打了七天七夜才结束。打了胜仗的一方就在异龙湖畔的五爪山上（罗色庙的小岛上）烧起篝火、摆酒席庆祝胜利，老百姓在唱歌跳舞中就把彝族语言中的白话方言排列成有规律的唱词唱了出来，随后就在湖畔彝族村子中流传下来。

但在后来的演变中有人就把它规律性地整理后形成了海菜腔。取名海菜腔的原因是：异龙湖畔的彝族人民非常喜欢唱歌跳舞，在湖中打鱼、捞海菜时也要唱，歌声声调拖得很长，很有韵味，唱的过程中使人感到就像摘海菜一样很长很长，顾名思义就取名为海菜腔。

其实，无论哪种说法，都离不开特定的环境和人们的生产生活习俗与特定环境相符的心态。也就是任何名称的起源，都离不开深厚的社会基础。由此可见，海菜腔不仅是异龙湖畔彝族人民曾经经历过的历史生活的真实写照，同时也是繁衍生息在石屏县的人们祖祖辈辈思想情感与理想追求的浓缩。

基于石屏县彝族海菜腔演唱的主要内容前面已阐述，在此不再赘述。在此有必要简要阐述海菜腔的发展和展望。"海菜腔"起源于石屏县彝族生活区，当地彝族经常在田间地头唱起这种绵柔悠长的民间歌曲，2004年1月，李怀秀曾和她的老师施万恒一起，在中央电视台举办的西部民歌大赛中获得原生对唱组金奖；同年8月，李怀秀和李怀福一起参加了在山西省左权县举办的第二届中国西北民歌擂台赛，一举摘得"中国民歌王"桂冠。接下来就是一次次地参加全国的大型文艺演出……从2004年起，全国的观众就开始认识了这对来自云南红河州石屏县的姐弟，开始认识了"海菜腔"。有人曾说，他俩的歌声穿越了历史的时空，让我们领略了一种有些陌生的民族风情，让都市里的人感受到一股久违的清新之风。

如今，石屏县异龙镇、龙朋镇等各乡村文化站都有海菜腔演唱组，县里每年还举办一次民族民间"海菜腔烟盒舞"比赛，让海菜腔这一非物质文化遗产的保护有了很大的改善。人们已经认识到自己本土的民族文化宝贵的价值，所以保护和发扬传承就成了首要的任务。总之，海菜腔作为彝汉文化碰撞交融的结晶，显示出了独特的个性和成熟的美，从而成为一种较高层次的民族民间音乐艺术。我们要把传统文化资源的保护与当代的再创作相结合，通过创新使之有活力，创作出富有时代气息的作品，才能使海菜腔得到真正的保存与发展。我们真心期望这震撼人心的天籁之音——海菜腔传承不断，成为世界文化的奇葩。

2. 欢跳烟盒舞

彝族烟盒舞有双人舞、三人舞、集体舞之分，尚有部分有情节的表演性舞蹈小品，既有独舞，也有歌舞。烟盒舞在彝族民间还有多种传说由来：

传说之一：

相传有一年，云南阿迷州（今开远市）的女土司万氏媄，带武装侵犯石屏，欲占领石屏，将石屏纳入其势力范围。石屏土知州、彝族首领马赫奴（马黑奴），率彝民奋力反抗，打败了万氏媄的入侵武装。在战地（异龙湖南岸五爪山上）载歌载舞集会庆祝胜利。为了庆祝胜利，彝民们欢呼雀跃、跳起了舞（即烟盒舞），那会唱的调子流传下来，就是今天的"海菜腔"；那会跳的舞流传下来，就是今天的烟盒舞。开庆祝会的那天，是农历二月初十，为了纪念战争的胜利，以后每年二月初十，异龙湖畔的彝家人都要在五爪山的罗色庙（为纪念马赫奴而建的庙）前举行赛歌赛舞，形成了一个传统的节日。后来这一带民间就有一句话"有吃无吃，过过二月初十日"。说明彝家人对这一民族传统节日的珍惜和重视。

传说之二：

相传，古时木匠大师鲁班在做活时，一群儿童拾他锯下的木榫头，一手拿一块，两块相打发出"哐哐"或者"嗒嗒"的响声，孩子们敲打着木榫头手舞足蹈，但是木榫头有棱角，时常划着手，极不方便，因此鲁班就把木榫削圆，凿去中间部分，形成碗状，这样就既不划手，碰击时声音又响亮，孩子们玩得非常高兴，后来男人们拿去，一端绷上牛皮，做成烟盒，平时装烟，娱乐时用来弹奏舞蹈，因此形成烟盒舞。

传说之三：

相传，北宋名将杨宗保、穆桂英创造了烟盒舞，在民间流传。那里人称"四弦"为"嘟鲁掌"，说是杨宗保名字的谐音，还有一句话"不会唱曲子，打开天门问问杨宗保"。意思是说：杨宗保是曲子的创造者，人死了魂魄升天，不会唱曲，可以打开天门问杨宗保。

传说之四：

相传，过去人们劳动休息，常聚在一起歌舞作乐，但动作不整齐，后来有人想办法，拍巴掌，这样便有了节奏，动作也整齐了。再后来，有人觉得拍巴掌太单调，气氛不够，拿出烟盒弹着跳，声音清脆悦耳，世代相传，形成烟盒舞。

传说之五：

古时候，石屏县异龙湖畔有一个彝族部落首领叫"罗色"（虎神、虎祖），他英勇善战，曾率众抵御外族的侵袭，保卫了家乡，后来彝族人民为了表达对自己英雄的崇拜和怀念，也为使后代永记祖先的恩德，便在湖边的五爪山上盖起了"罗色庙"，在每年二月初十祭祀他的日子里，青年女子便聚集在庙中跳起裸体烟盒舞。

跳烟盒舞时，主要以弹响烟盒伴奏，配以四弦、笛子、二胡等乐器，但常以四弦伴奏。舞者随着清脆的烟盒响声和热烈的四弦琴声，翩翩起舞，情绪豪放浪漫，舞姿优美精巧，潇洒轻快；韵律刚柔相济，松紧有致，表演套路形象生动，妙趣横生；技巧动作造型美观，技艺高雅。此舞在云南享有盛誉，在全国也有一定影响。民间相传此舞有72

图 4-5　彝族传统烟盒舞之一　　　　　图 4-6　彝族传统烟盒舞之二

套，但有人说有 198 种。其舞蹈分正弦和杂弦。正弦亦称娘弦，也称母弦，一般称为"三步弦"，有三步弦、二步半、三步扭腰、三步点、三步勾、三步横、慢三步、三步飘脚、斗蹄壳、梭梭弦、蹲蹲弦、耍大谷、踩四方、操洋操、马步、查拐哩、哑巴拿鱼、哑巴砍树、哑巴解板、敬一盅、划小船、抠黄鳝、小黄牛、小蚌壳、滚松球、正挂翻、哑巴砍柴、哑巴哭坟、关公撕刀、扭松毛结、死人停尸、正挂钉钩、仙人搭桥、倒挂钉钩、玉瓶倒水、四季花开、鹞子翻身、鸽子度食、燕子歇梁、蚂蚁走路、蚂蚁抬杆、鹭鸶过埂、鹭鸶探鱼、鹭鸶拿鱼、鹭鸶蹬莲、苍蝇搓脚、苍蝇抹翼、老熊搌腰、长虫扭腰、长虫过埂、鸭子拐拐、鸭子摸鱼、螃蟹搬家、秧鸡过埂、狮子盘球、狮子托柱、老鹰晒翅、豺狗撵羊、毛驴打滚、猛虎扑羊、公鸡打架、货郎端簸箕、老妈纺线、老妈梳髻、虾巴虫扭腰、老鹰叼小鸡、猴子掰苞谷、蛤蟆扳跤、细鱼打高高、小牛拜四方、童子拜观音、观音坐莲台、毛虫抬蚱蚱蛆、老母猪拱茨菰等舞蹈套路。

杂弦亦称子弦，是母弦派生而来的，是在正弦的基础上，通过民间艺人加工、发展而来的。有踩茨菰、虒细鱼、三穿花、六穿花、上通海、下曲江、大轻纵、小轻纵、老人家、满三娘、喳果哩、簸箕弦、撒谷都、好整吃、大翻身、踩谷种、干娘娘、勾棠栗花、抬锅面子、贪花先生、亲哥尼阿妹、三姐妹逗合、石屏干腌菜、阿咪郎踩合、三脚黑尼嫫、阿色哩跪哟、阿撒舍者、阿哥阿妹勾、小二姐勾脚、棋格尼格都、含勒咪得、阿色白克哟、阿梅着即嫫、肃小也勒、仙人搞桃、各找各的伴、大红丝线水红青、半截观音墨斗脚、石屏橄榄菜、有心哥哥出只脚、阿咪若得果西、咔的哩咔儿哟、洋烟开花矮朵朵、阿哥背着小米达等舞蹈套路。

　　总之，烟盒舞套路再现了彝族先民的生产生活及智慧，动作形象生动，妙趣横生；海菜腔昂扬激越，旋律起伏连贯，婉转悠扬，犹如异龙湖水，清澈明亮，浪波起伏。

　　据调查，1953 年石屏县彝族民间艺人李永成、李慧仙，云南建水市彝族民间艺人莫定成、白秀珍等人到北京参加首届民族民间音乐舞蹈会演，表演彝族民间传统烟盒舞和演唱彝族民歌，受到周恩来总理等国家领导人的亲切接见，李永成获周恩来总理颁发的镀金毛主席像章一枚和景泰蓝碗纪念品一个。1985 年石屏县 31 位民间艺人参加全州首届原始歌舞会演，烟盒舞选赴昆明、北京演出。1986 年应国家文化部、国家民委以及民族文化宫邀请，在中南海怀仁堂为党和国家领导演出。1988 年 9 月，石屏烟盒舞在云南首届民族艺术节开幕式上表演。1999 年 10 月，石屏县龙朋镇彝族烟盒舞艺人后宝云等 20 余人应邀进京参加全国第六届体育舞蹈锦标赛开幕式表演，该镇被评为"中国艺术之乡"。石屏县文化馆李秀英等 1998 年赴日本参加"日中友好条约缔结 20 周年"纪念活动表演，1997 年赴法国参加欧洲艺术节表演。2002 年，建水市甸尾乡彝族艺人李思永等被省文化厅、省民委命名为"云南省民族民间高级舞蹈师"称号。

图 4-7　石屏县彝族传统烟盒舞之三　　　　图 4-8　石屏县彝族传统烟盒舞之四

　　目前，彝族民间烟盒舞不仅在各种民俗活动、节日庆典、老年协会自我娱乐、社区居民自发的晨练、晚练，机关、厂矿、学校的文艺联欢、文艺汇演等活动中，烟盒舞得以广泛推广，而且石屏县被国家文化部命名为"石屏县彝族（尼苏）烟盒舞艺术之乡"，建水市甸尾乡被省州文化厅（局）命名为"建水市甸尾乡彝族烟盒舞艺术之乡"。

五 发展和创新

如今的罗色庙歌舞节，每逢二月初十，当地彝族不约而同地来到罗色庙，甚至当地彝族村寨轮流坐庄，举办罗色庙赛歌赛舞会，对彝族民间烟盒舞、海菜腔的传承发扬起到了非常积极的作用。在歌舞会上，各乡村文艺队均拿出了自己的看家本领，倾情奉献。不论是自发的，还是轮流坐庄举办罗色赛歌赛舞会，其节目丰富多彩，高潮迭起，为来自四面八方参会的群众献上了一桌丰富的民俗歌舞文化大餐！

第二节 清明节

一 组织形式

清明节前夕，旧时，各家族要由族老们聚会商量，筹备清明节的祭献活动，商定筹集打牛宰猪的款项，决定团圆宴的菜谱及厨工，还要商定宴请的规模和范围，如请到哪一辈已出嫁的女子回家祭奠自己家族的祖先和哪一级的姻亲等。本宗族或家族已出嫁女子，若被请到，不论贫富、远近，都要出一只大红公鸡和一碗糯米等。新中国成立后至今，各家族仍坚持到公共坟山上坟，吃团圆饭，但因家族或宗族祠堂或家庙倒塌，只是各家各户或三代祖先以内的三五户合伙团圆罢了，除非修缮公共祖坟及其立墓碑等。

二 祭牲和饮食

清明上坟活动的祭牲和饮食以规模而定。若全宗族或家族一起过节，就凑钱买猪和买羊及大红公鸡来过节，并以猪肉、羊肉、鸡肉及糯米饭、米糕、茶酒为主要饮食。若是家庭性过节，以大红公鸡、猪头、五花肉、香火、酒饭为主要祭品，并以鸡肉、猪肉、糯米饭、米糕、米饭、甜白酒、茶酒为主要饮食。

三 节日仪礼

1. 清理坟山及其祭献

清明节早上，到宗族或家族的坟山上坟（每个宗族或家族都有自己的一座坟山），到自家祖先的坟前清除脏物和杂物，还把采来的野花插在坟头，把挖来的小树栽在坟前的空地上，以示为死者培植美好的家园。祭者还用衣襟兜一把土撒到坟上，以示为死者的土屋添了新土。然后，坟头或坟前插香火，坟前摆上一甑米糕，斟茶水酒，磕头祈祷历代亡魂来享祭。有的女子，由于死者生前对自己情意深厚，趁此机会，坐在坟前哭诉或悲歌一番，倾吐自己对死者的怀念之情。年轻寡妇《哭夫调》是这样哭唱的：

　　　　哭叫一声薄命夫，你去把我丢世上，今天上坟来献你，看见夫坟泪汪汪。过去同桌来吃饭，说说笑笑饭喷香；过去同上山下田，夫妻相伴累也甜；过去同走一条路，坡陡路远脚不酸；过去同睡一张床，绣花枕上情绵绵。我对你亲热温暖，你对我体贴周全。我在灶上把饭煮，你在灶门把柴添；我拿菜刀要切菜，你把砧板递过来；我说我想吃咸菜，你从罐中拈出来；你说你想喝杯酒，我把陈酒提出来；我说我想歇口气，你把椅子端过来；你说你要吸阵烟，我把烟筒抬过来；我说我要绣花边，你把丝线买回来；你说你要修农具，我把刀斧递给你；我说我要回娘家，送我送到娘家里；你说你要走亲戚，我把鸡蛋装篮里。说不完的心中话，叙不完的夫妻情，夫君快快席上坐，妻来为夫倒茶酒。

　　离开坟山前，祭献者不论大小，都要折一枝青锥栗树枝或糠皮树枝，或万年青树枝或阔叶树枝，在坟前扫三次，以示为死者的住宅打扫卫生。

2. 吃团圆饭

　　各宗族或家族汇集在家庙或祠堂吃团圆饭。族老在席间一边吃喝一边讲述祖宗的历史，教育后人要继承祖先的传统。同时席间一边吃喝一边认亲，一来是为避免血缘姻亲，二来是为以后办婚丧大事要互相帮忙，互相支援。如今因族人生活质量不断提高，加上姻亲范围不断扩大和族人房屋布局你迁我建，清明节的团圆饭，不再是血缘亲团圆了，已扩大到邻居和好友，邀请他们参加自己家族吃团圆饭，在一定程度上真正体现了社区和谐、邻里和谐、村民和谐、乡风文明的新面貌。

图4-9　红河县彝族扫墓　　　图4-10　红河县彝族扫墓时祭献桃符

3. 生前伙伴上坟

生活在石屏县西北部一带的彝族，常在一起玩耍的姑娘或小伙子不幸病故，活着的伙伴相约，择一吉日，备办猪鸡牛羊肉和米酒，带上乐器，到伙伴坟前祭献、歌舞，追叙友情，表示对伙伴死者的悼念。这时有的触景生情，吟诵一段对伙伴的怀念：

在高高的山冈梁子山上，有棵美丽的马缨花树，根须深深地扎进泥土里，枝丫直直地伸向四方。青树叶像撑开的清布伞，洁白的花朵散发幽香，马缨花树和你是同龄长，一起迎着阳光甘露长。而今马缨花树依然挺立，可伙伴你悄悄地走了。清冽的村寨泉水井旁边，再也看不到你的音容；平平坦坦的土掌房顶上，再也见不到你的笑貌。美丽的同龄伙伴啊伙伴，想起昔日那些日子里，我们在草坪上一起跳舞，踏平青草翩翩把舞跳，我们在树林里一起欢歌，你像画眉般甜美歌唱，我们众伙伴们赞不绝口。

我们的身影我们的心啊，像林里树木相依相偎；我们的友情我们的情谊，像山水一样联结交融。今日生与死分别的日子，谁不盼望早日来相见？相约相逢的美好日子里，总是想唱个够跳个够，我们形影相随难舍难分。

亲亲的伙伴亲亲的朋友，今天是个吉祥的日子，姑娘与伙子相会的日子，我们大伙来看望你呀，我们一起来跟你玩耍啊。

喝不饱的是家乡的泉水，玩不够的是痴情哥妹，你在世上没有玩够玩饱，今天我们一起来玩耍。寨前寨后青青的玉菜叶，叶子是团团圆圆的呀，相好的小姑娘和小伙子，今天我们大伙来团圆。动人的月琴弹起来了啦，悠扬的三弦弹起来了，清脆的巴乌吹起来了啦，亲亲的伙伴们相聚了，让我们拍着巴掌跳起来。

亲亲的伙伴亲亲的朋友，红底白边的美丽旗幡，迎风飘扬在你伙伴坟头，喷香的米酒和佳肴菜，已摆在你伙伴的坟头前，请你伙伴来品尝享用。虽然买不起京城的金碗，也买不起省城的银碗，却在土碗里盛满了情谊，请你快快端起来使用；虽然买不起京城的金筷，也买不起省城的银筷，家乡的竹筷郎哥亲手做，请你快快动起筷子来。家乡的米饭世上最可口，请你吃了一碗又一碗；家乡的米酒世上最香甜，请你喝了一盅又一盅；家乡的鲜肉世上最鲜嫩，请你吃了一块又一块。

亲亲的伙伴如今到阴间，曾听说阴间有忘却饭，亲亲的伙伴莫吃忘却饭，吃了忘却饭不识爹妈；曾听说阴间有忘却水，亲亲的伙伴莫喝忘却水，喝了忘却水不认哥妹情。

金鹿走过山坡留下脚印，白鹇飞过天空留下声。亲亲的伙伴亲亲的朋友，你的美容你的容颜啊，永远铭记在我们的心中；亲亲的伙伴亲亲的朋友，起来你快快地起来吧，来和我们一起唱歌跳舞，活着时候没玩饱跳够，今天我们一起来玩个够。

第三节　濮拉跳鼓节

一　流传地区和活动时间

濮拉跳鼓节，是石屏县异龙、牛街两镇交界处自称濮拉颇的彝族习俗性节日文化活动。他们两镇交界处的马龙山，当地彝族俗称跳鼓坡。农历七月十五日举行活动。节期一天。

二　传说由来

彝族民间有很多跳鼓节的传说由来。

传说之一：

石屏县异龙湖畔的彝族濮拉颇人家日出而作，日落而歌，五谷丰登，生活美满。异龙湖里有一匹龙马，一夜出湖赏月见到人间歌舞升平，这边正唱"海菜腔"，那边正跳"烟盒舞"，非常妒忌。从那，这"龙马"趁夜深人静，时而变成英俊的伙子引诱濮拉颇姑娘，让其莫名其妙的疯疯癫癫，昼不干活，夜不睡觉；时而变成美貌姑娘来劝濮拉颇伙子饮酒，让其天黑喝到亮，不知天亮；时而变成凶猛的双头兽趁夜咬食濮拉颇人家的猪鸡牛羊。时间久了，弄得濮拉颇人家不得安宁。后来有一个勇敢的濮拉颇伙子发现龙马惧怕狗血，于是邀约一群小伴各带一个牛皮响鼓，潜在"跳鼓坡"上边敲打边跳，引诱龙马变成美女出来。龙马来了，用狗血出其不意地泼去破了龙马仙法。然后打鼓震威。龙马仙法被破，龙马不敢下湖，徘徊于异龙湖边，忽然鸡啼天亮，龙马变成了今天的"龙马山"。这天正是农历七月十五日。以后相沿成习，就成了他们代代相传的"跳鼓节"。

传说之二：

相传，石屏县异龙镇和牛街镇之间的龙马山，是一匹母马所变，每年她都要发情而恐叫寻偶，声音非常可怕。居住在山下的彝族濮拉颇先民对此十分恐惧和敬畏，青壮年男性就用牛皮绷成大鼓，抬到山上敲，边敲边跳称为"踩山"。结果，龙马山不叫了，而且那一年的五谷收成较好。后来每到农历七月十五日，这一带彝族濮拉颇男性们就到山上跳鼓"踩山"，祈求神山保佑人畜康泰，五谷丰登。

传说之三：

在很久很久以前，跳鼓坡山叫作龙母山，是天上派下来的一位女神，负责掌管着上普租、大塘一带的五谷、六畜以及人们的生老病死、福祸安宁。女神有个怪脾气，她喜欢热闹，不受寂寞。只要是小伙子小姑娘在山顶上唱啊跳啊，她就可以使五谷丰登、六畜兴旺。若是连续三年不上山唱歌跳舞，女神发怒，就使庄稼歉收，人畜病亡。有一年，上普租一带庄稼长得特别好，坡地上的苞谷又粗又壮，田野里稻谷一片金黄，家家户户猪鸡成群，牛羊肥壮，确是

图 4 - 11　石屏县濮拉颇　　　　　图 4 - 12　石屏县濮拉颇
跳鼓节　　　　　　　　　　　　跳鼓节上的妇女

一个五谷丰登、六畜兴旺的景象。人们高兴极了，认为是女神所赐，就互相奔走相告，七月十五日一定要到龙母山上好好地庆祝一番。于是，各村各寨的小伙子小姑娘都聚集在龙母山上，尽情地唱歌跳舞了一天一夜。从此，跳鼓坡的节日就时兴起来了。慢慢地，龙母山也就改叫成跳鼓坡山了。

不仅当地彝族民间有这节庆活动的传说由来，而且《石屏县志》也记载：

　　　　朴喇（濮拉）风俗中有七月十五日跳鼓俗。上普租、大塘等地的朴喇男女青年，一年一度集会于龙马山上，尽情跳乐。是日，有换牛、斗牛等内容。其节日主要为庆祝丰收，相沿成俗。

三　节日仪礼

1. 男子跳神鼓

节日这一天，旧时坡上只许男性前往，女性禁去，现已改观。所有成年男子特别是青壮年情绪激昂之时开始舞蹈，仅凭舞蹈表达自己的感情。舞蹈者晃胯扭腰，动作粗犷豪放，幅度大，只需合上鼓点，可随意跳跃，高潮时可睡地翻滚而舞，狂劲十足。只要鼓声不停，舞者可以随意加入或退出，直至全体舞者跳得筋疲力尽。

2. 换牛和斗牛

人们把自己的黄牛、水牛吆到山顶，通过双方协商，互相调换或买卖，每年都有上百头黄牛、水牛参加交易。斗牛是人们最喜爱的一项活动，有时两头牛（黄牛对黄牛，水牛对水牛）斗得难解难分，从坡顶斗到路边，又从路边斗进山林，一直斗到分出胜负止。

3. 跳烟盒舞

至于彝族烟盒舞，在前面已曾阐述，在此不再赘述。

总之，当地彝族濮拉颇不仅仅跳鼓踩山，每到节期，小伙子身背四弦、手持巴乌，姑娘们打着花雨伞，背着烟盒、竹笛，已婚的男子则赶着黄牛、水牛，从四面八方聚集到马龙山，且各族男女老少皆可前往，买卖农副产品，交易牛马，跳"烟盒舞"，好不热闹，并已成一个新的民族节日、贸易、歌舞为一体的场所。其节日以牛肉、羊肉、凉拌卷粉、凉拌米线、烧烤豆腐及白酒、松罗茶水、香芝麻茶水为主要饮食，样样在其中，好不热闹欢腾。

第四节　男女青年歌舞节

一　流传地区和活动时间

男女青年歌舞节，也称男女青年歌宴。主要流传于红河、元阳两县自称尼苏颇的彝族地区。但主要盛行于红河县乐育、宝华、浪堤、大羊街等乡镇彝族村寨。每年栽秧结束至五月端午节前期间，以村为单位，择吉日组织活动。节期一般为两天。一般在男青年村子的公房内或场子上活动。

二　组织形式

主要组织者是甲村未婚小伙子8—10人，乙村未婚姑娘也是8—10人。甲村还要组织主要表演声乐和器乐者14人和毕摩祭司1人，甲村全村成年男子均可参加活动，并可参加歌舞表演。

三　活动仪俗

1. 邀约

甲村相好的几个小伙子趁山野劳作、赶集邀约邀请乙村未婚女青年。男青年邀约女青年或相互邀约时，一般以"依呜欠调"来邀约或相约。"依呜欠调"只有声乐而无器乐。以"依呜欠"一词开腔得名。在辽阔的田野上，或山岭间，或棕榈树下，或金竹林里，一个或一群不甘寂寞的未婚男青年或女青年，向前方发出悠长且高亢嘹亮的"依——呜——欠——"。歌词大多为触景生情，即兴之作，现编现唱，节奏时快时慢。唱腔唱曲高亢嘹亮，但音高到什么程度，因人而论，即没有固定的音高，也没有固定的音值长短，随人发挥，只要唱清楚自己所要表达的思想即可，显示出男女青年富有的粗犷豪放，大胆直爽之风格和无拘无束的举止及青春活力。这种大胆和直爽的性格及无拘无束的求爱方式、恋爱方式，其他民族的男女青年是望尘莫及的。有时诉说自己的不幸，其唱腔唱曲低沉、忧伤；有时故意贬低、咒骂对方，讥讽霹雷，且铿锵有力，毫不留情。

2. 半路迎接

男女青年约定了活动的具体时间、地点、规模后。一到约定时间，甲村小伙子到半路迎接乙村姑娘到本村。在相约和迎接中，男女青年双方可采用"白话腔"形式，表达各自的心思、情感、意愿等。"白话腔"只有声乐而没有器乐，亦称直白腔、款白话、或说白话，用直白或说白的方式演唱"阿哩"情歌。演唱时，主体中间不需限制，如说话一般，不用唱腔唱曲，但很有节奏感，每两句中间有一点拖腔拖音即可。歌词简洁精练，却鲜明生动准确地把饶有风趣的意思表达出来，并押韵，使人一听就明白清楚，且回味无穷。

图4-13　红河县彝族传统歌宴　　　图4-14　红河县彝族男女青年对唱
　　　　　　　　　　　　　　　　　　　　　　"阿哩"情歌

与此同时，根据活动形式和内容需要男女青年双方都可以演唱以下"阿哩白若"（情歌小调），以此表达各自的心态、情感、思想等。

（1）学玩调

"学玩调"是少男或少女刚进入青春期，初次步入情场即男女青年歌舞娱乐场所时唱的调子。所唱的内容一般以她们或他们刚步入情场，不懂得情场的规矩和礼俗，更不会唱"阿哩"，想向对方大哥（或大姐）请教、拜师的歌词。如：

> 猪蛇隔七日，哥大妹七岁；牛羊隔七日，妹小哥七载。一日知一样，七年知七十，样样比妹知，事事比妹强。

（2）请坐调

"请坐调"是男女青年在一起玩耍，免不了请对方坐下，来说几句心里话，请对方坐下来时唱的调子。如：

> 小哥采树叶，垫在草皮上，亲亲的小妹，请您坐下来。歌妹肩靠肩，心里才热和；[①] 哥妹耳贴耳，好说心里话。

（3）邀请调

"邀请调"是男女青年在一起玩耍，出于礼貌，互相拘束而邀请对方时唱的调子。内容多于故意贬低自己，夸耀对方。如：

> 鲜花插牛粪，若不怕嫌弃，请哥先开口，开口莫拘束。要吃甜汤圆，靠不住马粪；想唱阿哩歌，靠不住小妹。要唱哥领头，领头莫拘束。鸡肉骨头多，鸡鸡（拘拘）不得吃。

（4）夸夸调

"夸夸调"是如果男女青年一方很倾慕另一方，人才也很中意，想与他（她）交往、玩耍，用美言甜语将对方夸赞时唱的调子。如：

---

① 热和：地方汉语方言，为暖和之意。

　　若能跟哥走，饥寒已忘却；若能跟哥走，荒年不怕饥；若能跟哥走，严寒不怕冷；若能跟哥走，死也定瞑目。

（5）真情调

　　"真情调"是男女青年双方表达同心同肝，永世相爱的调子。这是"阿哩白若"的主调之一。男女青年寻找伴侣不是草率的，而是在山上砍柴割草或田里劳动中、集市上、节庆歌舞中，通过多次接触，已互相有好感，才确定恋爱关系的。一旦相爱了，就愿为对方奉献忠贞的爱情。所以，唱词均为倾吐衷肠、肺腑之言一类的美言甜语。可以说"真情调"是流传最广，影响较深，歌词最多，人人喜唱的调子，每一成年男女青年都能唱上三五调，多者能唱出几十或百把调子。如：

　　阿妈生女儿，身如金竹标，眉毛像月牙，脸如桃花色，两眼水汪汪，嘴如鸡油桃，手脚又灵巧，做活又娴熟。千人见了爱，万人见了想。听了情妹话，心中如蜜灌，久旱苗得雨，爱妹深一层。十五月亮圆，十六月亮洁，吉（洁）祥今晚上，哥妹订婚恋。

（6）思情调

　　"思情调"是男女青年春心浮动，痴心思情的调子。他们一旦学会了这一寻情的本领，总向往着得到美好的情和甜蜜的爱。所以多为独自表白内心中的秘密和美好的愿望，因此来安慰自己不平静的心情。如：

　　我爱你小妹，谁来把我夸。不像月梭罗，千人看得见；不像白鹇鸟，万人都来夸。若能变的话，愿做一棵树，终年发绿叶，枝叶茂又盛。虽无人夸树，却有人乘凉。

（7）迎花调

　　"迎花调"是嘲讽官家、财主或者鄙视寻花问柳、自作多情、朝三暮四的人，歌颂真挚爱情的调子。花俏人人夸，人俏人人爱。一朵美丽的鲜花迷醉了官家、财主的公子或少爷、花花公子。但是，民女不羡慕荣华富贵，见金银民女不点头，见绸缎民女不动心，只有遇到真情实意的郎哥，美女才吐衷肠，表心意。如：

> 见绷我头晕，睡龙床难眠，吃玉饭心翻，喝银汤肠断，裹缎衣身痒，戴金镯手抖。金鹿恋青草，真心献知己。任你弹烂舌，我也不爱你，不爱就不爱，九十九不爱。

对朝三暮四、寻花问柳、自作多情、口是心非的人，讥讽如霹雳。如：

> 大石滚陡坡，滚碎心不疼，滚到深谷里，低头不望你。不疼就不疼，九十九不疼。江河入汪洋，滔转千百里，睁眼不看你，消亡不想你，不想就不想，九十九不想。

（8）离别调

"离别调"是男女青年恋人之间分别时，总会想起昔日在一起玩耍、谈心的情景，如若水鱼之情，藤树之缠。今日分别，免不了表达出依依不舍的心情的调子。如：

> 送哥到村口，再送到岔口，有心送郎哥，送到山垭口。筛子当门板，关门眼睛多，竹板做床板，睡觉吱吱响。

（9）挂念调

"挂念调"是男女青年恋人情侣分别，你南我北，我东你西，相会却遥遥无期时唱的调子。其表达出"剪不断，理还乱"的复杂挂念之情。如：

> 龙袍虽束身，心却冷冰冰；玉饭嘴里嚼，难于下喉头。哪天会了郎，何时见了哥，披蓑衣也暖，野菜也润喉。

（10）失恋调

"失恋调"是男女青年一方失恋后充满幽怨、痛恨的调子。这种调

图 4 – 15　红河县彝族传统乐作舞图

子，不施浓墨重彩，不加渲染烘托，使用简洁明了的口语，运用白描的
手法简明扼要地勾勒出失恋后的愁肠伤肚、撕心裂肺。如：

> 人说黄莲苦，怎比失恋苦？人说伤口痛，怎比失恋痛？孤儿最
> 可怜，怎有我可怜？单鹿最孤独，怎有我孤独？人生失恋苦，心里
> 如刀搅；人生失恋痛，身上如蜂蜇。

（11）怨恨调

"怨恨调"是自己的心意被对方误解，暗怨明恨；或错过良机，不
能终生合好；或控诉"父母之命，媒妁之言"，买卖包办婚姻的调子。
有时自己的诚心诚意没被对方理解而暗生怨恨。如：

> 你的家门前，妹家大门口，别人过的少，我却过的多。鞋磨烂
> 不说，衣穿破不讲，未见你的影，你未领我情。

虽然红河彝族尼苏颇男女青年有充分的社交自由和恋爱自由，但有
的人婚姻不那么自由，由于受买卖、包办婚姻的束缚，有情人难于成眷
属。所以，他们对买卖、包办婚姻提出强烈的控诉和有力的痛斥。如：

斧子砍河水，河水砍不断；铁锤捣麻团，麻团捣不烂。强扭瓜不甜，小妹生不嫁，睡烂木板床，妹也要跑掉。小妹生着时，不做你家人；小妹死了后，不做你家鬼。

（12）苦楚调

"苦楚调"是男女青年双方社交、玩耍时，想起自己的不幸身世，忧伤纵泪、伤肠愁肚的调子。如：

阿妈生下我，阿婶养大我。头冷蓑衣盖，脚冷灶灰埋。早上不出门，晚上无充饥。火燃热大伙，火熄单冷我。谁来把我恋，谁来把我爱。

（13）试探调

"试探调"是男女青年双方在社交、恋爱活动中，为了解对方爱好、特长及愿望理想，试探对方是否诚实等的调子。如：

我家有肥田，却无栽秧女。我找栽秧妹，你否栽秧妹？你若栽秧妹，来帮我栽秧。

（14）重逢调

"重逢调"是表现男女青年双方因某种原因分手又相逢相遇重叙昔日恋情，或问候分手后的各自去向、处境等。如：

老牛不挂铃，日落自归厩。昔日你情妹，今成他的人。他虽没跟妹，妹却回他家。

虽有时遇到年轻时的异性朋友，但因繁重的体力劳动，贫穷的生活和深重的负担过早地磨去了她自己的姿色和玩耍的闲心，或者心中难免感到凄凉和心酸。如：

人老衣裳旧，不比小时候，全身生疼痛，满脸黑又皱；上下有老幼，全靠妹支撑。眼看是个人，想来不如人。

在这里笔者要说明的是，在相约和迎接女青年活动中，不是演唱完以上提及的十四种类的调子，而是根据活动形式与内容、男女青年集体社交与恋爱程度深浅取舍，以对唱形式演唱即可。

3. 赛舞赛歌

因歌舞宴席饭菜还未做熟前，男女青年先赛舞，跳乐作舞、三步弦、圆圈舞，所涉及的音乐有"依瑟调"和"作瑟调"及"乐作调"。

（1）依瑟调

"依瑟调"又称"阿瑟调"。分器乐和声乐两种，多为11声部，器乐由笛子、巴乌、四弦、二胡、草秆、树叶、三弦、鼓、钹、镲、烟盒及声乐等不同旋律构成。以"依瑟——欧——"一词开腔得名。此腔往往与"作瑟调"合用。因放在"作瑟调"不同位置而具有不同的意义和作用。放在"作瑟调"之首，表示要唱"作瑟调"了，提请大家注意，集中思想；放在"作瑟调"中间，表示停顿、暂停或调和、整顿之作用；放在"作瑟腔"之尾，表示结束和散场。不论放在何处，都是一领众合或一教众学。除了"依瑟——欧——"一词外，其他配词大多即兴之作，具体发挥，多以四周热闹环境气氛和人物举止为对象，临编现唱，现场发挥。演唱时，"依瑟"一词拖得越长越好，越哼越妙，且越平缓自如，悠扬婉转而越美妙。但后面唱词，不论长短多少，不需唱腔唱曲，如同说话一般，但比说话节奏快数倍。

（2）"作瑟调"

"作瑟调"为"阿哩"情歌曲调，是在演唱完一句"阿哩"歌词之后，必在句尾加上"作瑟"一词作衬词，以起承上启下的连接作用。演唱时，往往是一个教唱或领唱，众人学唱或应合。单乐句反复变奏成曲，节拍多变，但较强烈奔放粗犷，也有乐器如月琴、三弦、二胡、草秆、巴乌、树叶、口弦、烟盒、树叶等伴奏。"作瑟调"多在男女青年歌舞时演唱，边唱边跳"乐作舞"，一人教唱"阿哩"情歌，众人学唱"阿哩"情歌。这是男女青年社交活动的主要形式，所谓"男女不跳弦，白活几十年"、"听见四弦响，心喜脚杆痒"、"今日不跳弦，白来世一趟"，正是"作瑟腔"在他们历代先民生活中真实的生动写照和复述。

（3）乐作调

"乐作调"也称三步弦调，为乐作舞曲。分器乐和声乐两种，多为11声部，器乐由笛子、巴乌、四弦、二胡、草秆、树叶、三弦、鼓、钹、镲、烟盒及声乐等不同旋律构成。有踩荞调、撵调、游调、斗调、穿梭调、擦背调、找对象调、翻身调等曲目，旋律轻松自然，节奏缓慢，可独奏或合奏。合奏时各有不同旋律音域，构成多声部。多在跳乐作舞、圆圈舞、三步弦时演奏和唱说。

4. 入席

歌舞宴席分主席和副席。主宴席由4张或6张八仙桌摆成长桌设宴，男女杂错入座。饮食也分主宴席饮食和副席桌饮食，主宴席饮食有盐碟、用筷子竖起煮熟的一只大红公鸡、猪头猪尾巴、猪生血、方五寸的一块五花肉等食物，其余的有豆芽、茨菇、魔芋豆腐、柴花（树胡子）等。这几个菜都有丰富的民俗内涵和寓意，盐碟碗誉为饮食之母，有"无盐碟碗不吃饭"之习；大红公鸡象征男子雄壮健美；猪头猪尾巴表示一头猪；五花肉表示牛、羊、猪三牲，以示该村小伙子杀牛羊猪三牲宴请异村姑娘；猪生血表示女子已都来了月经初潮，并已成人，可以社交活动了，也说明此猪不是病死和老死的，属于正常宰杀的猪肉；豆芽象征新生命的诞生；茨菇表示刚勃起的男子阴茎，具有较强的生育能力；魔芋豆腐象征女子肥厚的阴唇，具有较强的性感和生育能力；柴花（树胡子）象征旺盛的男女阴毛。副宴席饮食主要有猪肉、猪生血、豆芽、茨菇、魔芋豆腐、柴花（树胡子）、水豆腐等。

开宴前特邀彝族毕摩祭司入上坐，演唱《献酒请歌舞神调》、《敬烟调》等，同时演奏器乐。其《献酒请歌舞神调》的歌词大意是：因君王喝酒献酒，施政顺当；臣子喝酒献酒，收税征赋顺利；毕摩喝酒献酒，祭祀祈祷灵验。今日男女青年歌舞，取瓷壶瓷碗，先后祭献酒给东方绿天官神、西方白天官神、南方红天官神、北方黑天官神、中央策格兹及天上诸神、地上诸神、日神、月神、星神、云神、风神、山神、箐神、水神、石神、草神、路神、稼神、护寨神、龙神、村神，特邀请它们下凡护佑，庇佑男女歌手，助威壮胆。如：

图 4 - 16　红河县彝族婚宴对歌宴

……

纳添金城里，① 君王敬酒时，拿金壶斟酒，斟酒到金碗，祭献佝克切，② 切克享祭后，君王施政时，施政顺当当，君命能长寿。谷窝银城里，③ 臣子祭酒时，取银壶斟酒，斟酒到银碗，祭献佝毕额，④ 祭过佝毕额，臣收赋税时，收税理当当，臣寿会长命。毕摩祭酒时，取铜壶斟酒，斟酒到钨碗，祭献佝什搓，⑤ 祭献佝拾搓，毕摩祭祷时，祭祷样样灵，毕摩命长寿。

伙子与姑娘，他们祭酒时，取瓷壶斟酒，斟酒到瓷碗。一碗一碗献，一碗献东方。献东方那碗，敬献青帝君。青帝君神颇，青帝君神嬷，⑥ 穿着青衣来，穿着青袜来，骑着青马来，坐着青鞍来，

① 纳添：彝语音译，传说中古代彝族京城。
② 佝克切：彝语音译，传说中的君王鼻祖。
③ 谷窝：彝语音译，今昆明市。
④ 佝毕额：彝语音译，天上毕摩神。
⑤ 佝拾搓：彝语音译，文字神。
⑥ 此两句中的"颇"和"嬷"，系彝语音译，为父和母、公和母、雄和雌、男和女之意。

打着绿鼓来，敲着绿钟来，撑着绿伞来，抬着绿旗来，青鹰俯下来，领下青犬来，带着青喜来，传下青令来，领下歌神来，领下舞神来。①

……

又《敬烟调》歌词大意是：远古独眼时代、竖眼时代因吸烟不敬神不兴歌舞，又无长命高寿人。后横眼时代祖父笃慕吸烟敬神而子孙后代兴旺。叙述了烟的谱系。君臣师吸烟敬神后行事顺当，且寿长命好。男女青年相聚歌舞吸烟时，先后敬烟献烟给东方绿天官神、西方白天官神、南方红天官神、北方黑天官神、中央策格兹、日神、月神、星神、云神、风神、山神、箐神、水神、石神、草神、路神及祖妣神、歌舞神，请它们来助威壮胆，保佑男女歌手舞者。如：

……

哥妹敬烟时，妹抓哥来敬。一团一团敬，一团敬中央，中央敬那团，敬给金君王。中央金君王，金君王神颇，金君王神母，穿着黄衣来，穿着黄袜来，骑着黄马来，坐着黄鞍来，抬着黄伞来，抬着黄旗来，打着黄鼓来，敲着黄钟来，领下黄犬来，黄鹰俯下来，领下歌神来，领下舞神来。

……

后面敬一团，后面敬那团，牵马套鞍神，打伞抬旗神，打鼓敲钟神，领狗带鹰神，仆神和侍神，是来敬你们。个个敬献毕，神神敬毕后，大的有坐处，小的有站处；大神坐处好，小神站处宽。莫伤害伙子，莫作祟姑娘。长草莫戳眼，有石莫绊脚。再后敬一团。再后敬那团，敬献歌舞神，歌神助歌兴，舞神助舞趣。

曲目主要以"阿哩甲调"和"巴拉瑟调"演唱，时不时插"依瑟调"和"作瑟调"，还可演唱和演奏其他各种曲目，歌词内容不限。

_____

① 佚名撰：《红河彝族阿哩查嫫》（一），龙倮贵、童家昌译，云南民族出版社2007年版，第1—68页。

　　"阿哩甲调"为此男女青年歌舞宴席活动主要唱腔唱曲，分器乐和声乐两种，多为 11 声部，器乐由笛子、巴乌、四弦、二胡、草秆、树叶、三弦、鼓、钹、镲、烟盒及声乐等不同旋律构成。演唱方法多为独唱和对唱，前者多于后者。一篇"阿哩查嫫"（抒情情歌和叙事情歌）可以一人一口气呵成，如同江河奔腾，一泻千里；也可以用男女双方对唱的方式演唱完毕。曲调如说似说，流畅自然，和谐欢快，朴实无华，简洁明快，令人神往，心旷神怡，耐人寻味。

图 4 - 17　红河县彝族乐作舞之一　　**图 4 - 18　红河县彝族乐作舞之二**

　　在这里必须强调说明的是，此唱腔唱曲可以演唱任何一篇"阿哩查嫫"，但祭祀叙事"阿哩查嫫"和爱情叙事"阿哩查嫫"不是什么人都可以演唱。如前述，一般情况下，祭祀叙事"阿哩查嫫"只能是男女青年特邀彝族毕摩来演唱如《敬酒请娱神歌》、《敬酒送娱神歌》和《敬烟歌》三篇。而大多爱情叙事"阿哩查嫫"，特别是《诗卓勒恋歌》、《夺布若阿伊》、《朵依若恋歌》及《依孜伙子歌》等爱情叙事"阿哩查嫫"，只能在男女青年个体性谈情说爱，甚至到了男女双方都"非你不娶"、"非你不嫁"的程度才能演唱。否则认为，对演唱者弊多利少，甚至凶多吉少，轻者生病，重者患色疯，终日疯疯癫癫。究其根源，按照他们的说法，因为这些爱情叙事"阿哩查嫫"中的男女主人公都是因"门不当"、"户不对"而世间不能成为眷属，且不能同床共枕的婚姻生活，于是不得不生爱死恋、以死相许到"理想王国"实现他们生前的山盟海誓。所以轻易演唱、随便演唱这些爱情叙事"阿哩查嫫"，也就是无神请神跳神，自找麻烦，自寻苦吃，甚至惹火烧身。

　　"巴拉瑟调"也分器乐和声乐两种，多为 11 声部，器乐由笛子、巴乌、四弦、二胡、草秆、树叶、三弦、鼓、钹、镲、烟盒及声乐等不同旋律构成。演唱内容同"阿哩甲调"，多由一人演唱。曲调优美动听，平缓自如，歌词雅俗相间，能充分表达出演唱者的情意。

5. 散席

翌日天亮前，男女青年歌舞宴会结束前，也要特邀彝族毕摩祭司来演唱《敬酒送歌舞神歌》，否则认为，歌舞神将会纠缠某人终年，无意中得色疯，疯疯癫癫，终年唱闹不休。

《敬酒送歌舞神歌》大意是：穷人阿索去狩猎，看见仙李子树先后邀请君臣师匠商民赏树。君臣师匠商民吃饭喝酒都敬祭神灵，各自行事都满意。请木匠伐树先后制作君子办案桌、臣子征税桌、毕摩祭献桌、家人祭祀桌、男女青年对歌舞桌等。

……

歌舞宴席桌，桌子不长枝，板凳桌子枝；桌子不长角，筷子桌子角；桌子不长叶，小碗桌子叶；桌子不发蕾，菜碗桌子蕾；桌子不开花，盐碟桌子花；桌子不结果，酒壶桌子果；桌子没有胆，美酒桌子胆。酒壶如鹰飞，斟酒如雷鸣；酒盅如蝶飞，筷子如燕穿。郎哥如云聚，小妹如蜂集；村老入上坐，寨主坐两旁，孩童如蚁行；大人围三层，孩童围三层；男人围三层，女人围三层；人山又人海，这样聚集着。月琴叮铮弹，三弦呆咚拨，二胡唉哎响，巴乌呜呜呜，草管唏唏吹，笛子批噜吹，树叶叽叽响，口弦嗡嗡弹，烟盒呆呆弹，巴掌啪啪拍。今日摆歌宴，现在设舞宴。青青柏枝树，红红马缨花，如此漂亮啊！美酒斟一盅，摆在歌神前，置在舞神前，歌神来喝酒，舞神来喝酒，米饭与鲜肉，摆于歌神前，置于舞神前，歌神来吃饭，舞神来吃饭，各自有在处，各自有居所，歌神回居地，舞神回居所，回去各居所。

……①

先后献酒给东方绿天官神、西方黑天官神、南方红天官神、北方白

---

① 佚名撰：《红河彝族阿哩查媒》（一），龙俣贵、童家昌译，云南民族出版社2007年版，第396—446页。

天官神、中央策格兹及天上地上诸神，请它们各自回各自的息栖处，日后男女青年歌舞时，再请它们来助威壮胆，且保佑男女青年歌手舞者。

　　6. 送乙村姑娘上路

　　甲村伙子赠送一猪腿给乙村姑娘，以此表示感谢。还包送糯米饭给姑娘，作返回途中晌午饭。有时在送女青年回村的途中，某些女青年因特别是"父母包办，媒妁之言"而不愿回夫家生活的女子，常常用"毛古腔"形式演唱自己的不幸遭遇和心中怨恨。"毛古腔"为不高兴、不愉快、不服气之意。"毛古侯"为心中不愉快的伤心忧愁歌。演唱内容多为伤心忧愁方面的"阿哩查嬷"，如《伤心歌》（彝语称"贺机果侯"，为"不落夫家的歌"）。演唱时，不需男青年应答，也不要求男方接唱，只要女子借传统的"阿哩查嬷"来哭诉自己的伤心、痛苦、忧愁、悲伤、辛酸、苦恼即可。如：

　　　　……

　　凌晨鸡打鸣，耳闻鸣三遍，别人可不起，妹不起不行。妹起无人伴，公鸡起床伴；妹在无人伴，火把作妹伴；妹无人路伴，扫帚妹走伴；妹坐无人伴，锅灶陪妹坐；妹说无人伴，舂盐声来应；妹站无人伴，柱子妹站伴；妹想无人伴，吊锅水响声，土锅水沸声，沸声妹想伴；妹苦无人伴，蓑衣妹苦伴。昼想变肉色，夜思成梦景。

　　　　……

　　鸡鸣三挑水，别人可不挑，妹不挑不行。妹的三挑水，有挑是浑水，婆婆心狠毒，说出一句话：那两桶浑水，脚都不能洗，挑回你家去，去洗你父尸，去涮你母尸，那样用最好。

　　　　……

　　天亮三背柴，别人不可背，妹不背不行。其中有一背，弯扭疙瘩柴。婆婆心恶毒，说出一句说：你那背扭柴，柴弯成疙瘩，我不愿看到，莫背到我家，背回你家去，你父焚尸柴，你母抬棺杆，那样用最好。

　　　　……

　　凌晨到地里，日落仍在地，天黑不到家，天黑汗不干，半夜婆婆叫，婆婆交代活，鸡鸣使妹做，人睡妹要起，人歇妹要走，人走妹要跑。出工背肥料，别人可不背，妹不得不背；收工三捆柴，别人可不找，妹不得不找。不愿在夫家，别人可不在，妹不得不在。早打洗脸水，一盆给婆婆，一盆给公公；晚上洗脚水，一盆给公公，一盆给婆婆，别人可不端，妹不端不行。阿哩姑娘她，做活在人前，吃的在人后，做活路遥遥，日落才收工，天黑不吃饭，半夜不睡觉，白天苦到晚，夜晚苦到亮，铁砣可风化，苦活做不完。

……①

因此，听起来使人想起秋鸟悲鸣，冬兽哀号，给人以凄凉悲哀、愁肠伤肚，催人泪下，爱莫能助之感。唱曲低沉、忧伤、悲切，似歌似唱，如泣如诉，但也有意味深长，耐人寻味之感。因为她们面对忧郁寡欢、闷闷不乐、苦楚辛酸、悲忧苦恼都用歌唱的形式表达出来，而且总是以乐观进取的态度去对待和处理世态的现实和自己的不幸，用幽默风趣生动而有诗意情趣的语言去表达自己的胸臆。

7. 乙村姑娘回请

回请时间一般在一个星期内，具体时间和地点男女青年双方商定。乙村姑娘备一只公鸡、糯米饭、糖果、烟酒若干等回请甲村男青年，但主要还是回请此次组织数十个小伙子。回请中还可以赛舞对歌，照样有声乐和器乐多声部，但不必请毕摩祭司演唱《献酒请歌舞神调》、《敬烟调》及《献酒送歌舞神调》。在这次回请中还可以约定下次举办歌舞宴的大体活动时间。

综观所述，从此节庆活动的具体内容来看，它是彝族群婚制形态过渡到对偶婚形态的产物，是彝族传统情歌文学学习、交流且创作、加工、传承的重要环境，是当地彝族男女青年恋爱自由、婚姻自主的重要活动形式。从他们演唱的"阿哩白若"（即"短调情歌"）来看，他们主张恋爱自由、婚姻自主的思想；从《献酒请歌舞神调》、《敬烟调》及《献酒送歌舞神调》主题思想内容来看，一定程度上反映了不论何

① 佚名撰：《红河彝族阿哩查嫫》（二），龙保贵、普亚强译，云南民族出版社2007年版，第55—112页。

事都需天地神灵保佑的观念，男女青年歌舞也不例外。也就是说，男女青年歌舞、恋爱活动，也在"万物有灵"的基础上进行。

然而，由于当地广大彝族群众科学文化的不断提高，且外来文化的极大冲击，因而当地彝族这一男女青年歌舞节日，销声匿迹，无影无踪，问及当地彝族年轻人，却不知"男女青年歌舞宴"为何物。于是我们积极呼吁和倡导恢复，并挖掘、保护、传承这一男女青年歌舞节日，迫在眉睫。这无疑是今后当地彝族民俗文化旅游开发中亮丽的一张名片，或者品牌。

第五节 日月节

一 传说由来

日月节，汉族称中秋节，也称八月十五，是红河流域红河、元阳、绿春、石屏、建水、个旧、金平、蒙自等市县自称尼苏颇的彝族传统习俗性节日。汉族以全家团圆为乐，而当地彝族不在团圆不团圆，只是为了祭献日月神，所以当地彝族又称其为祭日月神节。

传说之一：

> 远古的时候，天上没有日月，大地一片黑漆，分不清白天和黑夜，也分不清东西南北四方。彝族的先祖英雄阿龙为呼喊太阳和月亮出来，走到红叶山，并宰杀黄牛祭献，连续喊了九天九夜，喊出来了九个太阳；连续喊了七天七夜，喊出来了七个月亮；连续喊了六天六夜，喊出来了北方星……自从那以后，若九个太阳一起出来，晒得树木弯腰、花草萎枯、泉水枯绝、河水断流、湖海干涸、石头炸裂。若七个月亮一起出来，冷得树木冻死、花草冻僵、湖泊结冰、泉水结冰。九个太阳出来，人们不敢出门，生怕被晒死；七个月亮出来，人们也不敢出门，生怕被冻死。先祖英雄阿龙实在不忍，愈想愈愤怒，背上神弩弓，插上神矢箭，爬上高山顶，扳开神弓弦，搭上神矢箭，去射太阳和月亮。但因日月挂的高，射日月却没有射落。于是又来到蕨蕨山，站在蕨蕨藤上射日月，从此蕨蕨

藤，头往根上长；来到登哩咪，站在登哩树上射日月，从此登哩树，成了小矮树；来到了图尔山，站在竹子梢上射日月，从此图尔竹，竹梢弯三弯；来到鲁山腰，站在松树梢上射日月，从此鲁山松，砍伐后不发芽；来到鲁山顶，站黄梨树上射日月，从此黄梨树，矗立在山顶；来到摸索山，站在石上射日月，射落八个太阳和六个月亮，剩下的一对太阳和月亮生怕被射落，不敢露面，且躲了起来。因而人间又一片漆黑而阴冷，冷得庄稼禾苗全部冻死，使人们无法生活。后先祖英雄阿龙领着族人杀大红公鸡和春糯米糍粑把独日独月请出来，人间又有了光明。据说，先祖英雄阿龙领族人请独日独月出来的那天，正是农历八月十五日。

传说之二：

　　古时候，有两口子，一胎生了哥三个，不知不觉哥三个长成了英俊壮实的小伙子，三个都很聪明，老爹老妈喜上心头，决定让他们学点本事。于是，求天神策格兹传授老大栽培起死回生药，求地神黑夺芳传授老二缩山筋地脉术，求水中龙王罗塔基传授老三识鸟语兽言力。三年后，兄弟三个都学会了各自的本领，并拯救世间生灵。几年后，兄弟三人都娶了媳妇，安了家。有一天，兄弟三人出门狩猎。出门前，兄弟三人再三叮嘱各自的媳妇：家道要想富足，媳妇要会守财，放在房屋旮旯的那金柜切莫打开。妯娌三人早知家里有不死药，只是不知道藏在何处，经他们兄弟三人这样一交代，自然想到会藏在金柜里，看"宝"的好奇心，促使她们找出金钥匙，打开了金柜子。只见万道金光照得厢房亮堂堂，妯娌三人情不自禁伸手一摸，顿时，金光暗淡下来。大媳妇吓得哭道："天啊！哥三个回来，非打死我们妯娌三个不可。"二媳妇偏偏头，看看门前的阳光说："哭也没用，还是拿到阳光下去瞧瞧。"谁知不死药见不得阳光，一见阳光就飘飘悠悠飞起来，一直飞到天上去了。兄弟三个回来，见三个媳妇都躺在床上。不问不知道，一问才知不死药飞回天上去了。兄弟三人快搭天梯，并吩咐三个媳妇道：天上一天，人间一年，我兄弟三人不知何时才能要回起死回生药，你们三个烧开水殷勤浇灌天梯脚，顺着天梯爬去，去追不死药。开初，妯娌三人深感丈夫的胸怀宽广，不打不骂她们妯娌三人。日浇天梯水，夜盼丈夫回。可时间久了，头天大媳妇忘了浇水，第二天二媳妇没去浇水，第三天三媳妇忘记浇水。到后来，竟拿冷水浇，天梯脚渐渐引来一窝白蚂蚁，白蚂蚁咬天梯脚，不几日，成千上万的白蚂蚁把天梯咬断了。天梯倒下来，还压死了三个妯娌。兄弟三人因泄露天机，罚他们兄弟三人去月亮栽培起死回生药苦力，并把黑毛白顶狗罚去当月亮娘娘的看门狗，罚红毛秃尾虎去当太阳公公的家虎。

千百年过去了，兄弟三人一直月亮里种在当种起死回生药的苦工，黑毛白顶狗恨天君神策格兹不指明到人间的方向，每每怒咬月亮娘娘，就出现了月食。同样，红毛秃尾虎也痛恨天君神策格兹不解除兄弟三个的苦役，不时痛咬太阳公公，就出现了日食。祭月神，一是表示怀念兄弟三人，二是希望长命百岁。①

图4-19　泸西县彝族祭献月神的荞饼

图4-20　红河县彝族祭献日神的公鸡

二　节日仪俗

1. 祭献日月神

八月十五日早上，家家户户特舂一个又圆又大且象征月亮的糯米糍粑，蒸一笼象征太阳的荞糕，加杀一只大红公鸡煮熟，备祭献日月神之用。月亮升起，把糯米糍粑、荞糕、煮熟的公鸡抬到自家阳台上向日月

---

① 李朝旺：《彝族民间故事选》，中国文联出版社2003年版，第140—45页。

神进行虔诚地祭拜，观赏月色，以天色预测今年秋冬过境候鸟的多寡，早作捕捉准备。

石屏、建水、红河、元阳四市县自称尼苏颇的彝族，每到八月十五日，家家户户要煮豆角，杀一只大红公鸡，祭献太阳公公和月神娘娘。祭前，要把八仙桌摆到土掌房上或天井中央，桌旁摆上双人凳，桌上摆葵花籽、绿豆角、花生果、糯米糍粑、荞糕、核桃、板栗、锥栗果、鸡嗦果等。摆设就绪，家庭主妇点燃三炷香火，叉开成三脚站立在桌中间，滴酒奠地祈祷：

> 中秋月明亮，月明祭月神，祭月尝圆饼，圆饼团溜溜。求夫妻长寿，求家人和睦。

祈毕，将事先斟好的四杯酒先后依次抬起，各滴几滴奠地，以示对天地的敬意。据说，这四杯酒，第一杯是敬天公老爷的，第二杯是敬地母老娘的，第三杯是敬月神娘娘的，第四杯是敬月亮里的月桂树。据说，人要是能吃到那棵月桂树上的一片翠色欲滴的绿叶，就会长生不老。[①]

祭月神宴上，要特邀祖父母坐上座，父母落座两边，孙儿孙女坐下座。大人边尝祭品边教娃娃唱《邀月歌》：

> 您吃一大把，我吃一小把。月赠您一大堆，我要一小个。

如今，祭献日月神因受汉族中秋节的影响，祭献日月习俗也逐渐用糖果月饼之类食品，但彝族舂糯米糍粑、蒸荞糕及杀大红公鸡祭拜日月神的习俗仍盛行。

2. 赏月娱乐

弥勒、泸西、开远、石林四县市自称撒尼颇的彝族孩童，聚集在绿荫塘边或场院中，在皎洁的八月十五月光下欢跳"竹马驮我上月宫"、"月亮底下背龙妹"、"簸麦舞"等游戏性舞蹈，主要是追忆当年在月亮

---

① 李朝旺：《彝族花腰人》，民族出版社 2005 年版，第 219—220 页。

图 4-21　中秋节棱果　　　　　　图 4-22　中秋石榴

底下背龙妹的快乐情景，表达对小龙妹的一片思念之情，或表达当年五谷丰登的喜悦之情。其中"月亮底下背龙妹"和"簸麦舞"，彝族民间还有传说由来。前者传说由来是：

相传在远古时代，深居黑龙潭的小龙妹厌倦水底龙宫的生活，毅然来到人间同撒尼颇儿童们唱歌跳舞，小龙妹与孩童们正在欢歌起舞时，突然狂风大作，雷雨交加，来了一个黑脸妖怪，把小龙妹押回龙宫去了。

后者传说由来是：

相传，撒尼颇的祖先，打麦时，有风就扬，风一停就没办法。有一次，一位叫娥咪的老妈妈，看到一群孩子在做游戏，她们手扣手地把一个孩子往上簸。她灵机一动，回家拿簸箕一试，果真适用，麦皮纷纷被簸出簸箕外。以后此舞就传开了。

第六节　尝新节

一　活动时间和形式

尝新节，也称吃新米饭节，或新米节，可以说整个红河州彝族地区都流传盛行。逢农历七月底八月初，稻谷七八成熟的时候，以村为单位过节。节期一般一天。

二　传说由来

这一节庆活动的由来也有多种不同的传说。

传说之一：

很古以前，由于天翻地覆，大水淹没了整个世界，世间所有的农作物都被洪水冲走了。大水退下去后，在遥远的天边，一只小鸟，在一个巨大的落水洞边上，找到了一穗金黄的谷种，那只小鸟高兴地啄着谷种飞到一棵树梢上，准备啄食这唯一的种子，这时被一只狗发现，在树根脚狂吠了几声，小鸟受了惊吓，慌乱中谷穗掉了下来，狗就把这穗谷种用嘴咬着带回家，人们才又有了谷种。为了感谢狗保护了谷种，彝族在吃新米饭时，新米饭首先要给狗吃。

传说之二：

很久很久以前，人们生活很艰难，没有粮食，天上却有七十七种粮食，天上的仙女看到彝族的艰难生活，把天上的粮食偷到人间，自此，彝族过上丰衣足食的生活。天君神策格兹知道后将仙女变成一条狗，让她无法回到天上。人们为了纪念仙女给人类带来的这个好处，于是每年尝新米饭节时，新米饭煮熟就要先舀一碗喂狗，人才能吃。

传说之三：

很早很早以前，谷子遍地长，米粒有碗大，人们不愁吃，不愁穿，家家丰衣足食。一天，有一户的孩儿肚子痛且泻肚。可这个孩儿的父母不但不爱惜大米，反而用大米揩孩儿的屁股。天神策格兹知道后，就收回了人间的谷种。人们从此没有吃，没有穿。饿得面黄肌瘦。狗饿得无奈，几天几夜朝天狂吠。天神策格兹知道后，想到人有罪，但狗无罪，觉得狗可怜，就撒下一点碎米，这就是谷种的由来。因此，人们为了珍惜谷种的来之不易，于是用吃新米饭的形式来感谢狗的功劳。

传说之四：

很古时，人们不会开田种地，而且五谷种也由天君神策格兹掌管着。那时人们过着野菜充饥，树叶兽皮蔽体的生活。后来天君神策格兹女儿背着其父，悄悄地把稻种带到人间，并教他们开田挖沟，翻犁田地，撒播稻种，开镰收割，但后被天君神策格兹知道这事，即其女儿违反天规天条。把她抓回天官里，吊打一顿，其后又关进牢里。但是，其女儿为了让凡人都吃到五谷，都穿上棉、麻纱织的衣服，她想方设法逃出了天牢。她干脆把另外的谷种及棉、麻种也偷了出来，带到人间，教人们种地，还教人们纺纱织布，做衣服。从此人间才过上人人有衣穿，个个有饭吃的好日子。但后被其父发现，便抓回天官，狠狠地吊打了她一段，大骂道："你这个大逆不道的女儿，屡犯天规天条，竟把天上的谷物偷到人间，并教他们播种，既然你喜欢人间，就罚你到人间，与凡人住在一起好了。从今以后，永生永世也不准返回天官！"骂毕，天君神策格兹把其女变成一条母狗，贬放人间。其女变成一条母狗后，再也不能和人们一起生产劳动，只能帮人们看门守户了。从那时候起，彝族每到初秋或稻谷快到成熟的时候，从田间收割回来一把稻穗，舂出新米，蒸出新米饭，举行尝新节。过节时，在吃饭前，都要舀一碗新米饭，先给家里饲养的狗尝新，表示彝族永远不忘舍己为人的天君神策格兹女儿。

三　节日仪俗

过此节日，因彝族分布广，又居住环境不同，各地彝族过节形式和内容有异。

1. 修理田间路道

元阳、红河、绿春县彝族地区，过节前夕，全村男女老少出动修理田间路道，便于秋收时人走马行，准备秋收。

2. 采谷穗

节日之凌晨，女主人背着篾箩，点着火把到自家田间背回谷娘，即选择最好的九穗新谷割下放入篾箩中，并用篾帽加盖背回家中，沿途遇

图4-23　绿春县彝族采回来的新谷穗

图4-24　红河县新米饭节

到人不能答话，以免吓跑谷娘。也有的彝族支系在择定的日子里，人们一大早就赶到田里，从田里连根拔几棵稻谷，一边拔一边要念唱：

> 谷神啊！祖先把你从远方背来了，世世代代养活我们，我们要世世代代背着你。春天送你到田里，今早我来背你回家，供在灶头到明年，……

在回家的路上则要念唱：

> 谷娘背回来，我家谷魂归家啦！年年背你往家走。春撒一粒种，今背万粒谷。瘪谷留后边，实谷背回家。稻草堆田边，谷子背回家。谷茬留田里，谷子背回家。吃到明年秋，……

2013年暑假，笔者在红河南岸元阳县新街镇水卜弄彝村收集到一则《招谷魂歌》是这样：

> 谷魂啊！快快回来！我叫你你就答应，我喊你你应声来。我叫你你就跟来，你莫被闪电雷鸣惊吓，也莫被狂风暴雨淋湿。
> 回来！飘香的谷魂！出自河坝的粳谷，老人吃了健强，壮年吃了有力，青年吃了健壮，孩童吃了肯长。
> 回来啊！飘香的谷魂啊！出自山间梯田的隆谷，老人吃了笑盈盈，壮年吃了喜洋洋，青年吃了笑嘻嘻，孩童吃了笑眯眯。
> 回来啊！喷香的谷魂啊！没有你，父母就无法养育子女；没有

你，儿女就无法赡养父母。

　　回来啊！喷香的谷魂啊！和蔼的家庭主人在呼唤你，慈祥的家庭主妇在呼唤你，勤劳的子女在呼唤你，如檐下的燕子飞回来，如同春风一样转回来。

　　谷魂啊！喷香的谷魂啊！回来快快回来，快快回到我们家！我们无时不需要你，我们无时不能没有你；离开了你，我们就无法生活；叫你快快回来，随我回来，回到自己的家里！

　　谷魂啊！飘香的谷魂啊！来到寨边不要转头，来到寨门不要犹豫。寨门尖刀草绳不拦人畜家禽，也不拦谷物杂粮魂，只拦害人作祟的妖魔鬼怪，只拦吃五谷杂粮的害虫，只拦瘟疫疾病和邪恶。吃人害人的，吃牲害禽的，吃谷害粮的，统统莫跟谷魂进村。

　　回来啊！喷香的谷魂啊！来到大门口不要在村中游荡，来到大门口不要犹豫，门口黄泡刺条不是拦你谷魂，只拦瘟疫疾病，只拦灾祸凶恶。请你谷魂赶快跨进大门槛，快往堂屋里走，快往谷仓里走，回到家里的谷仓！

生活在红河南岸红河县乐育、甲寅、宝华等乡镇自称尼苏颇的彝族，采谷穗时，擅长歌者，放开歌喉，抑扬顿挫地吟唱传统的《叫谷魂歌》：

　　亲亲的谷穗谷粒，请你快快回家来。仰敬的谷粒谷魂，请你快快归仓来。鱼虾离不开江河，牛羊离不开青草，儿女离不开爹妈，彝人离不开稻谷。亲亲的谷穗谷粒，五谷要数你为首，仰敬的谷粒谷魂，你是五谷中的王，家里已摆好美酒，宰杀好了鸡和鸭，选定了良辰吉日，请来了三亲六戚，同来迎接新谷魂，同来敬献新谷魂。高贵的谷粒谷魂，快快招拢其他伴，一起回到谷仓里，一起守护好粮仓。

　　游玩在东边的谷魂快回家，闲游在西边的谷魂快归家，丢失在南边的谷魂快回仓，失落在北边的谷魂快归位，甜睡在中央的谷魂快醒来，跟着我的叫声应声快回仓。谷穗上的谷粒谷魂啊，东边的鸟雀会啄死你，西边的老鼠会咬死你，南边的蚂蚁会啃死你，北边的寒气会冻死你，中央的热气会焖死你，快快回来啊快快回来，谷粒谷魂统统归仓来。

3. 做新米饭

回到家后，家庭成员每人从谷穗上摘三粒谷子剥下皮与老米混煮，以示年年相连，吃用不尽。同时杀一对鸡鸭祭献祖宗、天地、水、土地、仓、灶等诸神，请邻村亲友赴宴尝新饮酒说唱。当日的饭菜首先要让狗先吃，传说谷种是狗从天上偷来给彝族的。席间主客边吃边喝，同时看看抽回来的谷穗，主人向客人热情地介绍品种的耐肥力、抗优力、抗病力、秧龄期、成熟期等特性。客人根据主人的介绍，对比自家品种选定自家明年栽种什么品种为好。同时，席间主客边吃边交流生产经验、说丰收、论生产农事，主客双方都沉浸在节日的欢乐气氛之中。

4. 选育良种

当人们到稻田里叫"谷魂"的时候，细心观察每丘田的稻谷长势如何，选定哪块田的稻谷为明年的种子。

第七节　过冬节

过冬节，也称冬至，红河、石屏、建水、个旧、开远、蒙自及弥勒、泸西、开远等九市县自称尼苏颇和阿细颇的彝族，逢农历冬至日。节期一天。节前，家家户户浸泡糯米，用碓舂成米面。舂汤圆面时，所有人一定要耳不邪听，目不斜视。若碓杵移出窝碓，认为来年不吉利；若碓杵砸着人，认为来年必是多灾多难。据说，过冬不舂糯米面，不吃汤圆，冬后可能会地震，来年开春可能会降霜。当地彝族吃汤圆有规矩：第一碗要数着吃，有几岁吃几个。三岁孩童，吃3个不够，只能第2碗多放，第一碗汤圆个数不能多。80岁老者，吃不完80个，先吃整拾后吃零头；若是85岁，先食8个，第二碗再多吃几个。吃汤圆一般放蜂蜜，当然有放白糖的，或拌豆沫的，或掺红糖的。据说，老年人吃汤圆，能延年益寿，伤风感冒少；年轻人吃汤圆，会事事顺心，谈恋爱会有圆满结局；少年儿童吃汤圆，体能增重，学识长进；婆娘吃汤圆，能增气补神，日日平安。

除此，弥勒、泸西、开远三市县自称阿细颇的彝族，称其节日为"皇帝过冬日"，相传是皇帝赐的节日，过此节做汤圆祭祖会宾客。

下篇　节祭文化

第五章

跳掌节和祭灯神节

第一节　跳掌节

一　流传地区及活动时间

跳掌节，是蒙自、个旧、金平、屏边、河口五市县自称濮拉颇、濮瓦颇的彝族传统祭祀性节日活动。"跳掌"彝语称"实榨底"，一般又称为"响把舞"或"跳掌舞"。跳掌舞多在"祭龙节"时跳。但因各地祭龙神活动时间不尽相同，每逢农历正月初一、初二、初三日或正月十六日举行。节期一般五至七天。

二　传说由来

跳掌节的由来彝族民间有多种传说。

传说之一：

相传，很早以前，彝族居住的地方自然灾害频繁且严重，每当庄稼快要成熟之时，就有成千上万的害鸟、老鼠把庄稼毁坏。为了生存，他们毅然组织起来，满山遍野燃起火龙，大喊大叫，手提棍棒进行一场灭鼠、灭害鸟的活动，终于鼠死害鸟亡。为了纪念这次活动，每当正月初二至十六日举行跳掌活动，木棒改成了响把，认为搓响把的声音能驱赶老鼠和害鸟。

传说之二：

相传，很早以前，屏边县湾塘乡六子箐村有一户胡姓穷人，七个儿子为马财主家做苦工，可过着衣不遮体，食不果腹的生活。十分阴险毒辣的马财主不管他们的死活。有一天，胡老汉在老鹰岩上采药，发现老鹰的窝里有老鹰叼回来吃剩的肉，便悄悄地拿回家充饥，天天如此，肉食不断，胡家个个长得又白又胖。此事被马财主知晓，就将胡老汉毒死于老鹰岩上。噩耗传来，七个儿子呼天喊地，悲痛万分，决心离开马家，伺机为父报仇。七弟兄齐心合力，开荒种地，做葫芦笙，盖土掌房，打钢刀，准备报仇。他们选定日子，吹响葫芦笙，借"跳掌"之机，引来马财主全家，大家手起刀落，将马家斩尽杀绝。从此盖起土掌房，请来四乡三邻，自由欢跳传习至今。

传说之三：

相传，很早以前，彝族濮拉颇山寨庄稼成熟时，山雀成群结队地来偷吃粮食。濮拉人家找不到防范的措施和办法，就砍下两节大小不一的竹筒，到田边地脚敲响，把山雀撵跑。可时间一长，竹筒被敲裂了，成为"竹响把"。竹筒发出的"咚咚"声，也变成了竹响把的"嚓嚓"声，人们的喊叫声和踩脚声，形成一种欢快的气氛。

三　活动仪俗

届时，生活在屏边县自称濮瓦颇的彝族村人穿着节日的盛装，杀猪宰鸡、酿酒蒸糯，燃香点蜡，举行隆重的祭龙神仪式活动后，选三对"掌娘"背着几件家具、农具引跳，即第一对背蓑衣，第二对背碓杵，第三对背背箩。"掌娘"背着物件在葫芦笙的伴奏下，在场内跳三转，请"掌娘"仪式就此结束，然后将背物卸下，大伙一起跳起来。男的吹葫芦笙，女的手持竹响把，肩靠肩，臂靠臂，站成一横排起跳，节拍由慢到快。其他市县如蒙自、个旧自称濮拉颇的彝族，白天举行隆重的祭龙神仪式后，入夜，择一屋为舞场，选一男一女或三男三女，点灯入屋，背着犁、锄、弯刀，或披着蓑衣、戴着篾帽，由男子吹葫芦笙，女子手持竹响把，在屋内跳一圈或三圈，谓之"祭舞场"，也就是开土掌房。其后，大家才正式开始"跳掌"。"跳掌"时男女老少均可参加。在葫芦笙吹奏者的带领下，肩靠肩，手拉手，紧靠成横排或多排，双手搓竹响把，在音乐强拍上跺地搓起，上身随膝部的弯曲稍作前俯后仰并微微颤动，踩步沉稳有力，动作虽单一且古朴，但气势粗犷雄壮。这样持续跳七个晚上。

图 5 - 1　蒙自市彝族跳掌舞　　　　图 5 - 2　屏边县彝族跳掌舞

由于地区不同，各地的跳掌舞在动作上略有差异，但跳掌节中跳掌不仅是祈求神灵保佑，盼望风调雨顺、五谷丰登的庄重肃穆的祭祀性活动，同时也洋溢着庆丰年、同欢乐的娱乐气氛，也是男女青年谈情说爱的好时机。正如汉文文献（民国）《马关县志》卷七载：

> 仆喇（濮拉）谓之跳乐，当秋谷即登，农事即毕，月白风清之
> 夜……男女成集以为跳乐之戏。……按拍合节，不逾线墨，两人若
> 欢若嬉，忽前忽后，腰肢如绵，神情已醉，斯时人，人虽众皆屏息
> 不敢声，出神注视。但闻琴声静静，屐声嚓嚓。

昔时，因跳掌节跳掌与彝族祭龙神活动有关，除祭龙节期间外，一般平时不跳此舞。近年来，只要喜庆节日就跳此舞。特别是经过专业文艺工作者的艺术加工，将其搬上了舞台，使各族人民都能欣赏到这一独特的彝族民间传统舞蹈艺术文化。

第二节　祭灯神节

一　流传地区及活动时间

祭灯神节，就是祭献花灯神，是蒙自市雨过铺镇永宁彝村和建水市县

普雄镇塔瓦彝村的习俗，其他如楚雄、玉溪、文山、曲靖、普洱等州市部分彝族聚居地区也有此俗。每年农历正月初二日至十六日间节祭活动。

二　源流和发展

彝族传统花灯节，主要流行于云南红河、楚雄、玉溪、文山、曲靖、普洱等州市彝族聚居地区。据有关资料记载，彝族传统花灯始于原始宗教祭祀活动。清康熙初年《建水州志·风俗志》记载：

> 元夕张灯，爆竹火树盛于市；次夕，老幼携游星桥，沿为祛疾之习。……二月，士大夫率农民祭八腊祠祈年。

记述了明代以来建水市区及城效就元宵节及二月士大夫率农民迎春、祈求丰年的活动。又成书于清嘉庆年间的《临安府志·风俗志》载：

> 昔人有岁时之记，记风俗也，风俗之大端岁时之矣……立春前，郡守令率僚属迎春于东郊，土人陈傀儡百戏，鼓乐前导，农民竟验土牛之色，以卜雨场。上元为灯节，先期试灯，届期放之。剪采错金为鸟、兽、虫、鱼、花、竹、果、瓜之形，罗列巷陌，谓之灯市。或结彩棚于通街，火树银花，争艳星月，小儿联袂相属，齐唱太平。并以笙笛佐之，抗坠柳杨叶于音节……

现今建水市彝族传统花灯剧目《补瓷缸》中的"班房调"，每唱一月四句就有一句"阿娘嫫、太平年"的虚词，十二个月唱十二次，与剧情毫无相干，可能即是当时唱"太平小调"的遗踪。

图5-3　石屏县彝族唱花灯耍龙灯

图5-4　蒙自市彝族花灯老年妇女演员

彝族花灯艺术虽说是中原汉族和西南彝族文化交融的产物，但彝族传统花灯的另一源头是宗教、庙会活动的影响。今云南红河州所属各县市，寺庙林立，仅云南建水、蒙自、弥勒三市统计，元至清末，较大一点寺庙，共建起 192 所。每年各种庙会达 36 次之多，平均每月两次。其中儒家举办的"上九会"、"朝山会"，佛家举办的"迎佛会"、"盂兰会"，道家举办的"朝斗会"最为热闹。其中，建水市城内就有 7 寺 8 庙之说，因寺庙之兴建，导致各种社火活动之兴盛。城区汉人称彝族花灯为"跳土花灯"。这种"土花灯"在"迎佛会"、"龙王会"、"牛王会"都兴跳。"土花灯"从其内容上讲，已从庙会之余的活动渐渐变为庙会活动中不可少的一部分。

民国时期的彝族民间传统花灯艺术，除了祝人活动中的"拜年"、"闹丧"、"讨亲嫁女"、"立房子"、"拜寿"、"请抓周客"要进行大量的演出外，还担负着各种社会职能："祭龙"唱灯、"治病"唱灯，还有灯班直接参加"送葬"活动。如云南开远市中和营做"龙王会"，民国以来每年都要由富户出头"祭龙"唱灯活动。据说，1942 年没有请灯来唱，龙潭水就干涸了，后请灯班一连唱了三天，龙潭水又涌出来了。从此，"祭龙"唱灯的风气兴盛。

总之，彝族民间传统花灯艺术表演活动多用于春节正月十六日"闹花会"以及婚嫁、丧葬等习俗活动中，具有许多原始宗教文化和习俗文化色彩，后逐渐演变、延伸成为田间闲暇娱乐、节日庆典活动的民间文艺演唱形式，以其迷人的舞姿、优美的音乐旋律、风趣的语言、质朴的剧情动情于民众，并在其中融入传统伦理道德等风化教育内容，发挥着寓教于乐的社会功能。近年来，经民间艺人的传承，文艺工作者的收集整理并加工提炼，表演场地已从室内搬到广场、舞台，弃其"请神附身"的迷信色彩，提炼其中部分优美动人旋律，使得其舞更为优美简练。

目前，蒙自市雨过铺镇永宁彝村、建水市普雄镇塔瓦彝村、开远市小龙潭办事处王古川彝村彝族花灯艺术被县、州、省三级文化部门命名为"彝族花灯歌舞之乡"。

三　活动仪礼

1. 祭供灯神

从彝族传统花灯文化源流可知，彝族传统花灯文化在彝族原始宗教文化中占有一定的影响，主要表现在表演习俗方面。举行接灯送灯仪式，他们供奉"冲天风火宅宅老龙神"和"冲天风火宅宅花灯神位"两神或"冲天烽火唐王花灯神位"，两块牌子的"火"字必须倒写，意思是"火不冲天"，或"火不朝天"，或"火不烧天"。前者"老龙"，显然是龙的神位，或崇拜龙树神，已与"祭龙树神"习俗结合，从建水市普雄镇塔瓦彝村祭灯神礼仪形式和内容看，是一个复杂的混合体，既有彝族龙崇拜及其龙树林文化，又有彝族崇拜土主神或神祖文化。关于祭龙树礼仪，彝族民间还流传着这样的一则传说：

相传，很早以前，建水市彝族地方经常发生可怕的瘟疫，人不得安生，猪鸡牛马羊相继死去。彝族为保村寨平安吉祥，人畜安康，就跳起他们称的"子孙灯"，祭拜龙树神，用热闹的气氛来驱赶瘟疫。

另一则传说与此大相径庭，有着较浓厚的地方民族文化特色，其大意是：

很早很早以前，建水市塔瓦一带附近有一条恶龙，时常兴风作浪，打雷下雨，淹没淹倒房屋。不仅如此，有一年，水王神保塔机叫它城池内下三分雨，城池外下七分雨，可它充耳不闻，当作耳边风，我行我素，反而城池内下七分雨，使城池内房屋淹没倒塌；城池外下三分雨，使城池外的庄稼草木全部枯死。天君神策格兹得知后，便命彝王去除掉恶龙。恶龙知道此消息，惊慌失措，便到京城找到彝王，请求免于死罪。聪明的彝王设下计谋，让除魔英雄笃杰阿龙（有的地方叫"支格阿龙"）斩杀了恶龙。从此，这一带彝族每年祭灯神跳灯之前，都要祭献当地彝族的土主神或神祖，还在各家各户的门楣上挂当年笃杰阿龙斩杀恶龙的武器——菖蒲，使恶龙的幽灵不敢进家门。

"灯神"可能是从汉族传统花灯文化中接受过来的"老郎"神位。

2. 接灯神

先将牌位做好，安于寨中大庙内之殿堂上，闹灯日，所有灯会会员聚集大殿跪拜，灯师杀一只大红公鸡并滴血于碗内，又把鸡毛沾上鸡血贴在牌位四周和字旁，以示牲血避血，鸡毛帚扫除恶鬼，保护太平之神（在彝族民间，鸡毛帚不掸尘时，也习于插在供桌瓶内，用意也在此）。血祭后，烧纸钱，敬血酒，灯会会员舞唱《请神调》，请灯神下殿，放鞭炮六串（旧时放铁炮六响），过山号与铓鼓齐鸣，鞭炮硝烟弥漫。

图 5-5　蒙自市彝族花灯艺人
　　　　 演奏器乐

图 5-6　开远市彝族花灯艺人
　　　　 演奏器乐

有趣的是，蒙自市彝族灯神由扮演花鼓婆的演员扮成孕妇模样，以示人丁兴旺，抬脚走在前头，随后狮子、三叉刀、关刀、大头和尚等边舞边唱。八匹纸马、三对灯笼、轱辘灯、背箩灯、六角灯跟随，绕村寨一周后至龙树旁。龙树身上用稻草绳缠好，以示五谷。再插上鸡毛避邪，又挂上木制小锄头、镰刀、犁耙等农具，以示族人勤劳耕作。龙树前供上三牲，闹灯人跪拜，灯师奠酒焚纸钱，众舞唱《拜神树调》。之后，又将灯神请回大庙供奉，献上五谷三牲、香烛，并点上"长明灯"，直至闹灯结束才能熄灭。然后又拜庙神，唱《拜庙神调》。彝族不论什么庙宇，竖的什么像，两旁都有供天公地母、风雨雷电神位及土地神或观音送子泥像。众人跪拜毕，用六盏彩灯照明，在大庙之空地上围一圈地，六匹纸马奔跑开场，冲开围观人群，开始"闹灯"，先演《打草秆》和杂场，最后舞唱《散花调》团场灯以收场。从正月初二至正月十六日，人山人海，好不热闹。

　　建水市普雄镇一带彝族接灯神时，灯会全体成员聚集在家庙，献三牲，由毕摩祭司或族长诵经。然后将朱红纸书写的"冲天风火宅宅老龙神位"（"火"字倒写）插于装满五谷的大斗之中，再点上长明灯，配着鼓乐，行三拜九叩礼。仪式完毕，再拜土地庙和山神庙。随后，灯会会员燃放鞭炮，吹响过山号，敲响铓鼓钹，一名扮成花鼓的男性抬着牌位，两人各抬一盏灯，四人各抬一盏老虎灯，六人各抬一盏纸马灯，两人各抬一把纸伞和月亮灯，前呼后拥，奏着《过街调》，走街串巷，到村边的龙树林下祭拜龙神树。被选定的龙树用稻草绳围系树根，树枝缀有木制的弓、弩、镰刀、锄头等。灯会会员献饭献三牲，灯头领唱《拜树调》后，将灯插于龙树前的广场四周。按照写于纸上的剧目顺序，演唱花灯剧目。正月初二至十五期间演唱花灯，一般以歌舞开场，故事情节较完整的剧目在后。

　　开远市彝族灯班人员舞唱《请神调》，请灯神下殿，放鞭炮六串（旧时放铁炮六响），过山号、铓鼓齐鸣，鞭炮硝烟弥漫。蒙自市永宁、十里铺、雨过铺等彝族村寨，每逢正月十六日清早"开灯门"，各路灯班都要净衣聚首，置香烛供果于案，由班主主持举行祭祀仪式，祷求"灯神"保佑风调雨顺、人畜平安、五谷丰登。夜临，灯班粉墨结队，高举方灯唱歌过街，逐户拜过年平安，立灯于场地四方，观众围灯团团设座。箫弦奏起，灯场上先出来一小生员，背向父老乡亲，道出今夜闹灯缘由，便逐一请出四位小姐来闹花灯，此时火把灯花下，在流水行云般的《金银点》弦乐声中，彩裙飘飘，璎珞闪闪，团场舞如蜂蝶飞舞，似流水行云，所有众乡亲喝彩助威。

　　3. 闹灯

　　接祭灯神仪式完毕，开始"闹灯"。正月初二闹花灯，演出时有一定的规矩程序。灯会或灯班组织先须发帖至各会员家预告拜年，愿接受拜年者应备一定茶点、果品恭候，若家境不济者可婉言谢绝。届时，全体会员化好妆，先祭拜灯神，再唱《过街调》逐户拜年，进门唱《进门调》，堂上唱《贺年调》，拜毕，即执灯游街到灯场，插牌灯于四角照明，由两男两女跳《拉灯》开场。后继续演出所有节目，最后唱《散花调》，观众散场。

4. 送灯神

有头必有尾，接了灯神，还要送灯神。接灯神和送灯神仪式大同小异，但送灯神之前要由灯师用铜钱转定方向以测定灯神应送至何方。送灯神时，村民则关门闭户，不能观看。灯神送到指定的位置，将牌位、纸马、灯笼等统统焚烧，所有闹灯之人立即脱下戏装，扯断四弦琴的琴弦，迅速离去，逃回家中。否则，他们认为，灯神会将终年纠缠人，该人将会如疯人一样，疯疯癫癫，终年唱闹不休。

四　表现思想内容

综观红河州各地彝族传统花灯表现的思想内容，早期彝族传统花灯剧目有《拜堂调》、《散洒调》、《贺喜钱》、《月亮调》、《纱窗调》、《新打斧子》、《蚊虫调》、《撵蝇调》等娱乐性和庆贺性的花灯剧目。蒙自市永宁一带彝族传统花灯，早在清同治年间，就有了花灯演唱活动，并在本村秀才杨鸿仪的倡导和参与下，取当地民间素材编剧入戏，嘲讽鞭挞强权，揭示民间疾苦，传达底层贫民寒士的喜怒哀乐之情于说唱传统花灯歌舞之中，留下了《小鲤海》、《花鼓公》、《打鱼》、《放羊》等十多个剧目及《金银点》、《猜花调》、《梳妆调》、《拜年调》等十多首曲目。

图 5 - 7　蒙自市彝族传统花灯表演　　**图 5 - 8　开远市彝族传统花灯排练**

总的来讲，彝族传统花灯是一种歌、舞、剧相结合的地方民间戏剧，具有浓郁的乡土气息和独特的民族风格，已有百余年历史。蒙自市彝族传统舞蹈主要有《拉花》、《花鞭》、《绿翠鸟与蚌壳舞》、《板凳龙》、《打花鼓》等，多为婚、丧事服务，重娱乐。

《绿翠鸟与蚌壳舞》表现的是一个神话故事。传说，姜子牙在辅佐周武王伐纣之前，隐居山野，常直钩垂钓于江中。一天，见一翠鸟狠命追啄一蚌，便以自己钓得之鱼引诱翠鸟，从而保护了蚌。原来，这蚌本是天宫一仙女，因思凡欲奔人间被玉帝发觉，罚其变作蚌精永居水中，永不得见天日，并命一天神化作翠鸟临海监视，见蚌出水便立即啄死。

《板凳龙》是一种以长条凳为道具，拟"龙"翻腾的娱乐健身性舞蹈。20世纪初传入蒙自，在彝族地区广泛流传，渐渐成了该地彝族民间"花灯会"的一个热闹节目。此舞除了在喜庆节日演出外，每逢村中"祭龙求雨"时，作为一种祭祀娱神舞蹈表演，祈求保佑风调雨顺、五谷丰登。

《打花鼓》是歌、舞、剧相结合的彝族传统花灯剧目，反映了一对安徽凤阳花鼓艺人到云南的所见所闻，唱词内容可根据演出地区的特点即兴创作、改编，舞蹈动作欢快、潇洒。

建水市白云灯会、塔瓦灯会保留的彝族传统花灯剧目有《包二接姐姐》、《打草秆》、《打花鼓》、《老贾休妻》、《三怕老婆》、《李海朝山》、《渔家乐》、《霸王下山》、《补缸》、《霸王鞭》、《莲花落》、《老贾生来洁净样》、《远望一筒碑》等。

《包二接姐姐》（也称《憨二接姐姐》），内容主要反映包二接姐姐回娘家的故事，幽默风趣，富有生活气息。

《打花鼓》主要内容反映一对凤阳花鼓艺人颠沛流离，备受凌辱，百般受煎熬，但并不气馁和沮丧，依然打起花鼓谋生，于嬉笑怒骂中辛辣讽刺，挖苦剥削者的故事。

《老贾休妻》主要内容反映农民老贾嫌妻丑陋，一再寻事吵闹，欲休妻另娶，时逢财主收租，相劝老贾夫妻，财主反被老贾夫妻戏弄的故事。

《张三宰羊》主要反映了贫苦人张三带孙儿在街上宰羊卖羊肉汤锅，碰上卖羊寻父的两姐妹与其长期躲债的父亲相认，后两家合伙做生意，并让孙儿与放羊姑娘结为夫妻，该情节曲折，引人入胜，融悲喜于一炉。

《霸王下山》主要内容反映清康熙年间散军为民后的子弟以及大西军流入滇南临安府辖内的建水、石屏一带，不堪忍受官府的欺压，上山占地为王，后放弃绿林生活，带队随兄妹下山为民的故事。

五 艺术风格

彝族传统花灯有歌舞和小戏两大类。舞蹈主要以歌舞艺术为主，小戏艺术中也掺杂着表现人物性格化的舞蹈动作。就建水、石屏、蒙自、开远四市县彝族传统花灯而言，其舞蹈大体有扇子舞、花鞭舞、花鼓舞、纸马舞等。

扇子舞，是彝族传统花灯舞蹈艺术中最为普遍的一种舞蹈形式。舞者各拿一把扇子和一块毛巾，围圆圈起舞，随音乐节奏"走步"、"崴步"、"踢跳步"等，边歌边舞，并变换手中的扇子成"弹扇"、"瓦扇"、"团扇"、"遮扇"等扇花。拜年时先后跳《过街调》、《进门调》、《贺喜调》等。

花鞭舞，又叫响杆舞、金钱棍、霸王鞭，分单鞭和双鞭。由两男各持一把花鞭，两女各握一把扇子。当男的跳打大绕鞭时，女的摇扇配合，形式新颖独特，别具一格。

花鼓舞，男主角手提一面小锣，女角背一个扁圆形小鼓，边唱"身背花鼓，两手提锣"的歌词边跳，多在正月十六闹花灯时表演。

图 5 - 9　开远市彝族传统　　　　图 5 - 10　红河州彝族花灯团
　　　花灯兵器舞　　　　　　　　　　"三下乡"演出

纸马舞，也叫跑马舞。用竹篾片扎成马状，然后用纸糊裱，分前后两截，缚于人身，仿佛人骑马状，手执缰，以跑步、颠跳摆成"二龙吐水"、"穿花阵"、"簸箕阵"、"编篱笆"等队形，所以此舞有的彝族称"篾马舞"。

　　具体地说，《拉花》是彝族传统花灯中的"团场"舞蹈，起着开场、镇场的作用。旧时跳"拉花"，男子手部动作有欲摸女子胸部之势，女子则在胸前环遮绕挡。整个舞蹈在"欲摸"和"遮闪"之中相映成趣。现在的"拉花"已摒弃此意，并渐演变成一种调度多变，舞姿新颖优美迷人的多人团场舞，使开场气氛更热烈。此舞蹈属一种基本组合舞蹈，较能概括地反映出彝族花灯舞蹈的表演技巧和风格特点。《打花鞭》也叫《打霸王鞭》，是彝族传统花灯歌舞中的一种技巧性舞蹈，贯穿在花灯歌舞《四大臣》中表演，也可单独成舞，亦能自娱玩乐。音乐《猜花调》、《梳妆调》等比较优美欢快，直到现在只要是彝族集居地区，不论山区还是坝区流传都比较广泛。《绿翠鸟与蚌壳舞》是一种带有戏剧情节的表演性习俗舞。

　　《阿妮西山妮》原系蒙自市自称尼苏颇的彝族青年妇女送新娘时跳的一种习俗性舞蹈，当地称七姑娘。"阿尼"意为阿姐，"阿尼西山妮"为阿姐是西山上下来的姑娘。传说天上仙女，是能歌善舞的舞神，每当新娘有求，必到凡尘与姑娘们同乐，亦泛指能歌善舞的姑娘。《阿尼西山妮》在蒙自市彝族地区已有百年以上的历史，其有一个来源传说：

　　　　相传古时候，这一带有一个恶霸横行乡里，鱼肉百姓，无恶不作。凡佃农家姑娘出嫁，儿子娶媳妇，都必须让恶霸占有三天"初夜权"，被侮辱的姑娘媳妇不计其数。有一次又有一个姑娘要出嫁了，为了保护姑娘的贞操，向恶霸抗争，她邀约了全村的姑娘聚于自家中结伴相守三夜，她们唱歌叙情，作舞作乐，说是天上的舞神——"七姑娘"附身，恶霸终于不敢下手，姑娘们胜利了。从此，彝族姑娘出嫁时都要约伴守夜，祈神跳舞。

　　《阿尼西山妮》为女性集体舞蹈，表演时边唱边跳，用彝语演唱，内容多为描述彝家生产生活情景及各地区各支系之间的往来，叙述儿时游戏的快乐和少女无忧无虑的生活。动作别具一格，或模仿砍柴、背柴，或回忆儿时快乐。在热烈欢快的曲调中，舞姿显得格外洒脱开朗，格外婀娜多姿。《阿尼西山妮》舞蹈从"邀伴"（基本动作舞蹈）到"请神"（请七仙女附身），最后请"七仙女"附在某一舞女身上后，某人即代表舞神与众女答唱且翩翩起舞。除此，她们的其他舞蹈诸如"笆笼姑娘"、"七姑娘"等，舞蹈动作也大致和其舞相同，只不过曲调和唱词不同而已。其中"丛斗娄"（滚草墩舞）也可与其舞蹈融合表演。近年来，经民间艺人的传承、文艺工作者的收集整理并加工提炼，表演场地已从室内搬到广场、舞台，弃其"请神附身"的迷信色彩，提炼其中部分优美动人旋律，使其舞更为优美简练。

目前红河州有建水市羊街灯会、塔瓦灯会、白云灯会，开远市古川灯班、红果哨灯班、鱼塘寨灯班，蒙自市永宁花灯等民间社团组织。现有彝族传统花灯最富有民族特色的音乐，由唱腔、器乐两部分组成。唱腔吸收彝族民间音调，音域宽，节奏细腻，节拍精细，含徵、商、羽、宫、角调式，有单曲、杂曲、联曲等形式。演唱渗入彝族传统民歌润腔方法，以真声为主，大小嗓换辅之，乐队以四弦为主奏乐器，笛子、树叶为色彩乐器，加上小二胡、小三弦、二胡、大胡等组成。唱腔由四平腔，收勾曲、称曲、平曲三部分组成。

以上提及的建水、石屏、蒙自三市县的彝族传统花灯剧目，其特点表现为乐器四弦主奏，笛子、树叶伴奏，后加入胡琴和小三弦成乐队，服饰改穿为彝族服饰，穿领褂带围巾，唱腔也加入石屏海菜腔、建水山莜腔、建水市曲江五山腔和个旧市大屯放猪调的风格特色；说白采用本地汉语方言，彝语作衬词，表演动作加入烟盒舞的步伐，跳跃性很强，欢快洒脱，集歌、舞、剧为一体，融唱、白、做为一炉。剧目主要思想和人物性格表现得生动、鲜明、真实、淋漓尽致，感染力极强，跳扇花、舞手巾、踏步、平移、转身皆轻盈、飘洒，似水中游鱼，如蝴蝶穿花，十分潇洒自如。

蒙自市永宁一带彝族传统花灯融歌、舞、剧于一体，行腔直白皆为汉语，生、旦、丑、末同演文戏，剧情活泼，语言诙谐，舞姿优美，乐曲欢快。乐器以四弦、三弦、滇胡、京胡为主，无打击乐。道具仅为巾、扇、花鞭。生、旦、丑、末角皆有一定行头，脸谱崇尚自然淡妆。然而，他们尚注重现实主义创作原则，倡导"编戏要有益风化，不唯娱乐而作"，艺术上追求"唱有韵味、舞有弦点"之特点。

六　彝族民间传统花灯社团

1. 白云灯会

白云灯会是建水市彝族花灯业余演出社团。成立于清乾隆初年闹瘟疫后，寨中族人惧怕瘟疫，许愿兴唱灯驱邪而成立，由地方宗族无偿划给水田作为灯会唱灯的经费补充，由公众推举有文化、有名望的灯师傅为灯头负责管理。会员不以门第贵贱、人员多少而限制，根据会员的能力担任剧目角色或台杂与演唱，常保持主要角色有十五六人。该社团演唱的传统花灯剧目有《打草秆》《打花鼓》《老贾休妻》《三怕婆》《李海朝山》《渔家乐》《霸王下山》等 30 多个剧目。1935 年以前每逢春节都有演出活动，20 世纪 30—40 年代间，因触怒灯师烧毁剧本而停止。1940 年后恢复演唱，经常到外地演出。1953 年由乡政府易名"花灯演出队"，1954 年分别到市境内和蒙自市演出，1956—1984 年间为省、州、县专业花灯团提供大量音乐和剧目资料。1962 年"社教"运动后停止，1978 年复兴演出至今。冬月十六日接灯神回来，并书《勒封王灯神位》六字帖于牌位供于关圣庙神龛上，到正月第一轮属龙日开始唱灯，现由于农事繁忙等原因仅在正月十五日至十六日演唱后将灯神送走。白云灯会先后承袭八、九代灯师艺人：清同治年间的范中正，光绪年间的施成法、施成启，宣统末年的田绍珍、黄树成，民国年间的寇永昌、张学忠、李正祥，新中国成立前夕的龙有凤、普应福，当代的李明华、普应福。

2. 塔瓦灯会

塔瓦灯会是建水市彝族花灯业余演出社团。创立于清乾隆年间（1736 年）。灯会每年一届用抽签方式推举德高望重者作"灯管事"负责活动，会员不分贫富与贵贱，各家各户都可参加，由管事按其能力分工担任角色，常保持主要演员 10 多人。该灯会成立后，由宗族拨给"灯田"和众人捐资解决经费。每年正月初二迎灯神、拜龙树、逐户拜年、拜庙后唱灯至十六日送灯神结束。此外，平常在拜庙会、闹丧、立房子也唱灯，被同族长者命名为"子孙灯"。清同治十二年（1873）至光绪十九年（1893）遭瘟疫而停止演唱花灯，到 1895 年后，又逐渐恢复。1946 年该灯会到蒙自市大屯官胜庄请关自元灯师来村教灯后称为

"新灯"，原来的"子孙灯"称老灯。1953 年由普雄镇政府名为"花灯演出队"，多次参加县农村文艺会演，一直活跃至 20 世纪 90 年代。该灯会保持《霸王鞭》、《补缸》、《三怕婆》、《憨二王接姐姐》、《渔家乐》、《莲花落》、《老贾生来洁净样》、《远望一简碑》等 20 多个彝族传统花灯剧目。其特点表现为乐器四弦主奏，笛子、树叶伴奏，后加入胡琴和小三弦组成乐队，服饰改为彝族装，穿领褂带围巾，唱腔也加入石屏腔、五三腔和大屯放猪调的风格特色；说白采用本地方言，彝语作衬词，表演动作加入烟盒舞的步伐，跳跃性很强，欢快洒脱，集歌、舞、剧为一体，融唱、白、做为一炉。剧目主题思想和人物性格表现得生动、鲜明、真实、淋漓尽致，感染力极强，跳扇花、舞手巾、踏步、平移、转身皆轻盈、飘洒，似水中游鱼，如蝴蝶穿花，十分潇洒自如。唱灯师傅除不知名者外有清道光年间的白开，咸丰年间的李成才、陈绍，光绪年间的孔庆珍、普金有，民国初的李自清、李春亭，民国后期的龙云光、李汝祥、李发昌等六代师徒。1954 年后为省州县专业花灯剧团提供了大量的彝族花灯历史资料及音乐舞蹈素材，实属建水市彝族花灯发源地之一。

3. 红果哨灯班

开远市羊街乡红果哨灯班，在清咸丰初年就有活动。灯班的第二代班头为李升，在李升之前还有第一代和更早的灯班活动，因年代久远难以稽考。经第三代灯师普国彬及第四代灯师李云端到新中国成立后培养的第五代师李光保、王金恩等相传沿袭，又带出了李春明、普长莲等新一代男女演员多人。曾参加多次州市农村文艺会演，并有部分剧目获奖。曾有有关歌舞艺人到红河州搜集民间音乐者，应邀到个旧市录音。

4. 王古川灯班

开远市小龙潭办事处毛家寨王古川灯班，始建于清光绪年间，至今已有百年历史。经马有才第一代灯师到第四代灯师白绍山、李祯相传，后又带出了白绍英、李菊芬、白金毛等女演员。该灯班昔日只在本村活动，从不吸收外村人，具有"子孙灯"之特点。演员多有弟兄、翁婿、父子、父女多种亲属关系。近年来还出现了"夫妻灯"的现象，演员中有四对夫妻同台演出的历史。剧目常以《乡城吵闹》、《补鞋》、《打鱼》、《打花鼓》、《张三宰羊》等 10 多个剧目。

5. 永宁花灯队

蒙自市雨过铺镇永宁花灯队，是由历代"花灯会"、"蚌壳会"、"狮子会"演变而成的具有地方民族特色的农村社团业余花灯团。昔日活动时断时续，1978 年重组。历史上曾经历了杨鸿仪、李发林、李屏、树修、杨锦辉及普长兴等不同年代的 7 代灯师，时至今日，全队经常保持演员 30 人左右。花灯艺人李屏唱、做、念皆出众，精老旦，善口技，广收门徒，曾到建水市塔瓦、开远市乍黑甸等地传艺。新中国成立后，艺人李子厚冲破世俗，第一次培养彝女演员。有花灯小戏《卖余粮》、《供应肥猪》及花灯歌舞《小拉花》、《打花鞭》等节目。2005 年 3 月 10 日，经蒙自市文化体育局批准，蒙自市雨过铺镇永宁彝族村，正式成立永宁彝族花灯传习馆。彝族花灯传习馆的成立，正激励永宁村民积极参与民族文化建设，继承和发扬古老的彝族花灯文化，以彝族花灯带动彝族经济的发展建设。

6. 其他花灯队

据曾有人对开远市进行的调查，全市 7 个乡镇 2 个办事处共有 37 个村镇，历史上都出现过灯班组织和演唱活动，或灯班系灯狮结合，或灯班结合，或灯班与洞经会结合。仅羊街乡大庄坝 62 个自然村，曾组织过 16 个村寨花灯队，其中丫口寨有老中青 5 个花灯队，队员约有 100 人。小龙潭办事处有 32 支花灯队，队员约 500 人。据粗略统计，建水、蒙自、弥勒三市共有 600 多个花灯队，约有万名队员。

第六章

咪嘎哈和德培哈及密枝节

第一节　咪嘎哈

一　流传地区和活动时间

"咪嘎哈"（即"祭社神"、"祭村寨保护神"、"祭村寨战神"）主要流传于红河、绿春、元阳、金平、蒙自、开远、个旧、建水、石屏及外州市的玉溪、新平、元江、峨山、通海、江川、易门、墨江、江城、双柏、普洱、澄江等市县自称尼苏颇的彝族地区。

"咪嘎哈"的时间大多在每年农历正月第一轮丑牛日举行。石屏县龙武、哨冲等乡镇在农历正月第一轮马日举行，假如大年初三是午马日或丑牛日，就要往后推迟一轮 12 天。如果所举行"咪嘎哈"当月村寨里死了人，则视为不吉利，须推迟到下月举行。即使已举行，若当月死了人，也视为不吉利，也须在下月重新举行一次此活动。"咪嘎哈"是大凡自称尼苏颇的彝族统一的一个节祭文化活动。

彝族先民认为，世上万物都有发生、发展过程，天、地、人概莫能外。彝文古籍《咪嘎哈诺衣》（《祭社神经》）歌中说："天是鼠日生，牛日地形成，虎日生成人。"鼠日、牛日、虎日三天分别属天、地、人的生日。他们把英雄阿龙尊崇为先祖英雄，信奉为统管一切精灵的自然保护神，显然与天地相等，择天地生日的，鼠牛日举行献祭仪式。而有的地方则选用属马日进行"咪嘎哈"，这是因为如同古人认为，一切事物都有相生相克，如阴阳对立，鼠马对立原理推论，马日便是鼠日的禁忌日，属马日"咪嘎哈"是阴阳对立统一规律在宗教仪式上的具体运用。各地"咪嘎哈"之所以在不尽相同的时间举行，其原因由地理环境、海拔气候、节令不尽相同有关。

二　传说由来

相传很久以前，大地上的动物、人、鬼互相争斗残杀，处处阴森恐怖。天君神策格兹发觉后，怒而下旨：牛虎共厩，羊狼同圈，鸡鹰共窝，人鬼同屋，不得互相争斗，必须和睦相处。从此，天下太平了，飞禽走兽欢乐，人畜兴旺，风调雨顺，五谷丰登，动物、人、鬼相亲相爱，一片生机盎然的繁荣景象。后来，人世间出了一个穷凶极恶的小绿鬼。他挑拨离间，使动物相残，人鬼相斗，虎在厩里咬牛，狼在圈里撕羊，鹰在窝里叼鸡，鬼在屋里作祟，人在屋里打鬼。大绿鬼阿妈看到这种惨景，劝小绿鬼不要再挑唆动物残斗，人鬼相争。但小绿鬼不听她的劝告，反而四处行凶作恶。到了阳春三月，他变成一团火，到处烧山，所有青青的山林，都被烧得光秃秃焦枯枯；到盛夏三月，他变成一股洪水，淹没田地庄稼，冲毁房屋；到了仲秋三月，他变作冰雹，把谷穗、树上的果实全都打掉；到了严冬三月，他变作霜雪覆盖山顶，使飞禽走兽冻伤冻死而所剩无几，青草绿树被冻枯。他还变成一只妖猴，抬着六个大火把，来到京城焚烧官殿，来到昆明烧尽大臣府，来到侯埃（今建水）烧掉彝族毕摩祭司学府。从此，东南西北四方惨不忍睹，百姓更是深受其害。

彝家山寨有个叫阿龙的后生，他身材魁梧，虎背熊腰，力大胜牛，胆大如虎，智深如海，谋多如叶；以铁饼为食，以铁水为饮，以铁衣为服，以铁鞋为靴，以铁器为武器；双眼斜挑，红眉红眼红髻；他眨眼像电闪，说话如雷响，走起路来大地都会震动。他可变12 种动物，有一根铁鞭和一匹飞马，有一本彝书记着恶魔鬼怪的名单。阿龙看到小绿鬼惨无人道的行为，决定要除掉它，使人间太平安康。

有一天，阿龙在铁镜里看见小绿鬼带着它的几个弟妹又出去残害人类，他愤怒极了，立即戴上铁锅帽，穿上铁铠甲、铁靴，手握铁锤，肩扛铁网，拿着铁鞭，抬着铁扫帚，骑上飞马，去惩治小绿鬼。他飞逾峻岭崇山，在一堵大崖子下找到了绿鬼的家。就叩开小绿鬼的门，佯装投宿。大绿鬼阿妈说："我家儿女太可恶，不懂世事人情，不方便留宿过夜。"阿龙故装哀求。大绿鬼阿妈听了阿龙的话后，无话可说，看着阿龙的一身装束，站着直发愣。阿龙把门推开，走进去强行借宿过夜。到了戌狗时辰，阿龙对大绿鬼阿妈说："大妈啊大妈，我肚子饿极了，实在难受，去烧红一块铁饼，拿给我充饥。"老人取出一块铁饼，烧红后拿给阿龙，阿龙接过当饭吃了。又说他口太渴了，叫她炼一炉铁水，倒给他喝。阿龙接过红彤彤的铁水，一饮而尽。老人见了吓出一身冷汗，双脚颤抖，不知所措。心想这不是一般凡人。越想越害怕，话已不敢说，目瞪口呆地站在一边。

　　阿龙吃饱喝足，躺在地上睡觉。他的鼾声，就像雷鸣，把屋子震得摇摇晃晃。睡到半夜，小绿鬼及兄弟姐妹回来了。一进门就闻到一股生人气味，就问他妈："屋子里怎么有生人气味？"他妈说："哪来生人味，你们天天吃人肉、喝人血，是你们身上的气味。""不对，我们吃过那么多的人肉，从未闻过像今天这样的气味。"阿妈说："既然你们闻出来了也好，我实话实说了。我们家里来了个怪人，他到我家时，天已煞黑，不得不留宿。可他饿了吃烧红的铁饼，渴了喝炼出来的铁水，不是寻常人，你们切莫去惹他"，小绿鬼不但不听劝告，反而哈哈大笑说："顺水撒渔网，鱼虾自落网。他该是我们的吃福。"话还未说完，急忙走近阿龙，想把阿龙吃了。阿龙被小绿鬼的笑声搅醒，他睁眼望去，小绿鬼用分身法，变成了千万个，个个巨口獠牙，狰狞面目，手握铁链，高举大火把，集合在门口。阿龙不慌不忙，抬起铁锤往左打下去，打死了9999个鬼；举起铁鞭朝右抽过去，抽死了8888个鬼。小绿鬼见势头不对，变作一只飞鸟，"噗噗"地飞走了。阿龙变成一只鹞鹰紧追，追到一个湖面上，飞鸟变成鱼儿钻进水里，阿龙立即变成一只水獭钻进湖里紧追，鱼儿无法抵抗，就跳出水面，倏地变一对麂子，逃窜密林；阿龙变一只猎狗去追，眼看要追着了，小绿鬼变成一窝蜂子，逃到悬崖洞里，阿龙就变成一把火，去烧蜂巢。小绿鬼又变成一只老鼠，逃回魔洞，阿龙变成大花猫，把守洞口，终于把小绿鬼逮住。阿龙捆住小绿鬼，绑在铁柱上，拴起大拇指，插入木楔治罪。这时，小绿鬼的阿妈磕头求饶，开口咒骂儿子。小绿鬼也后悔不及，一命呜呼。

可是，小绿鬼阴魂不散，来到阴曹地府，向阎王告状哭诉，说阿龙平白无故涂炭生灵，罪大恶极，人间的一切生灵都快被他杀绝了。

阎王爷捻着胡须，叫左右拿来生死簿，但查不到阿龙的名字。他怒冲冲地说："你简直是瞎胡闹，人间哪有阿龙之人，你给我滚出去！"

翌日一早，小绿鬼煽动被阿龙杀死的大小阴魂来阎王面前哭冤："阎王爷啊，阿龙扬言要把人间的生灵斩尽杀绝后，杀进阎王府，杀绝阴府里的一切。"其他大小阴魂们异口同声地说："不杀死阿龙，阎王爷也性命难保。"阎王爷再次拿出生死簿仔细查看，还是找不出阿龙的名字，好生奇怪，只好把生死簿拆开找，在书脊上，查找到了阿龙的名字，惊呼："不得了！"速即调集阴兵阴将，出征人世间。阿龙苦战阴兵阴将，寡不敌众，阵亡在战场上。阴兵怕阿龙复活，剖开阿龙的胸膛，掏出阿龙的心，切割成四块，抛到四方去，变成了四个椭圆形的石头。随即把阿龙的四肢砍下来，抛丢到四方，变成四棵"咪嘎哈树神"（即护寨神）。从此，彝族就把阿龙的心变成的石头视为社石，把阿龙四肢变成的树视为神树，奉阿龙为彝族村社的保护神。一年杀一头黑毛肥猪，宰一对公鸡祭献。从此，人们进行一年一度的"咪嘎哈"活动，祭献阿龙英雄先祖，同时祈祷阿龙英雄先祖为族人消灾免难，保佑人畜平安，兴旺，风调雨顺，五谷丰登。

他们以"咪嘎哈"的形式祭献先祖英雄阿龙，可以说是一种祖先崇拜、英雄崇拜、能人崇拜活动。

三　节祭场地

活动场地一般在村头半山坡或小山梁上。此地树林茂密，松、栗、杉等乔木挺立，藤蔓攀爬，百鸟栖息，甚为清爽荫翳，如入道家仙境。这里就是"咪嘎哈"神树林。从此林中选定一棵锥栗树或栎树当神树，彝语谓之"咪嘎栽"（即"社神树"），"咪嘎栽"树脚用石围砌成一平台，台上放置两粒猪心般大的椭圆形石头，彝语称此石为"仲补"（即

"社石座")。"仲补"前竖置一椭圆形石头，彝语称此石为"仲鲁"（即"社石"），犹如神秘的一具男性生殖器。彝民们祭献的就是这个"仲鲁"。"咪嘎哈"即护寨神林，是此地彝族先民建寨时确定下来的，与村寨同时产生和存在。一般不作轻易移动。需作移动时，必须通过占卜形式来确定，不以任何人说了算。"咪嘎哈"树林平常严禁放牧，严禁女子入内，严禁入内割草伐木。因而天长日久就成为威严壮观神秘的苍天古木林，神圣不可侵犯的地方。

四　组织形式

1. "作呆颇"

"作呆颇"（即"祭主"）是"咪嘎哈"的组织主持者，是组织中枢。"作呆颇"由主次两人组成，他们的分工一般情况大致如下：

"主作呆颇"（即"主祭主"）是主持"咪嘎哈"活动中的主要人物，并有极大的权威。故其有严格的条件：一般以村中德高望重、办事公道、作风正派、妻室健在、办事稳当的男性长老担任。只要他愿意，家中又不发生意外之事故，都可以连任或世袭。以笔者1992年窝伙垤村"咪嘎哈"活动来看，"咪嘎哈"活动前三天始起，"主作呆颇"用石灰水净身和冲刷肠肚洁身，言洁行正，禁去参加婚礼和丧礼。

"次作呆颇"（即"次祭主"）是"主作呆颇"最信赖的组织主持者，可以连任也可以任意罢免。懂得该事活动内容事项者即可，也可以由"主作呆颇"指定，但妻子妊娠期、月子期、近期内家人病故者都不能担任。其职能为清洗主祭坛、插香火、接送祭品，蹲在"主作呆颇"旁随时听候使唤，准备具体的各种祭品；也可以提醒"主作呆颇"该做什么，该到哪一项祭献等。但无权主持祭献，是他的助手，等到祭献完毕，帮"主作呆颇"收拢祭品并把所有的祭品均匀地分给各家各户，哪怕是一小点，也要均匀地分给各家各户。

2. 帮手

帮手是由寨老们指定新立门户的家长担任，其表示寨老们和"咪嘎神"阿龙对新立门户者的承认和宠信，并加予庇护。但妻子妊娠期、月子期、近期内家人病故者不能担任帮手。一般由四人或八人组成。他们的职能是清扫次祭坛和磕头台，收集祭祀费用，准备所有祭品，如牺牲品、香火、白酒、茶水，芦苇、糯米花泡等各种杂物和准备炊具碗筷、支锅生火、宰杀牺牲品、分祭品、维护秩序等等。

3. 整个"咪嘎哈"以男子为中心

彝族尼苏颇，在野外祭神及驱妖撵鬼及其在家中驱妖撵鬼活动中，一律禁止女子参加活动。他们认为，她们身上带有许多不净之物，其主要指的则是妇女的月经。又因为成年女子都是来自其他氏族部落、家支、姓氏、他村异寨。同样，还未成人的女子，虽生长在这里，但迟早要嫁出去，属于他家或他乡的人，故也不能算是自己的人。总之，在这节日习俗活动中，很多仪式活动，特别是驱撵虎豹豺狼的一项活动，实属于原始初民的狩猎活动，故不便女子参加活动也是一个原因。

五　活动内容

1. 祭水井神

"咪嘎哈"之早晨，主持人"作呆颇"、帮手及数位德高望重的男性长老，带着一对母鸡和一只大红公鸡（白鸡禁用），一对鸡鸭蛋、茶、盐、酒、米等到自村水井旁，清理水井。祭献水井神，彝族尼苏语称"依堵呆"，"依堵"为水井之意，"呆"为祭献之意，全句意为祭献水井神。祭献前，在水井边用杨柳树枝及松枝架个简易的"桌子"，并铺上松毛，表示作祭献水井神之桌子。祭水井神活动祭物祭品：一只大红公鸡、两只母鸡，米饭、米酒、糯饭、茶水、香火等各九份。有的村寨另加一头乌黑健全的青猪，由毕摩主持。祭牲活、生、熟各祭献一次，宰杀鸡祭献"依堵倮神颇"（即"水井龙公神"），煮或蒸熟鸡鸭蛋祭献管理水井的其他诸神，祈求它们保持水井终年清洁干净，长流不断，长幼饮之终年安康。祭献水井神时，主持人"作呆颇"或延请毕摩祭司诵吟《祭水井龙神经》：

> 我们全村人，来到高山顶，砍来松树枝，采下松毛来，松毛来
> 洗井；砍来林中竹，竹叶来扫井。清洁的井水，有翻水螃蟹，[1] 翻

---

[1]　红河、元阳、绿春三县部分彝族认为，螃蟹、田鸡是吉祥昆虫，井中泉中有此两物，为吉祥洁净。

水的螃蟹，犹如俏姑娘，一天翻九次，一天翻九回。清澈的泉里，有管水田鸡，①管水的田鸡，恰如俊伙子，一天放九次，一天放九回。清秀的井中，井中有花鱼，就像勤劳儿，一天扫九次，一天扫九回，一时不停歇。石缝淌出水，清洁又甘甜；石笋流出水，清秀又甘美。

……来把井神祭，来把井神献。寨头清洁泉，村头清澈井。终年要清洁，四季要清秀，月月要清洁，日日要清秀，时时要清净，刻刻要清洁。

……清泉的泉水，清澈的井水，时时淌净水，天天涌甜水。我们彝家人，一年又一年，清洗又打扫，修边又补口，栽树又栽花，会把你修好。公鸡献给你，母鸡祭给你，米饭献给你，糯饭祭给你。

2. 清扫家屋和染蛋献祖

图6-1　红河县彝族"咪嘎哈"树（护寨神树）

图6-2　红河县彝族"咪嘎哈"节中的彩蛋

与祭献水井神的同时，家庭主妇及女性成员用"美补"（当地汉语俗称"糠皮树枝"）清扫自家屋内的烟灰子、烟尘以及清理灰尘和污垢，即打扫家屋，清涮炊具。清扫完毕，用红草根和鸡鸭蛋放在锅中煮沸染成彩蛋，并用棕叶编织成网篮，彩蛋装入其篮内献祖，彩蛋可在亲戚和邻居间互相赠送。但不论献祖或赠送时一律要偶数蛋，禁用奇数蛋，甚至不能用独蛋。其后让男孩挎背着彩蛋上"咪嘎神树林"里去

---

①　红河、元阳、绿春三县部分彝族认为，螃蟹、田鸡是吉祥昆虫，井中泉中有此两物，为吉祥洁净。

祭献"咪嘎神"阿龙后即可独食彩蛋；女孩挎背到第二天就可以独食彩蛋，成年人无权侵食。故有人说这天也是"儿童节"。

与此同时，各家各户做汤圆祭献祖先。做汤圆时，必须做三碗，每碗并且要做 36 个汤圆。汤圆做熟后，一碗献天地神，一碗献祖先，一碗献家神。据说，天上有 36 个神、地上有 36 个神；又彝族共祖阿普笃慕前有 36 代始祖，先祖英雄阿龙生前时可变 36 种，其寿龄又是 36 岁，等等。这里的"36"基数，与彝族传统十月历有关。

3. 祭献护寨神——先祖阿龙

吃毕汤圆，每户男家长手持一碗生糯米，米头放块拇指大的盐巴和一头大蒜、三炷香火，领着全家大小男子前往村中草坪或公房。每家每户男子全部到齐后，由"作呆颇"率全村所有男子前往"咪嘎神树林"里。"咪嘎神树林"一般选在村头的一座山梁子的树林里。参加"咪嘎哈"的男子到了"咪嘎神树林"，动手清扫场地，清洗祭坛，尤为清洗象征先祖英雄阿龙的石柱心，必用清洁水上洗 36 下，下洗 36 下。据说每洗一下代表 10 天，一年 360 天，36 下代表为 360 天。因为彝族十月太阳历每月为36 天，一年 10 月为 360 天。其后帮手们支锅生火，担水热水。同时，帮手们把原先准备好的牺牲品，如乌黑健全的肥猪牲和大红公鸡，长约 10厘米的芦苇 36 柱（每节芦苇柱里放有三叶松毛，并用大锥栗树叶包起）、香火 36 柱，用大锥栗树叶做的 36 个碗，一一就位。它们的排列是：香火插于象征先祖英雄阿龙的石柱心，其后是芦苇柱，再摆上树叶"碗"，鸡放在其旁，猪拴在其旁的一棵树上。摆毕，祭献活动开始，首先扯一撮猪鸡毛插于石柱心前，其表示牺牲品已祭献其神。接着帮手们打两瓢清洁水把猪鸡象征性地清洗全身，并要上洗 36 下，下洗 36 下。洗毕，帮手们杀猪宰鸡，刮扯净猪鸡毛，剖肚扒内脏。把刮净并扒出内脏的猪，整头架于祭坛的石桌上，又把扯净并扒净内脏的大公鸡架于石柱。这时，"作呆颇"跪于地，边作揖磕头边念念有词：

……

杀头大阳猪祭献你，宰只大公鸡祭献你。祈你终年风调雨顺，求你保佑五谷丰登；祈你保佑六畜兴旺，求你保佑全村男女老幼的安康。保佑出门的男人——空手出门得财喜，无灾无害转回门；抚佑在家的妇孺——无痛无病永安康，有吃有穿度好年。

　　……

　　接着全村男子跪于磕头台祈求祷告先祖英雄阿龙的保护和护佑。

　　下面是分类分步祭献护寨神——阿龙，以上这些祭毕，接着依次祭献茶水、生肉、白酒、熟肉、米饭、糯饭等。祭献这些时，不论祭献哪一种，都以36份或36碗为起点。如果献祭36份或36碗占卦而人们不满意时，就祭献72份或72碗，其又占卦还是不满意时，那就得祭献108份或108碗……依次类推，直到占卦呈现吉象，且人们满意为止。但是，上述这些每一种祭献中，又有不同的祭献内容。如茶水、白酒、米饭、糯饭祭献时，尽管占卦而人们不满意，但只增加其祭献的数量，而不增加内容。但在祭献生熟肉时，如果占卦而人们不满意，不仅要增加祭献的数量，而且要增加其祭献的内容，直至祭献牺牲品的每一个部位为止。如祭献时万一忘记了其中的一个部位之肉之后占卦，可人们不满意，不仅要补上这个部位的肉，而且要增加其祭献的份数或碗数，以表示刚才忘记了这个部位的肉，现在多祭献给"咪嘎神"，切莫见怪，祈望"咪嘎神"原谅并宽恕人们一时的疏忽和粗心。祭祀完毕，大家井然有序地跪于地，磕头祈求"咪嘎神"阿龙。

　　居住在建水市李浩寨、东山乡一带自称尼苏颇的彝族，参祭人尤其是带小孩来的都带小孩来磕头，且头一年在此求子并已得子的人带求得之子前来磕头还愿。

　　4. 驱撵虎豹豺狼

　　所有祭献完毕，接着举行驱撵虎豹豺狼的仪式。在这一项活动前，由"作呆颇"占卜选请两位年轻力壮的男子担任"虎豹豺狼"。但其选定时，禁选妻子妊娠期者、孩子未满百日者、丧妻而未满三年者、离婚而未满一年者。选定"虎豹豺狼"后，让他们就地随便化装一下，其中一人持着原先烤熟的方五寸的一块五花肉，另一人手拿一碗糯米饭。"虎豹豺狼"先从外到内，按逆时针方向绕三圈，越绕越小，绕到祭坛中心后以祭坛为中心按顺时针方向从内到外绕三圈，越绕越大。当绕走出"咪嘎林"区，所有参加祭祀活动的人，用火棍、泡土块、草团不停地向"虎豹豺狼"掷去，又不停地吆喝着"窝嗬，窝嗬"。尽管是黑

图 6 – 3　石屏县彝族祭献
"咪嘎哈"护寨神

图 6 – 4　石屏县彝族
"咪嘎哈"祭坛

灯瞎火，"虎豹豺狼"也得没命地往林外逃跑，直跑到背离"咪嘎林"区为止。如果驱撵者追踪到这里，他们持的肉和糯饭分而食之。反之，他们持的肉和糯饭严禁食之，即一定要扔掉或者挂在不易被人们发现的树上，等妥当处理后返回"咪嘎林"区。

建水市一带自称尼苏颇的彝族部分村寨，三五个未婚男青年抬着饭食如鸡腿扮演成虎豹豺狼围龙树偷偷摸摸转，其他人向他们泼水、舞棍子、掷石头追赶，以示把兽雀赶跑，庄稼及人畜平安。

5. 均分祭品

祭品不论多少，哪怕是一小点，也按户均分（祭主和帮手也不例外）。如果确实是"粥少僧多"而实在难分发祭品时，也得剁细甚至煮成稀饭或肉汤用勺按户均分。

6. 撒米花泡

祭品均分后，"主作呆颇"代表"咪嘎神"阿龙站在祭坛中央的正高点，把原先炸好的糯米花泡一把一把地撒向磕头祈求的人群中，并说"禄福降下来了，请你们接好"。这时，所有磕头祈求禄福的人，立即拉开自己的衣襟，边说："禄福接到了，禄福接到了"，边不断地磕头感恩致谢"咪嘎神"先祖英雄阿龙，边收起糯米花泡回家。

7. 拿祭品回家祭祖及其他诸家神

祭品均分后，各家各户抬着先前送来的那碗米，点燃那三炷香火及包好糯米花泡、三节芦苇，边连续不断地叫着"俄勒！俄勒！……"（即"得到啦"）边往家走，一直叫到自家。到家后，一节芦苇插于火塘上方，一节插于中柱上，一节插于谷粮堆上，那碗米倒回米柜或米缸里，糯米花泡撒于谷粮堆上，牺牲肉暂时放在供桌或神龛上。接着祭品煮熟，祭献祖先及其他诸家神。其后全家食之。

8. 立新寨门和祭献寨门

第二天虎日中午许，由"作呆颇"率领全村每户的男家长或一男子参加立新寨门及祭献寨门活动，当地彝族称"腊堂堂"，即为驱妖撵鬼、驱邪除污、立新寨门、祭献寨门等活动。其祭品：一只公狗、一只白鸡及鸡鸭蛋各一对、鸡鸭寡蛋或臭蛋各一对。祭献寨门神活动，一般选在背离村寨的西边或该村未成人死亡、非正常死亡埋葬的那边。大家来到祭献寨门神地，"主作呆颇"把牺牲品鸡狗打杀，敲碎好蛋，深埋寡蛋或臭蛋，割下狗头、狗爪、鸡头、鸡爪、鸡翅膀等，插于原先用尖刀草和地板藤搓成的一股绳索上，出入村寨有几道入口就搓几条这样特殊的绳索，这几条特殊的绳索上又插上笋叶剪成的各种齿锯10多个和若干个鬼目咒符及柳树做成的两把弓箭等。接着指派几组到村寨各入口处更换寨门，并把这几条特殊的绳索在村寨每一入口处上空横拦一条，以此来阻拦妖魔鬼怪、瘟疫疾病、秽言邪恶、怪禽猛兽等入村进寨，使它们不能随便进村入寨作祟和捣乱。鸡狗肉煮熟后，用熟肉祭献寨门神，祷告寨门神不要轻易放进上述这些。与此同时，主持人"作呆颇"（或延请毕摩）念诵《祭寨门神经》：

　　……

　　东边寨门神，南边寨门神，西边寨门神，北边寨门神，中央寨门神，五方寨门神，快快来开门，快快把门开，妖魔与鬼怪，瘟疫与疾病，耳聋与眼瞎，嘴哑与唇缺，瘾袋与脖瘤，跛脚与秃手，多指与多趾，灾祸与祸凶，邪气与假丑，污秽与恶劣，均都撵出去。

　　……

　　福禄与富贵，吉祥与慈善，五谷与食粮，金银与铜铁，金银与财宝，鸡鸭与鹅鸽，牛马与猪羊，俊儿与俏女，聪明与智慧，诚实与勤快，洁净与喜物，家富与村强，均都领进来。

诵毕，把煮熟的鸡狗肉象征性地分给每一参加祭祀活动者。不吃的可以往寨门外扔掉，但严禁给他人吃，甚至扔在寨门内，也严禁带回寨内家中。

在这里值得一说的是：过去彝族尼苏颇村寨的寨门是建立村寨时，选定设置的简便门，大多以圆木搭建而成。每年一次"腊堂堂"就是修补更换原搭建的朽木部分或木头损失部分。其修补更换后打狗宰鸡等祭寨门神。但现大多村寨，原始搭建的寨门几乎找不到了，但每逢这天立新寨门和祭献寨门神习俗始终没变，并流传到今。

图 6-5　石屏县彝族
"咪嘎哈"祭祀之一

图 6-6　石屏县彝族
"咪嘎哈"祭祀之二

9. 驱风火雷神

驱风火雷神活动，"咪嘎哈"后第一轮午马日，在村西边背离村寨大树脚下举行此祭献活动。祭品：一只黑山羊，一对公母鸡，9碗糯饭，9个荞粑，一对鸡鸭蛋，36炷香，36个树叶碗，一对用芭蕉杆包着的鸡鸭臭蛋，一束（由黄泡刺、桃枝、尖刀草、白叶杆、糠皮树枝扎成的）植物枝，一个（装有辣椒、火炭、粗糠、灶灰的）破碗。全村成年男子参加祭祀。祭献时主持人"作呆颇"（也可延请毕摩）先后念诵《驱风神经》、《驱火神经》、《驱雷神经》。其中：《驱风神经》是这样：

……

莫刮啊莫刮，冷风莫刮啊，族人下种了，村人撒秧了。莫刮啊莫刮，切莫刮暴风，切莫刮狂风，莫刮龙卷风，草木开花了，果树结果了……祈求吹暖风，祈求吹微风，护佑五谷苗，护佑五谷禾，护佑花草木，护佑穗果子。

又《驱火神经》是这样：

> 火神会伤人，火神会害人。到了今天嘛，举善神旗号，来驱逐火神，火神所到处，人不得安宁，人丁不兴旺，牲畜不发展，五谷不茁壮。
>
> ……
>
> 火神如是重，就像石头滚，滚到远方去；火神如是轻，就像叶子飘，飘到远方去。木马有六脚，驮你火神走。君来政事清，臣来案子明，毕（摩）来鬼逃窜，水来火熄灭，全部火灾神，快快朝前走，永远莫回头。

再如《驱雷神经》是这样：

> ……
>
> 五月进雨季，六月下雷雨，七月天闪电，七月打炸雷。电击光闪闪，雷鸣声隆隆。雷击应击石，庄稼不能打。农人在地里做活，牧童在山上放牧，女孩在箐边拿柴，男童在河边拿鱼，猎人在林中狩猎……全都不能打。去守你打过的树桩，去守你击过的石头，切莫在地里打庄稼，切莫在山上打牛羊。
>
> ……

诵毕，参祭人共食祭品，吃不完的不得带回村寨。最后把所有祭物、牺牲之毛和骨头、煮牺牲肉的柴火、木灰等统统深埋于地下，即打扫得干干净净。

六　娱乐活动

1. 打平伙

"咪嘎哈"的第二天夜晚，全村人男女老幼均可根据年龄特点相约打平伙。年轻人互约伙伴，人数不限，凑钱买猪头、猪脚，或者山羊或鸡及糖果择一空房或一家合伙聚餐。少年儿童打平伙，一般分男女，少则 4 人，多则 10 人，每年到一家，轮流做东，轮完了重来，其以凑食物（米、肉、鱼、蛋）为主，物品种类及其数量是限定的，如两鱼、两蛋、两块糯米糍粑和一碗米等。出嫁的姑娘也可回娘家继续打平伙，特别有趣的是出嫁的女子背着小孩和未出嫁的姑娘打平伙。她们曾是姑娘伴，所以显得更加亲热。这一天，村里族内十分热闹，处处充满着和睦欢乐幸福友好的气氛。做东的人家，忙得不亦乐乎，但他们心甘情愿，多数人家还额外备糖果招待友客。

2. 欢跳栽秧鼓舞

红河县车古村和绿春县牛孔四大寨自称尼苏颇的彝族村寨，白天男子"咪嘎哈"活动，晚上族人女子跳栽秧鼓舞（亦称丰收鼓舞）。相反，"咪嘎哈"活动族人女子不得参与，跳栽秧鼓舞时男子只能围观。此舞在彝族民间还有多种传说由来：

传说之一：

相传，很久以前，第一次洪水泛滥时，人类祖妣俄玛和俄倮姐弟俩，按天神莎生（天君神策格兹的大臣）的旨意，上山伐红椿木，剜空树心，做成树桶，姐弟俩钻入树桶，然后用椿板把树桶口蒙上，并用蜂蜡封死缝隙。俄玛俄倮姐弟俩躲入树桶里避洪灾。洪水逐渐退潮干涸，树桶随洪水退潮逐渐下降。树桶落地，姐弟俩钻出树桶，但世间万事万物都被洪水灭绝，千山鸟飞绝，万里无人烟，后又遵天君神策格兹的旨意，姐弟俩结为夫妻。从此他俩男耕女织，夫唱妻和，繁衍子孙后代。后来人们为了纪念拯救过祖妣俄玛和俄倮姐弟俩的椿树桶，杀黄牛祭献，并将树桶的两端口，蒙上牛皮，做成牛皮鼓，人们围牛皮鼓边击鼓边手舞足蹈地欢庆娱乐，祈祖娱人。从此，祭鼓庆鼓跳鼓舞即栽秧鼓舞就流传了下来，并慢慢形成了至今规范而婀娜多姿、欢快热烈的栽秧鼓舞。

传说之二：

相传，远古时候，当地彝族先民部落与其他氏族部落发生械斗乃至战争，氏族男子们在前面拼杀，但因寡不敌众，全族面临危急覆灭之际，女子们砍来红椿树，剜空树心，杀黄牛祭祖，祈求祖灵保佑和庇护前方的男子们，随即用牛皮蒙在桶口上，做成牛皮鼓，在后方擂响牛皮鼓助威，对方部落男子们听到"咚咚"的鼓声，以为增援的勇士来了，不战而逃。继而她们边擂响牛皮鼓边歌舞迎接凯旋归来的自己部族勇士们。后来，不论有什么喜悦之事，她们都擂响牛皮鼓边歌边舞欢庆，并一直流传到今。

传说之三：

相传，很久以前，彝族先民居住的地区，不但妖魔鬼怪猖獗，瘟疫疾病频频，而且兽灾禽灾虫灾十分频繁且严重。因此，人们一年辛勤劳作的硕果，不是被走兽吃光踏死，就是被飞禽啄光啄烂，或害虫咬死吃尽。当男子们撵这边正在糟蹋庄稼的飞禽走兽，那边的庄稼又被飞禽走兽践踏了，真是顾此失彼。后来族中女子们围牛皮鼓用鼓槌敲响"叮叮当当"、"咚咚隆隆"的鼓声鼓点。不料，飞禽走兽一听到人们敲鼓，全都逃之夭夭。因此，以后每到飞禽走兽来糟蹋庄稼时，女子们都敲响牛皮鼓边歌边舞。一是喜庆欢度丰收年，二是驱撵糟蹋庄稼的飞禽走兽，三是预祝当年五谷丰登。从此以后，牛皮鼓作为他们社会生活中不可缺少的用具，便世代传袭下来了。

传说之四：

相传，远古时代，人人耳聋，天地黑漆一片，眼看着无法耕种，妇女不育，人类即将灭绝。族老说：不做鼓，不可见天日。于是他们用火把节时收存的黄牛皮，砍来大树通心为筒，制成牛皮鼓，向四方击响，击第一声时东方亮，第二声时南方亮，第三、第四声逐见天日，人们看到了天蓝地绿，白云花红，听到鸟语，嗅到花香，从此人类开始繁忙的农事活动，不再耳聋不再眼瞎，女子生育，代代繁衍，于是他们便世代跳鼓。

图 6 - 7   绿春县彝族栽秧鼓舞

当地彝族女子跳栽秧鼓舞前，毕摩祭司取清酒祭献牛皮鼓，神情庄重虔诚地念诵祭祀词：

> 祖宗定规矩，我们要履行，鼓不是我敲，是阿龙先祖来敲。先祖阿龙神，保佑五谷粮，保佑人畜禽。

祭毕，把酒倒在鼓身上，以示先让先祖英雄阿龙喝饱酒，继而由村中一长老女子到鼓前敲三下，持鼓槌起舞，绕鼓三圈，面向东西南北中五方祭礼作揖。此时，毕摩祭司悄然离鼓而去。与此同时，围观的族人女子，就地迅速或女扮男装，或化装成其他民族，或披蓑衣，或着新装，或戴面具，或佩戴象征男性生殖器的葫芦，或披花布毡子……应有尽有，或两人同舞，或几个同舞，争先恐后，一拥而上，鼓声、叫声、笑声交织成一片。栽秧鼓舞套路繁多，动作和鼓点规范固定。以形象的动作表现出一整套劳动生产过程，从犁田、耙田、撒秧、拔秧、捆秧、插秧、薅草，到割谷、掼谷、背谷归仓等稻作生产劳动过程，表现出彝族人民对生产劳动的热爱，寄托他们对来年五谷丰登的信心和希望，包含着对五谷丰收的祈祷。其图腾意识、崇拜意识较浓郁的祭祀词和朴素的祭祀程序，充溢着彝族先民早期原始宗教古朴深沉的气息，既显现出祭拜先祖英雄阿龙之意，又展示了其舞在村社祭祀活动的功用。也从另一个侧面说明，原始宗教意识的需要，使其舞成为通神祖，具有灵性的工具，从而起到沟通人神之间的中介作用，又意味着进入春耕大忙，祭献五谷神，以求五谷神回到田地里，保佑五谷丰登。当地彝族民间还有这样的说法：

> 女子跳栽秧鼓舞，男人站在旁边观看，是老祖宗留下的规矩。要是男人跳栽秧鼓舞，当年秋天的收成不会好，长出来的谷子都是瘪谷的。

总之，其舞反映和复述了彝族原始村社祭祀活动，表现了彝族期佑五谷丰产意识，突出反映了祖先崇拜意识和神灵崇拜意识。

3. 欢跳阿尼喝佬舞

亦称"阿尼勾娜舞"或土风舞。蒙自市坝区自称尼苏颇的彝族，白天男子进行"咪嘎哈"活动，晚上族人女子欢跳土风舞。相反，"咪嘎哈"活动族人女子不得参与，跳土风舞时男子只能围观。女子将用稻草扎制的"笆笼神"（类似背箩，为正方形）偶像抬到村外，一人扶之，众人唱和，以草墩为舞具，随盐臼敲节拍，起舞作乐，为祀神。其舞从"邀伴"即基本动作舞蹈，到"请神"即请七仙女附身，最后求请"七仙女"附在某一舞女身上后，某人即代表舞神与众女答唱且翩翩起舞。有的彝族村寨，先由一女子领舞，大家齐唱《阿尼喝娜调》，领舞者逐一邀请出场，一起边唱边歌，舞蹈动作多为模仿生产劳动中的各种动作和情节，如扫谷场、拍衣兜、薅草、割草、砍柴、踩碓、磨面、赛搓脚等，并即兴欢歌起舞，以示表征风调雨顺、五谷丰登、丰衣足食景象。有时群舞者唱着"丛头娄"滚草墩玩乐，也可到屋外以稻草人套"笆笼"作偶像，唱起《七姑娘》跳"笆笼姑娘舞"，意在请天上的七仙女子下凡与她们同乐。近年来，经民间艺人的传承，文艺工作者的收集整理并加工提炼，表演场地已从室内搬到广场、舞台，弃其"请神附身"的迷信色彩，提炼其中部分优美动人旋律，使其舞更为优美精练。

4. 嬉闹老虎抱蛋

男孩择宽敞的场地，由一人伏于地上，腹下放2—3个松球，其余人必须在不触碰守球者的情况下抢走松球。抢完全部松球视为守球者输。若谁在抢球时被守球者抓住，就得接替守球者守球，直至抓到下一个抢球者止。

5. 嬉闹老鹰叼小鸡

男女儿童择宽敞的场地，先选出两人，一人做母鸡，一人做老鹰。然后做母鸡者领头，其余的人按高矮秩序在母鸡后面排成一字形，并用双手抱着前者的腰间做小鸡。活动时，做老鹰者展翅舞爪来抓做小鸡者，母鸡拖着小鸡左拦右挡，不让老鹰把他们叼走。老鹰从最后一只小鸡抓起，依此抓叼下去，直至抓叼完母鸡后面的全部小鸡，就视老鹰者为胜者，就另选一人做母鸡，游戏重新开始。如果做老鹰者没捉到做小鸡者，就视为做老鹰者输，再选一人当老鹰，游戏重新开始。但做老鹰者在抓叼做小鸡必从最末一人开始，不得在中间突破，否则视犯规和违令。

6. 嬉闹狐狸抢蛋

男女儿童择宽敞的场地，先捡数个鹅卵石（一般为 5 个）为蛋，然后选一人为护蛋者。活动开始，护蛋者四肢着地，做爬行状，将蛋置于其胸腹下的地面上死守，其余的人去抢其蛋，护蛋者用脚旋扫横踢，一是为了护蛋，二是要踢中抢蛋者。要是抢蛋者中有人被踢中，被踢中者就被罚做护蛋者。要是护蛋者守护的蛋被抢光，就视为护蛋者输，众人就抬起护蛋者四肢荡秋千以示惩罚。但抢蛋者禁抓护蛋者的手脚叫旁人去抢蛋，否则视为护蛋者胜，抢蛋者轮流背一圈护蛋者以示惩罚。

7. 跳虎赛

女孩择宽敞的场地，以两人或多人原地蹲下，一边拍击自己的屁股，一边速伸右脚时左脚缩，或速伸左脚时右脚缩原地转圈，以动作最快并转的时间最长者为胜，反之为负。可以两人对转，也可多人对转游戏。

8. 嬉闹膝盖斗架

男孩择宽敞的场地，甲乙二人，先把左脚或右脚用手抬起，膝盖抬平，脚尖朝内，膝盖朝外，形成横钩子。比赛开始，裁判一声令下，双方参赛人互用膝盖撞抵，把对方撞倒者为胜，反之为负。但互撞抵时不得用手推对方，也不得用身体推对方，膝盖内不得藏有石头、铁片等硬物，否则视犯规和违令。可以一对一，也可以实力相当的若干人，均分成两组，互相对撞和对抵。

图6－8　彝族"咪嘎哈"
期间男子互斗膝盖

图6－9　彝族"咪嘎哈"
期间踩高跷

七　禁忌

1. 对神灵禁忌

（1）对护寨神阿龙的禁忌

将象征护寨神的"咪嘎林"用篱笆圈围起来，有的村寨现在则用石头或砖筑起高大的围墙，并安装木门或铁门，只有到献祭时才开放，平时严禁人们入内踩踏，更不允许牲畜入内放牧，禁入内砍柴伐木。

祭献时磕头祈求，也要讲究姿势，每个人须戴帽，膝盖着地，两手撑地，磕三次头，起时手掌心要向内，意在让神灵保佑。

（2）对祭坛禁忌

除主次"作呆颇"外，无论长幼，任何人不准踏入祭坛中心。否则，犯禁者受到寨老们，尤为"作呆颇"的严厉指责，并要出一只大公鸡、一斤白酒、一碗糯饭，同"主作颇"一道去"咪嘎林"磕头赎罪。

（3）对"咪嘎林"禁忌

所有来参加的祭祀活动者，无论老幼，在"咪嘎林"区不许打闹嬉笑，严禁在其地大小便，说下流话。否则，会受到寨老们的严厉指责，并把犯禁者驱出"林"外，取消祭祀活动的权益和资格。

2. 村寨性禁忌

（1）生产劳动方面

活动期间任何人禁上山挖地，下田劳动。妇女们也不得做针线活。否则，一旦被人发现，犯禁者要出一只红公鸡、一碗糯饭。如果犯禁者是男子，并同"主作颇"到"咪嘎林"里向"护寨神"叩头赎罪，同时当着寨老的面，承认自己的行为错误。村民严禁舂米，禁洗衣物被盖，甚至禁晾在外面；禁到水井边洗脸洗脚；禁剃头。否则，按上述办法予以惩罚。

（2）采集方面

活动期间全村任何人禁上山砍柴伐木、采集野菜、打猪草，禁上山狩猎打鸟和下河拿鱼，禁吃野外飞禽走兽肉。否则，一旦发现或被察觉，按上述办法予以惩罚。

（3）出行方面

活动期间，本村人禁出寨，有特殊事出寨者，禁在他乡异村过夜寄宿，必须要在天黑前返回自村。外乡异村人只准进不准出寨离村。否则按上述办法予以惩罚。

3. "作呆颇"禁忌

"主作呆颇"的限制约束和禁忌比一般人多得多，下面略举一二。活动期间，"主作呆颇"不许讲稍有不吉利的语言；禁恶语伤人，出手打人；禁去寨外访亲串友；禁抱婴儿，尤为未满百日的婴儿，更不得让小孩或婴儿拉屎尿在身上，以示其同"护寨神"先祖英雄阿龙保持洁净之身体。又前后三月内禁与妻子同床同房，禁吃野生动物肉；终年禁吃非宰杀的牲畜禽肉，并终年禁吃狗肉、马肉、泥鳅、黄鳝等；未满三月前，禁去参加他人的婚礼和丧礼，并禁主持。否则认为对护寨神先祖英雄阿龙不崇拜和不虔诚，并对自己不利和村民们不利。

八　目的和意义

1. 祈求庇佑人畜兴旺康泰、风调雨顺、五谷丰登

祭献"咪嘎神"（社神）先祖英雄阿龙及其供奉牺牲和其他祭品的最大愿望，就是得到神灵的护佑和庇护。在人们的传统意识观念中，一切神灵要维持生存，亦要摄取能量，其中一个主要渠道就是靠人祭奉。人间的一些瘟疫疾病、非正常死亡、灾害也被人们认为是神灵的摄取能量所致。所以人们要杀殉种种牺牲供奉，目的是满足神灵的需要而免除人间的灾害。"咪嘎哈"祭献的中心物神灵是"护寨神"——先祖英雄阿龙，它对护佑人畜兴旺、康泰吉安具有直接的保护地位和作用。

按彝族尼苏颇的建寨传统，一个村寨一般依山而居，上有寨头，下有寨尾，同时又有左右和头尾两头的出入村寨道口，即谓之寨门。"咪

嘎神"树林在寨头以一片树林为象征，平时禁止人们入内并踩踏，更不允许牲畜入内并放牧，其选在寨头意在便于它在高处俯视整个村寨的一切动静，注视村寨的变化，保佑村民男女老幼的康泰吉安。

祭献护寨神——先祖英雄阿龙，必须用一头乌黑健全的大肥猪和一只大红公鸡，以象征男子成员。用染彩蛋和做汤圆祭祖，并染彩蛋祭献护寨神——先祖英雄阿龙，鸡鸭蛋献祭寨门神，不能不说是象征男子的两个睾丸。所以整个"咪嘎哈"活动以男子为中心的意义在于此。

2. 驱撵虎豹豺狼是保护人类生存和获取更多的食物

驱撵虎豹豺狼是把所有践踏庄稼作物、伤害人类，威胁人们生存命运的飞禽走兽驱撵出去，求得人们更好地赖以生存和繁衍，是为了五谷丰登、六畜兴旺的目的和意义而举行的。

3. 立新寨门是确立和划开人与鬼界限的主要标志

既然彝族尼苏颇传统思想意识中把世界分为两部分，即神鬼居于既固定又动荡游历的野外野地，而人仅局限于狭小的村寨范围内居住生存发展。通过"咪嘎哈"活动立新寨门"腊堂堂"将人与鬼严格分开来，划出了人与鬼的一道界限。更换立新寨门时主要祭品是一条家畜狗。因为在彝族尼苏颇看来，狗是看家守门的畜类，即能防止监视生人入门，为人传递信号，在夜间又能看得见鬼神，只要在更换修补或立新寨门时，献上一只狗，并将其头颅、爪子挂在立新寨门的横栏上或绳索上，让其昼夜守候在寨门，各种鬼神及瘟疫疾病就不会进村入寨坑害人畜，狗成了人与鬼神的主要隔层物。同样，白公鸡也如此，在彝族尼苏颇传统思想意识中，公鸡若呜呜一啼叫，不论白昼黑夜，鬼神就逃之夭夭，其在守寨门就是不给鬼神随意进村入寨伤害人畜。笋叶剪成齿锯和各种鬼怪咒符拦于寨门。据说对付鬼怪的主要兵器和凶器是笋叶，于是神鬼不敢轻易进村入寨伤害人畜而人畜康泰。

第二节　德培哈

一　流传地区和活动时间

滇南石屏县西北部山区哨冲镇水瓜冲一带自称尼苏颇的彝族，自古沿袭着原始宗教性的"德培哈"节祭习俗文化活动。它是滇南彝族尼苏颇原始宗教"咪嘎哈"（祭社神）节祭活动的形式和内容之一，也是"咪嘎哈"（祭社神）节祭活动的最高形式。因为他们的"咪嘎哈"每年举行一次，且都是逢农历正月第一轮丑牛日（大年初一除外）活动。而"德培哈"节祭活动则每隔十二年才举行一次，为滇南石屏县西北部山区哨冲镇水瓜冲一带彝族尼苏颇独有，逢午马年正月第一轮午马日（大年初一除外）举行节祭活动。但无论是"咪嘎哈"，还是"德培哈"，其节祭对象都是他们认可的一棵神树和树脚（社树）的一对光滑洁白的鹅卵石（神石）。据说，此神石是彝族尼苏颇先祖英雄阿龙（或笃杰阿龙，或者支格阿龙）的化身。阿龙是彝族尼苏颇的先祖英雄，是自然保护神，是他们族民村人的保护神、寨神、社神或战神。

二　传说由来

滇南彝族历史文献典籍《咪嘎哈诺依》（《祭社神经》）里详细记载，其故事的梗概是：

　　远古时人间太平盛世，飞禽走兽、人鬼和睦相处。后大魔王阿孽无恶不作，到处去作恶，春天变一把妖火，万物被烧死。夏天变成山洪水，袭击山谷，万物遭水灾。秋天变成大冰雹，击落树上水果，销毁了果实。冬天变成雪和霜，大雪压山顶，寒霜集山腰，蚊虫苍蝇、飞禽走兽及万物皆被冻死。阿龙先祖英雄不忍看惨境，越想越愤怒，头戴铁盔，身穿铠甲，脚穿铁鞋，手握铁镭，肩扛铁网，拿着铁鞭，独闯妖穴魔洞，与大魔王阿孽决斗，阿龙抬起大铁锤打死魔兵九千九；拿起铁鞭，击毙魔兵八万八，但魔儿阴魂边哭边来到阴府里，找阴君告状。阴君阎罗王带领众阴兵与阿龙决战，因阿龙寡不敌众，阵亡于战场。后阴兵剖开阿龙肚，掏出心脏，切割成四丫，抛到四方去，分别变成了哈尼族、彝族尼苏支系、彝族濮拉支系、拉祜族的生育神石和寨神石；砍下阿龙的四肢，丢到四方，分别变成哈尼族、彝族尼苏支系、彝族濮拉支系、拉祜族的护寨神树林。从此以后，彝族尼苏支系备一头青猪和一对鸡，供祭先祖英雄阿龙神祖，祈求消灾免难，保佑人畜平安兴旺，风调雨顺，五谷丰登，财源茂盛。

三　组织形式

据调查，中华人民共和国成立60多年来，石屏县哨冲镇水瓜冲村、坡头甸、莫测甸、水瓜冲上寨、竜侯村等五个彝族自然村联合组织活动了四次原始宗教性"德培哈"节祭文化活动，即：第一次为1954年，属民间性质；第二次为1990年，属政府倡导下，彝族民间自发组织的形式；第三次（2002年）、第四次（2014年）为该县哨冲镇人民政府主办，该镇水瓜冲村、坡头甸、莫测甸、水瓜冲上寨、竜侯村联合承办的形式。主要由12个毕摩祭司同台主持活动，其中主祭毕摩祭司由松木卜占卦当选。

四　布置祭场

"德培哈"祭场一般选在水瓜冲村的神树林下方，用尖刀草搓成的草绳圈定几十亩大田，前方掘坑栽稳144棵枝叶茂盛、无病虫害的幼松，每排12棵，用尖刀草搓成的草绳互相连接，形成松林方阵，12排意示12年一轮，每排12棵意示一年12个月。这144棵幼松，按其方位12×12的格式，呈八卦阵，供迎祭阿龙神队伍穿梭游行；又144棵幼松树象征先祖英雄阿龙部下144个武士。中间搭装饰华丽的两座通道相对彩房。这是进入祭场的必经之路，如同像皇宫必经的前门和午门；靠近神树林一方设祭坛，祭坛分12个大小祭坛（意示一年12个月，一轮12年），其中一个主祭坛，11个次祭坛。主祭坛由12张八仙桌叠起搭成，高耸入云；11个次祭坛排成一排。按其祭祀内容，各自摆设不同的祭品祭物。整体看来，祭品林立，祭物纷繁，绿枝滴翠，纸花装点，升斗成排，蔚为壮观。节祭活动场面壮观，所有男丁进入神树林，参与祭祀，或舞或跳，或唱或跃，不拘一格。从彩门进入，随尖刀草搓成的草绳通道进入小松林，经装饰华丽的彩门，然后进入祭场，队伍进入各自事先安排好的场地，各显身手。主持祭祀的12个毕摩祭司则进入各自事先分定的祭坛念诵与其相关的彝文文献经典，各施其仪，即12个毕摩祭司同时登场念诵并祭祀。顿时，祭礼聚起，祭声鼎沸，让人耳不及听，目不暇视。祭场近处四周，人山人海；祭场稍远处的房屋顶、阳台，观众如林；祭场较远处的路旁，人群如蚁。

图6－10　石屏县彝族"德培哈"祭坛　　　图6－11　石屏县彝族毕摩诵经

五　祭牲祭物

"德培哈"节祭活动祭牲祭物较为讲究，猪牲要黑毛且身健全的大肥猪，鸡牲要红毛的鸡，羊牲要黑毛且身健全的公羊。各类祭品祭物大小可视情况而定，但要寻找大自然中的三件奇特祭物，如：一块天然通洞的石头和一个能穿此石孔的鹅卵石，供象征神树林里的阿龙神穿洞而过；一棵有"左西丽嫫"（尖嘴雀）鸟巢的幼松树，供毕摩祭司节祭后逐户登门祝福禄时使用；一条长有72庹的野生藤，连接祭坛到龙树林及社树林，以表示血脉相通，精气相连。据说，天然通洞的石头和鹅卵石是象征男女生殖器，"左西丽嫫"鸟是远古洪水后天君神策格兹为彝人祖先笃慕留下的三种鸟之一。

六　法帽和法衣

1. 法帽

彝族毕摩祭司在实施职能活动中戴的特殊帽叫毕摩帽，简称法帽。当地毕摩祭司法帽，帽顶端为小葫芦呈"图纳"像。据说图纳是毕摩祭司的鼻祖，他有通天的本领，是人与神之间的使者。帽檐绘饰图纳得意门生的5位徒弟，其5位徒弟分别称"精勐"（司地，精通米卜）、"吾领席"（司预测吉凶）、"呗瑟"（司推算，精通测日子、抽书签）、"博哲"（司象吉通书，通晓彝文书理）、"阿托"（懂病理，通晓蛋卜）。帽檐绘饰此物，意在说明毕摩祭司是他们的徒弟，他们所精通的，毕摩祭司也略知一二。帽带饰旗，饰旗上有图，意示此为法帽，戴此帽主持仪式才会通灵娱神。

2. 法衣

彝族毕摩祭司在实施职能活动中穿的特殊衣服叫毕摩衣，简称法衣。当地毕摩祭司法衣，分披肩和长袍。披肩从领口向各方向镶嵌 10 条黄布条，其原始文化内涵有二：一是象征古老悠久文明的彝族"十月太阳历"，二是象征"十天干"。据调查获悉，彝族民间"十天干"，还俗称"咒符"，它与"十二地支"相配合后，能推算出有关人出生年月日时的五行属相"金、木、水、火、土"，通过五行能进一步推算出人一生的前途命运。披肩背部饰"太极八卦图"，彝族俗称"阴阳图"。披肩下摆饰有"十二属相"，以示无论主持婚丧喜事，他都是"界外人"，当事人与他绝不相克，确也相生了。据说，毕摩祭司着此披肩，有趋吉避凶，逢凶化吉的功用。这一带彝族毕摩祭司的长袍，胸襟左饰青龙图，右饰白虎图，以示彝族龙虎崇拜的印记。衣袖和长袍下摆底部设有大弯字，俗称"围城图"，以此象征神灵和人类之间的"界限"。据说，其穿此长袍，不吉也吉，不利也利，无论凶日忌日，遍走四乡八寨，山精水怪不敢为害。长袍下摆开口处，左右有两条镶边，意为"撑天柱"。

图 6-12　主持人毕摩之一

图 6-13　主持人毕摩之二

七　活动内容

1. 迎接阿龙神祖

迎阿龙神祖前，参加迎阿龙神的人，三天前要沐浴净身，日备祭品祭物，夜宿神树林。他们用水要到远处取回未经污染的清泉水，取水途中禁忌遇女性，特别是寡妇和孕妇。若遇上了，必倒掉重去挑水。为了减少麻烦，一般由四人同往，一人举旗开路，一人鸣锣有意告知女性回避，一人担水，一人持棍四处赶人。所以，族民女性一听到鸣锣声，就自觉回避。否则，被村人族民严厉谴责。

2. 净祭品

当天早饭后，三声炮响，以上提及的五个自然村各家男子赶往村头路口，敲响牛皮大鼓，且敲锣击钹助威，漫卷旗幡，锣鼓喧天，号角齐鸣，火光冲天，土炮和爆竹震耳欲聋。由主持人毕摩祭司（主持人具有世袭性，为本村最早定居后裔中德高望重、夫妻双全、子女健在且无离异过和重婚者）领头，抬猪牲的抬猪牲，牵羊牲的牵羊牲，挑炊具的挑炊具。迎先祖英雄阿龙神队伍井然有序、浩浩荡荡开进神树林。队伍必须洁净后才能进入神树林，洁净的办法是先洗手，然后在烧红的鹅卵石上放青蒿枝叶，浇清水产生蒸气，人和祭牲跨过蒸气而入神树林即可。与此同时，主持人毕摩祭司铿锵有力地念诵彝族宗教文献经典《净祭品经》：

>   ……
>
> 　　树干有虫蛀，树脚有兽栖，树枝插祭场，树叶铺地上，要洁净树枝，要洁净树叶。大工匠阿勒，用木刻碗勺，拿锡镀碗边，碗勺做祭品。碗勺有邪祟，要洁净碗勺。现在说到水，祭水来得远，从山腹流出，流过峡和涧，山中有邪气，涧里有邪祟，水被邪魔染；山中有绿叶，叶上有邪魔；山腰有白雪，雪上有邪魔；涧里有青蛙，青蛙带邪魔；要把水洁净，要洁净祭水。
>
> 　　现说到粮食，选出好粮种，用马驮回来，牵牛去耕种，一日犁九山，一日耙八川。土垡堆起来，用火烧土垡。种子撒下地，发芽绿油油。庄稼成熟后，急忙来收割，粮藏谷仓中。打粮那时候，连枷带有邪，谷仓带有祟，要给粮洁净，要洁净祭粮。舂谷子那时，丫鬟翻谷子，有的未舂细，米中有谷子，还带有粗糠。蒸米那时候，米也未蒸熟，蒸得夹生饭，谁也不愿吃，这也是邪祟，要把饭洁净，要洁净祭饭。说到毕摩了，要洁净语言，要洁净经文，要洁净法帽，要洁净法铃，洁净施文同，① 要洁净法杖，洁净诵经声，

---

① 施文同：彝语音译，系毕摩在祭祀活动中使用的用藤条编制而成的持篮。

洁净毕摩衣，洁净毕摩靴，全都要干净。

　　说到祭牲了，洁净祭牲嘴，洁净祭牲脚，洁净祭牲身，洁净祭牲尾，祭牲要洁净。用刀割牲肉，刀上带有邪，刀也要干净。

　　说到幡旗了，洁净幡旗边，洁净幡旗头，白色的旗幡，黄色的旗帐，绿色的旗幡，红色的旗幡，全都要洁净。洁净主祭人，洁净拴牲绳，洁净社祭粮。洁净占卜胆，又洁净胆汁；洁净了房屋，财物莫外流，降下福禄来，寨门通十道，四面进财来。黄疸沉碗底①，财物全进来。洁净祭献鸡，又洁净曲朱②，祭牲全洁净。刻朋和尼朋③，刻当和尼当④，全部要洁净，全都洁净了。里贤亮闪闪⑤，两边都站立⑥，罗贤似蚂蚱⑦，里贤象大针⑧，愿获此卦象。日出雪融化，风来云散尽，毕来牲洁净，净得洁又白⑨，干干净净了。

神树林里有特定的一棵树，树下设有一间小石房，称先祖英雄阿龙房，亦称"龙宫"。房里放着一个洁白光滑的鹅卵石，称先祖英雄阿龙心或化身。主持人毕摩祭司动手清扫龙宫。扫毕，主持人毕摩祭司要虔诚地点香祈祷：

　　　　神树高挺直，姑娘长得俏；神树长得标，伙子长得俊。神树枝密集，男丁更兴旺；神树叶茂盛，女子更增殖。今日祭阿龙，村人定安康；今时祭龙神，族民定康泰。今日迎龙神，龙神添福禄；今时迎龙祖，龙祖赐富贵，……

当地彝族"德培哈"社祭用品非常讲究洁净，认为祭祀用的水、树枝、

---

　　①　彝族的鸡胆占卜，形式多样，其中之一就是将鸡胆放入酒中，然后用筷搅三圈，如胆迅速沉底，即认为吉祥，否则不吉利。

　　②　指鸡腿骨占卜时呈现的一种卦象，据说两股鸡腿骨上所插竹签朝内，预示吉祥。

　　③　指鸡骨占卜时呈现的一种卦象。

　　④　指鸡骨占卜时呈现的一种卦象。

　　⑤　指鸡骨占卜时呈现的一种卦象。

　　⑥　指鸡骨占卜时呈现的一种卦象。

　　⑦　指占卜时两股鸡腿骨中插入的细竹签牢固，表明吉利。

　　⑧　指鸡骨占卜时呈现的一种卦象。

　　⑨　指占卜时插入鸡腿骨的细竹签。

碗、筷等都有不洁净或带有邪气的可能性，此篇即是为此而念诵的。

图6－14　天然通洞石头　　　　　　　　图6－15　龙宫

　　祈祷词可长可短，没有定论，能表情达意即可。祈毕，迎先祖英雄阿龙神的队伍在锣鼓声中缓缓地进入社神树林，通过祭坛，每人虔诚地面向主祭坛，向象征先祖英雄阿龙神的鹅卵石神默默祈祷，频频叩拜。严禁说笑，不准嬉闹，默默执事，一派庄严肃穆。否则，众人吐唾沫喷禁犯者之脸，伸指头戳其的脑门，张嘴骂其为不懂礼俗规矩，甚至是野种。行礼后，众人按主持人毕摩祭司的安排，各施其事，或搓草绳，或烧火煮饭，或削木宝刀，或装饰龙宫，或杀祭牲。宰杀猪牲后，砍一杈"撒嘛"（汉称十大功劳）树枝撬出猪牲扇子骨，并献上猪牲血和猪牲心。据考，这是彝族原始生活文化的遗风，反映彝族原始先民生活背景，复述原始先民的社会生产生活实践，说明当时的历史时期还尚未有锋利的金属刀具，只有坚硬的木刀。接着按族民户数取一半猪牲均分，他们曰："龙肉"。所削的木宝刀皆黄栗木、松木和青岗栗木，等祭献后，每户取一把木刀回家并插于灶头。据说，黄栗树木刀是当年先祖英雄阿龙宰魔杀鬼的宝剑，族人插于灶头，三灾六难不敢进家冒犯；松木刀能镇邪，灶头插此刀，妖魔鬼怪逃之夭夭；所有参祭男子就地食前，主持人毕摩祭司抬一桌饭菜到龙宫前祭献先祖英雄阿龙神，祷告天地神灵：

　　　　天神地神无名神，搭伙围拢共聚餐。山神水神阿龙神，速来吃喝要回寨。

　　饭后，男子青年们以自愿的方式举行撵红眼豹子：一个小伙子以迅雷不及掩耳之势抓起锅庄头上烧熟的祭牲鸡，绕火三圈，拔腿飞跑，边跑边撕吃烧鸡。众人朝红眼豹子逃跑方向飞速追赶，赶上则共享烧鸡。我们认为，这也是彝族原始生活文化的遗风。从某种意义上，说明从前山深林密，豺狼虎豹出没无常，常常要组织男丁追撵虎豹豺狼。之后主持人毕摩祭司用小刀削一节10厘米长的松木枝，一劈两半，哈一口气祷告：

　　　　老祖宗，回去看看族人老幼；老祖宗，回去瞧瞧族人六畜。

　　祷毕，将松木卜任意撒放于地上。若松木卜一面朝天，另一面朝地，则认为此祷告已灵验。否则，要重祷告并重卜，直至灵验止。到此迎先祖英雄阿龙神方才完毕。

　　3. 祭献先祖英雄阿龙神

　　总的来说，"德培哈"节祭活动，他们祭献先祖英雄阿龙神的仪式，既原始、庄重肃然，又热烈壮观，意在：祈求先祖英雄阿龙神保佑和庇护来年乃至今后12年内风调雨顺、五谷丰登、人畜康泰，祈求先祖英雄阿龙神带来生产发展，经济繁荣，生活幸福，团结和睦，尊老爱幼，无灾无难，无病无痛的太平盛世。

　　此时主持人毕摩祭司先念诵彝族宗教文献经籍《请善神经》：

　　　　……

　　　　东方绿善神，善良的善神，绿马配绿鞍，骑绿马下来，带绿鹰下来，敲绿鼓下来，摇绿铃下来，打绿伞下来，举绿旗下来。

　　　　这个村的人，白天不偷谁，晚上不盗谁，苍天看见了，大地也知道，日月看见了，沙生也知道，祖先也知道，这个村寨中，祸神似火把，咒语红艳艳，[①] 人们在呻吟，病魔在猖狂。

　　　　……

　　　　北方白楠神，白马配白鞍，骑白马下来，带白鹰下来，敲白鼓下来。

---

　　① 彝族五色观认为，东方为绿色，南方为红色，西方为黑色，北方为白色，中央为黄色。甚至诸神万物也都是随所处地域的不同而体现着相应的色彩，如东方神穿的是绿衣，骑的是绿马，打的是绿伞……

图 6 – 16　龙神宫殿　　　　　图 6 – 17　主持人毕摩列队步入祭坛

接着念诵《善神下凡经》：

……

大善神启克，骑着白龙马，大善神米尼，骑着绿龙马，善神的儿子，骑着黄龙马，带着兵和将，兵卒九千九，又带着马夫，带领着旗手，带着敲锣人，带着敲鼓人，带着养鹰人，[①] 带着驯狗人，带着弓弩手，领着冲锋将，带着千里眼，领着万里耳，[②] 全部带下来。莫分大与小，亲疏不再分，所有的楠神，全部都下来。幡旗在飘扬，幡旗献善神。善神骑的马，要吃九斗谷，不说九斗嘛，一斗当九斗，祭献给善神。

……

公鸡不啼鸣，预示神未降，公鸡不抖身，预兆神未到，公鸡抖身子，预示神来到。[③] 下来善下来，大善神启克，全家都下来，米尼神下来，善神全家人，下来领祭牲，下来吃祭牲。大善神启克，大善神米尼，绮着白龙马，骑着绿龙马，骑着黄龙马，带着兵和

① 彝族喜欢养鹰，甚至出门办事也要带鹰，直到 20 世纪 60 年代末期，新平县老厂乡一带还有人养鹰。

② 此两个分别指能够看清 9000 里以外的事物的一个神，指能够听到万里以外的事物活动声音的一个神。

③ 社祭时，要在祭场中设一个小祭坛请楠神下凡。毕摩在念诵《楠神下凡经》时，祭祀的人要在祭牲公鸡上撒一把米，然后看其是否鸣叫或者抖身子，如公鸡鸣叫或抖身子，则认为楠神已请到了，方可杀牲。

将，告别了天君，离别天宫门，飞到地上来。飞过祖灵地，来到人群中，来领受祭牲，来享受祭品。

诵毕，12个毕摩祭司同坛同时念诵《献酒经》和《献饭经》。《献酒经》是：

......

十二种酒药，六种归天庭，六种给人间。地上的谷子，谷与酒药伴，缸中醇三夜，似蜜一般香，把它装罐里，稻草做罐塞，然后拿出来，装入甑中蒸。砍九筒金竹，把酒渡入壶。备一个木碗，放在我面前，我要来献酒，我要来献茶。祈求笃慕裔，所有的村寨，生得十俊郎，闺女更美丽。今日我献酒，不是献君主，不是献臣仆，也不献毕摩，亦不敬庶民，专门献坝神，专门祭山神，人类能长寿，祈人丁兴旺，坝神和山神，请尽情享受。东南西北方，所有的大神，管阴晴的神，管睡眠的神，管智慧的神，醇酒祭献你，好茶献给你，请尽情享受。好牲祭献你，好饭供奉你，请护佑人类，关照人和畜。

......

善良的坝神，善良的山神，虔诚祈求你，让马群繁殖，让老马长寿，让牛群增殖，让老牛长寿；让猪群覆殖，让老猪长寿；让羊群覆殖，让老羊长寿；让鸡群增殖，让老鸡长寿。庄稼收割时，老粮还满仓，吃也吃不完，粮食像山丘。酒也喝不完，像海一样满。六畜生育神，庄稼成长神，请进我村来，到此来定居。一年一头猪，一年一壶酒，一年一对鸡，拿来祭坝神，拿来献山神，山神和坝神，请来享祭酒，请来享祭茶，请享受祭肉。

又接着同坛同时念诵《献饭经》：

......

坝神和山神，寨神和寨魂，现在我献饭，把肉献给你。所有东方神，司阴晴的神，司睡眠的神，管智慧的神，为了求繁殖，为了求发展，把饭祭献你，把肉祭献你。东神绿帝神，南神红帝神，西神黑帝神，北神白帝神，四方的大神，为了求繁殖，为了求发展，把饭献给你，把肉献给你，请护佑人类，关照人和畜。不仅献这些，还要献三样，人要靠天地，牲畜靠依硕①，庄稼靠日月。为了求繁殖，为了求发展，把饭献给你，把肉献给你。成双配对的，其有十二对，天与地一对，日与月一对，云与星一对，霞与雾一对，阴与晴一对，风与雨一对，祖与妣一对，父与母一对，夫与妻一对，寿与命一对，生与长一对，财与粮一对。司双对的神，把饭献给你，把肉献给你。

家中的神龛，有天地护佑，有日月护佑，有星云护佑，神龛中各神，为了求繁殖，为了求发展，把饭献给你，把肉祭献你，请护佑人类。

……

主人拿好酒，放入我手中，我又拿好酒，拿酒祭神龛，祖神拿好酒，交送给图纳，图纳拿好酒，交给了坝神，交给了山神，来祭献坝神，来祭献山神，请坝神享酒，请山神享牲。

细观 12 个祭坛，各具特色：祭经不同，祭品有别，祭物纷呈，摆设各异。具体地说：

（1）主祭坛

他们称"昌鼎"（即"高耸入云"）。如前述，主祭坛由 12 张八仙桌重叠搭建而成，象征 12 年。四周各插栽一棵装饰满绿藤花枝的高松扶定，并用尖刀草搓成的草绳将所有的桌子脚拴牢，最高层按"东绿、西黑、南红、北白"拴插彩旗，每个方位 9 面。因为他们的"德培哈"是"咪嘎哈"的最高形式，故选"九"这个最大数。其祭品祭物摆设：一斗谷，谷上一升米，米上一坨盐；12 只鸡（以示一年一只）；四碗糯米饭，饭头各竖两枚熟鸡蛋；还有纸钱、香烛、酒碗若干。主祭人毕摩祭司要扶桌爬往最高层上，头戴法帽，着法衣长袄，一边摇铜法铃，一边一字一音且一板一拍念诵《咪嘎哈诺依》，也称《祭社神经》。其经

---

① 依硕：彝语音译，分别指天庭中的依乌图、硕者奢两大天神家族，彝族认为此两家司一切动物之寿。

图 6-18　主祭塔

图 6-19　抬龙回宫

籍大意：主要念诵彝族先祖英雄阿龙见义勇为，自告奋勇，不怕邪恶，不怕妖魔鬼怪，独闯妖穴魔洞，战胜邪魔，为创建太平盛世而舍身战亡的经过，目的是求族人无灾无难，无病无痛。如：

　　……

　　天神策格兹，曾下旨令说：牛与虎同厩，不许虎害牛，不许牛撞虎；羊和狼同圈，不许狼害羊，不许羊撞狼；鸡和鹰同笼，不许鹰叼鸡，不许鸡啄鹰；人与妖同室，不许妖捉人，不许人打妖。定得很清楚，都照规矩办。长翅飞翔的，有脚走路的，各自选乐土，选择好龙潭，动物和植物，各自在发展。智神侬乌图，福神硕者奢，护佑着人类，人人皆长寿，十二个部族，遍布大地上。这一个时代，辛毫有千岁，朔毫寿万年。

　　这个时代后，突然有一天，虎翻脸咬牛，狼翻脸咬羊，鹰也来叼鸡，妖也来捉人。

　　大魔王阿孽①，到处去作恶，变一把妖火，烧毁了群山，万物被烧死。……岂有此道理，岂能让妖狂！大英雄阿龙②，不忍看惨境，越想越愤怒，法术全备齐，头上戴铁盔，身上穿铠甲，双脚穿

---

　　① 阿孽：彝语音译，系作恶多端的一位大魔王。据传，许多魔鬼都是她的子孙。
　　② 阿龙：彝族父系时代初期的一位英雄。在不同支系、不同方言中均有流传，四川凉山彝族叫"支格阿龙"，滇西、滇南普遍称为"阿龙"或"笃杰阿龙"。在目前所发掘出的彝族谱系中均找不到他的名字，因此，是否真有其人，尚难定论，或许是彝族父系时代初期树立起来的一位英雄偶像。彝族认为在社林中象征社神的鹅卵石即是阿龙的心脏所变，社树即是他的四肢所变。今彝族"祭龙"（社祭）活动祭的就是此社树和社石。

铁鞋，手中握铁锯，肩上扛铁网，拿着铁神鞭，拔腿上征途，健步奔魔界。

……

大英雄阿龙，抬起大铁锤，向左打下去，魔兵九千九，全部被打死；拿起铁神鞭，朝右打过去，魔兵八万八，全都被击毙。魔王的幺儿，看势不对头，变一只绿鸟，急忙往外逃。阿龙变成鹰，去追逐绿鸟。魔王的幺儿，变一对白鱼，逃到湖里去。阿龙变水獭，去把白鱼追。魔王的幺儿，变一对麂子，逃到森林中。阿龙变猎狗，去追赶麂子。魔王的幺儿，变成一窝蜂，逃到悬崖上。阿龙变成火，去把蜂巢烧。魔王的幺儿，变成一只鼠，逃回魔洞中。阿龙变成猫，抓住了老鼠。魔王的幺儿，无法再变化，无处可躲藏。大英雄阿龙，捆住小妖魔，绑在铁柱上，拇指上挟刑。① 大魔王阿聱，腿似蚂蚱腿，似蛙地上爬，磕头来求饶。大魔王阿聱，开口把儿骂：你这憨儿子，不听我的话，把人惹怒火；劝你莫作恶，你偏不听信。魔儿哭泣泣，呜呼把命丧。来到阴府里，找阴君告状。阴君阎罗王，带领众阴兵，出征人世间。阿龙战阴兵，单寡不敌众，最后败下阵，阵亡在战场。一群阴府兵，剖开阿龙肚，掏出心脏来，切割成四丫，抛到四方去。四丫心脏肉，变成寨心石，变成了社石。东南西北方，四方的社石，从此产生了。阿龙的四肢，也被砍下来，抛丢到四方，四棵寨神树，四方的社林②，从此产生了。

……

彝族的社林，从此产生了。世间彝家人，全靠庚菩树，树佑彝家人，全靠寨心石，石佑彝家人。世间彝家人，一年一头猪，供献寨神树；一岁一对鸡，供祭寨心石。今日祭社神，祈祷财源茂。

(2) 次祭坛

他们称"奔拉"（即"祭献神龛"）。祭坛为一方桌，以松枝插桌边

----

① 为彝族古代惩罚人的一种酷刑。其具体做法是用绳子将双手的拇指捆绑在一起，然后用木楔或铁楔从两指缝中钉入，以此来惩治恶人或违规者。

② 彝族各村落附近，都有一片严禁砍伐的树林，这便是社林，又叫"神林"、"龙树林"等，社神即设在此树林中的一棵大树脚，社祭就在此树林中进行。彝族建立新村寨，必先立社林。

装饰，祭品祭物：桌上一斗谷，谷上一升米，米上压3.6元钱；纸钱、香烛等，桌下置原先备好的并"德培哈"中原始自然通洞石和鹅卵石那两件"希物"与一个甑子。祭前清洗鹅卵石，然后从甑子通过石孔后摆祭坛。祭时主持人毕摩祭司边摇法铃边用3/8拍念诵《祭神龛神经》：

　　……

　　到了今年嘛，到了这一月，我们这一寨，来祭献神龛。人可元气衰，神龛不能衰；人可力薄弱，神龛不能弱。今日祭神龛，祭牲献神龛，好牲献神龛，好香献神龛，一年一公鸡，一年一升米，一年一把香，一年一壶酒，一年一壶茶，敬献给神龛，请神龛享受。
　　……

　　九十九层天，大神九策格兹，八十八层上，大神黑夺芳，七十七层上，施彻大毕摩，六十六层上，天地六毕摩，五十五层上，大神尼武拉，四十四层上，东方与西方，南方和北方，四方四大神，三十三层上，天神沙生神，还有三姐妹，二十二层上，天神和地神，日神和月神，一十一层上，初一献的神①，天地日月神，年神依乌图，月神勒者奢，灵神策格兹，魂神黑夺芳，灶神菩锦笃，仓神冬龙洲，嫁神白鹭神，娶神鸬鹚神，都来神龛前，来享受祭牲，来护佑人类，关照人和畜。
　　……

　　我们神龛灵，司管着药物，难治的病症，来到我家中，求神龛护佑，病魔即消除。天上不死药，天上不病药，就在太阳中，就在月亮里，神龛去求丹，找回妙药来，灵丹妙药神，请来我家中，来与神龛坐，来享受祭牲，来护佑人类，关照人和畜。
　　……

接着念诵《升旗经》：

---

　　①　彝族每到初一、十五，都要在神龛前烧香敬献神灵。"初一献的神"指初一需要敬献的各神，十五献的神。

图6－20　男子舞龙　　　　　　　图6－21　女子舞龙

　　诵经诵到了，诵到升旗经①，天宫里升旗，旗象寨神树，护佑天上人，子孙渐增殖。大地上升旗，旗象寨心石，护佑着人类，子孙渐增殖。依家升旗后，万事都顺畅，子孙渐增殖。硕家升旗后，万事都如意，子孙渐增殖。笃慕的后裔，这一面白旗，它来自天宫，现在升到天。它从天上来，就升到天上。古时升旗子，旗子护灵魂，护佑人长寿。一年升旗子，十年旗不烂。白旗呀白旗，你没有亲戚，人是你亲戚，五谷是亲戚，牲畜是亲戚，请护佑人畜，请护佑五谷。春天烈日炎，白旗莫撕裂；夏日雨绵绵，白旗莫腐烂；秋天狂风起，白旗莫破损；冬天落霜雪，白旗莫冻僵。

　　……

　　笃慕的后裔，升了此旗后，旗向东方飘，家中添男丁，生儿像太阳；旗向西方飘，家中添千金，生女像月亮；旗向北方飘，家中人增殖，子孙似群星。一年升旗子，十年邪莫来；不只是十年，百年也莫来。一年升旗子，十年旗莫烂；不只是十年，百年也莫烂；不只是百年，千年也莫烂。白旗用处多，白旗好处大，好处大无边，暂诵到这里。

又接着又念诵彝族原始宗教经籍《祭篾桌经》：

　　……

――――――――――

① 彝族祭社神时，要做数面长条形旗子插在祭场中，认为长条形旗子可以避邪。

到了今天嘛，篾桌设祭品，来敬献苍天，苍天享祭牲，大地享祭品。日月来享鸡……祭牲献给你，粮食献给你，请来享祭品，请来享牺牲。招魂到路旁，魂魄要答应，祭牲献给你，粮食献给你。司年月之神，定年月之神，祭牲献给你，粮食祭献你，请你享祭品，请你享祭牲。大地是龙枕，地神与龙配，地神吸龙精。地神沙普木，各山互不连，却都与你连，箐谷不相连，却都是你裔。银藏在地里，金藏在地上，生儿地上养，生女地上养，放牧在地上，稼穑在地上，祭牲祭献你，粮食献给你。绵羊皮衣服，他人可不要，我却需要他，善良的地神，请赐皮衣服。祭牲献给你，粮食祭献你，请你享祭品，请享受祭牲。

……

田地驱祟后，种子播入土，长得肥又壮，一棵出二穗，一节开二花，冬瓜像山丘，南瓜像石堆，长长小米穗，就像马尾巴，串串高粱穗，如同鸡伸脖；豆荚像钥匙，谷穗盖满田，荞穗像斗笠，小麦像羊角，大麦像猪蹄。百担挑不完，千担挑不完，万担挑不完。四季有粮食，吃也吃不完，堆得像山高；喝也喝不完，酒像海水满。一年一公鸡，一年一母鸡，一年一壶酒，一年一壶茶，供在篾桌上，祭献天和地。祭牲献给你，祭粮献给你，请享受祭牲。主人拿财物，交给毕摩我，我接过财物，供在篾桌上，向天求长寿，向天求高龄，向你求生长，向你求繁殖，好牲祭献天，好香供奉地，祭牲献给天，粮食献给地，请来享祭牲，请你受祭品。

（3）三祭坛

他们称"衷依衷合呕"（即"招五谷稼禾魂"）。祭坛为一方桌，以松毛排摆，松枝拴立装饰。祭品祭物摆设：桌上摆设与次祭坛相同，另加摆三碗糯米饭，饭上插竖熟鸡蛋；三碗糖果并插纸花，三碗水酒。主持人毕摩祭司手摇法铃，铿锵有力地念诵《招五谷稼禾魂经》或《招稼畜魂经》，以招谷魂、牲魂，求丰收，求畜兴旺，目的是求五谷丰登，六畜兴旺。在念诵《招稼畜魂经》前，毕摩祭司念诵《祭坝神经》：

……

没有人类前，先有山和坝，别人与坝亲，我与君主亲，我与臣仆亲。没有人以前，首先有树木，别人与树亲，我与家族亲。笃慕的后裔，定居下来后，要来祭坝子。不念祭坝经，不念祭山经，诵了祭坝经，念了祭山经，坝神心欢喜，山神多欢畅。

……

山神和坝神，请护佑人类，佑哨冲彝人①，人人有名望，六畜多兴旺，牛羊满山旺，粮食堆满仓，装满了柜子；五谷拦住路，到处是粮食。果子堆如山，顺门滚进屋。万事都顺畅，生得十善儿，育出五闺女。十男带祭品，众女备祭物，带来一头猪，带来一罐酒，带着一升米，齐来祭坝神，祭献山脉神。向山神祈求，向坝神祈求，求繁殖万物，求万物滋长。坝神脸宽大，山神有六手，坝神和山神，庚菩粟纳呀，请护佑人类，关照人和畜，为此办祭祀，为此献坝神。天上一片林，天上藤一根。左方正日出，右边正下雪。大地的四方，东方那一边，所有的诸神，管昼夜的神，请护佑人类，关照人和畜，为此办祭祀，为此献山神。

……

哨冲好地方，主人挑祭品②，放到我手中，我再挑祭品，送交祖先神，祖神拿祭品，送交给图纳③，图纳领祭品，奉献给坝神，奉献给山神，供祭山坝神，请坝神领牲，请山神享牲。暂诵到这里，到此就杀牲。

据说，很古以前，有一个彝村居住在坝子里，可是，他们不祭坝神和山神，结果坝神发怒了，不再保佑此村的人畜和庄稼。没有几年，村中人畜病的病，死的死，只剩下一家人了。有一天，天神装扮成一乞丐来到这户人家里，说道："老大伯，我连续几天都没有吃饭了，可怜可怜我吧，请给我一碗饭吃吃"，那家人说："近几年我们村多灾多难，

① 指今云南省石屏县哨冲村。念诵时，是哪一个村子行祭祀，此处就改念为那个村子的村名。

② 主人：是指由全体村民一致推选出来的主持社祭仪式的长老。

③ 图纳：彝语音译，为彝族古代的一位大毕摩。民间传说彝文彝经是他上天求学回来后，先后在东西南北中各招一徒弟，传授彝文彝经。

图 6 - 22　绕龙树显灵

图 6 - 23　抬猪牲入龙树林

全村人除了我家外都死了，庄稼也种不活，我们没有米饭，就给你吃一块荞粑。"天神看到这家人心地善良，便将坝神发怒的事全告诉了他们。这家人根据天神的嘱咐，每年社祭时都祭祀坝神和山神，之后，人畜兴旺、五谷丰登，没过几年又发展成了较大的一个村寨。此后，祭社神时都要祭坝神和山神。但这里的坝子，并非指平坝，而是指山间的平地或平原。念毕《祭坝神经》后，接着《招稼畜魂经》：

> 笃慕的后裔，所有村和寨，今日祭山神，祈求生十男，祈求生五女。祈牲畜发展，求粮食丰收。祈他乡牲畜，驮着金和银，跑进我村来。牲畜还别人，金银我使用。

> ……

> 哨冲好地方，村寨宽又长，房屋层层垒，求坝神护佑，求山神护佑，寨中无鳏寡，人丁兴又旺。骏马在嘶鸣，牛群在欢叫，牛马盈厩圈，关满了厩圈；鸡鸭在鸣叫，布满了坝子；谷子堆满柜，吃也吃不完，堆得比山高；喝也喝不完，酒象湖泊水。家家都富足，户户都富贵。带一头黑猪，带一只公鸡，带来一壶酒，带一斗谷子，今日祭坝子，今日献山神，请坝神享牲，请山神享牲。

（4）四祭坛

他们称"活库"（即"招福禄神"）。祭坛为一方桌，以松毛、松枝为饰物。祭品祭物摆设：桌上与次祭坛相同，另加摆一簸箕好谷，谷上插四排白栗树小枝和盛有饭、糖、花生、葵花子一类的糖果碗。主持人毕摩祭司边摇晃刀形柄铁圈（圈上配有 7 或 9 箍能随圆圈滑动的饰物，摇时"唰唰"作响），边一字一音一拍地念诵《活库经》，即《招福禄神经》和《招族人魂经》，目的是求老者福大寿长，幼者健康幸福。其中《招福禄神经》：

……

这一个村寨，谷子堆满斗，白米装满升，盐巴装筛中，金子和银子，还有绸和缎，猪鸡也备齐，酒壶绿茵茵，茶水红彤彤，米饭热腾腾，肉也香喷喷，祭献天和地，祭献日和月，祭献云和星。大神九天君，大神黑夺芳，向你求灵魂，跟你求魂魄，让魂附身躯。

……

这个村寨中，招老人的魂，幼儿莫掉魂，回来魂回来，老人魂回来；回来魂回来，幼儿魂回来。招妻子的魂，丈夫莫掉魂，回来魂回来，妻子魂回来；回来魂回来，丈夫魂回来。招大人的魂，小孩莫掉魂，回来魂回来，大人魂回来；回来魂回来，小孩魂回来。招姑娘的魂，伙子莫掉魂，回来魂回来，姑娘魂回来；回来魂回来，伙子魂回来。招高力的魂，高先莫掉魂，回来魂回来，高力魂回来；回来魂回来，高先魂回来。招使者的魂，百姓莫掉魂，回来魂回来，使者魂回来；回来魂回来，百姓魂回来。招师傅的魂，徒弟莫掉魂，回来魂回来，师傅魂回来；回来魂回来，徒弟魂回来。招铁匠的魂，木匠莫掉魂，回来魂回来，铁匠魂回来；回来魂回来，木匠魂回来。招鼓手的魂，号手莫掉魂，回来魂回来，鼓手魂回来；回来魂回来，号手魂回来。

……

父母莫掉魂，回来魂回来，祖辈魂回来；回来魂回来，父母魂回来。招儿女的魂，玄孙莫掉魂，回来魂回来，儿女魂回来；回来魂回来，玄孙魂回来。招部落的魂，村寨莫掉魂，回来魂回来，部落魂回来；回来魂回来，村寨魂回来。

魂饿给饭吃，魂渴给水喝，魂冷给衣穿，毕摩我招魂，招山上的魂，深谷魂答应；招谷中的魂，路上魂回答；招路上的魂，门前魂答应；招门前的魂，房中魂回答。回来魂回来，落在高处的，回到矮处来；落在远处的，回到近处来；落在近处的，回到家中来，走进家里来。房中堂屋里，香火红彤彤，灵魂都回来，住满全村寨。

　　……

　　回来灵回来，回来魂回来，祖辈魂回来，父母魂回来，夫妻魂回来，儿女魂回来，子孙魂回来，寿命神回来，生长神回来，财粮魂回来，家族魂回来，亲戚魂回来，翁婿魂回来，宗族魂回来，远亲魂回来，邻居魂回来。一年一公鸡，一年一黑猪，拿来祭祀龙；一年一壶酒，一年一壶茶，拿来献给龙，请龙护佑人，让人都长寿，寨子保平安，有福又有禄，福禄进家来，送金银给君，送绸缎给臣，送粮给毕摩。求富让人富，求安给平安，求三就给三，求四就给四，要啥就给啥，赐给儿和女，赐给曾玄孙，赐给牲和粮，赐给金儿银，赐给人发展，赐给人长寿，赐给人富贵，赐给人平安。

（5）五祭坛

他们称"触赛孟德"（即"祭送自然神灵"），如日神、雷电神、冰雹神、风雨神、彩虹神等。祭坛为一方桌，以松枝、粉旗、黄旗、纸花为饰物。其祭品祭物桌上摆设一斗谷、一升米，木刀、天梯（以松枝扎成），桌下拴一对鸡鸭。主持人毕摩祭司手摇铁圈法器，念诵《祭日月神经》、《祭雷神经》、《祭雨神经》、《祭彩虹神经》，目的是族人求风调雨顺，风和日丽，除病除灾，长年安在。其中《祭彩虹神经》：

　　……

　　笃慕的后裔，出门去劳动，有时会遇虹，出门去挑水，有时会遇虹，走路到远方，有时会遇虹，遇上了彩虹，把虹当歪邪，把虹当氛邪。到了今天呀，这个村的人，请毕摩则莫，来祭祀彩虹。毕摩本领强，咒树树掉皮，咒果果落地，咒水水流淌。众多的毕摩，头上戴斗笠，手中拿法铃，肩挎施文同，手中挂法杖，来到村子中。村人备祭牲，准备好财物，银子备九钱，布匹备九匹，备一头猪牲，备一只鸡牲，醇酒备一壶，谷子装满斗，白米装满升，献给灾祸神。献上红绿旗，祭献给彩虹，请虹享祭牲，请带走祭品，请虹回家去，请虹返居所，回到你住地。

彩虹呀彩虹，天宫苍穹里，饿了吃白雪，渴了喝霜水，那儿多舒服。跟太阳回去，随月亮回去，随风飞回去，请虹回天宫，返回白云端。

又如《送雷神经》：

……

天上闪雷电，雷声轰隆隆，雷电金闪闪，击中山顶上，山顶被击碎；击中大树上，大树被击倒。世间的人们，误砍了雷柴，扛回家中烧。雷电轰隆隆，击中了峡谷，谷中有水流，世间的人们，误舀谷中水，挑回家中饮。误吃了雷食，误喝了雷水，受雷神伤害，受铁神伤害①，患病在家中，有眼不会看，有腿不会走。雷神有九子，铁神有八子；雷在高山鸣，铁神在洞应；雷神下凡尘，来与铁神遇。雷神和铁神，雷孙铁神孙，向四方发展，雷儿在天上，铁儿在地上，雷神鸣轰隆，铁神即来到，如是击中人，骨头被击断；击中庄稼地，苗秆会击断；击中田地间，水田会荒芜，旱地变贫瘠；击中蛇蛇死，击中树树倒，击中石石碎。雷会伤害人，会伤害牲畜，会伤害庄稼。雷神骑骏马，铿锵下凡尘。谷子喂雷马，让马吃足够。杀羊给雷神，公鸡献雷神，祭献给铁神。公鸡呜呜啼，拴在大树下，雷神来享受，铁神来享受。

回去雷回去，铁神速回去，回到天庭中，天庭最好在，莫来伤害人。雷神回天官，变成寨神树，变成寨心石，护佑世间人。世间的人们，都来送雷神。雷神已送走，送它到天外。

再如《祭风神经》：

……

莫刮啊莫刮，冷风莫刮啊，族人下种了，村人撒秧了。莫刮啊莫刮，切莫刮暴风，切莫刮狂风，莫刮龙卷风，草木开花了，果树

---

① 铁神为金属神。彝族认为打雷是因雷神和地上的金属神联合操纵所致。

结果了……祈求吹暖风，祈求吹微风，护佑五谷苗，护佑五谷禾，护佑花草木，护佑穗果子。

（6）六祭坛

他们称"恒席咪席德"（即"祭屋神宅神、驱屋邪宅邪"）。祭坛与五祭坛相同，桌上摆设祭品祭物与次祭坛同，桌下摆用泥巴捏成泥牛、泥虎等十二生肖、八朵纸花、鸡鸭等，主持人毕摩祭司手摇铁圈法器，念诵《祭屋神经》、《祭宅神经》，以祭新房新屋神、祭宅神，祈安居乐业为主要内容，以求族人安居乐业，清洁平安。如《祭屋神经》：

图6-24　接龙神入龙树林

图6-25　娱龙神

　　　天有五方位，地有五方位，五方五神位，五神在五方。家有五方位，家神栖五方。家神佑家人，屋神佑家人。佑家人出门，路石莫踢人，草棵莫挡眼，棘刺莫戳脚，顺顺当当去，平平安安回。

　　　……

　　　放牧在山野，做活在地里，拾柴在林边，狩猎在箐谷，挑水在泉边，拿鱼在河中，出门在异乡，读书在学堂，绣花在绣坊。求家神保佑，祈屋神护佑。

（7）七祭坛

他们称"迈度迈神崩"（即"祭送火神"）。祭坛设置与次祭坛相同，祭品祭物摆设分上下两部分：桌上一斗谷，谷上一升米，还有香烛和果品；桌下摆用泥捏成泥龙围半圈，圈内十二个泥人，泥人边三朵纸花。主持人毕摩祭司手摇法铃，念诵《祭火神经》：

　　　　火神会伤人，火神会害人。到了今天嘛，打善神旗号，来驱逐
　　火神，火神所到处，人不得安宁，人丁不兴旺，牲畜不发展，五谷
　　不苗壮。房屋被火烧，堂屋未能免，财产被烧光，粮食被烧光。
　　　　……

　　　　火神如是重，就像石头滚，滚到远方去；火神如是轻，就像叶
　　子飘，飘到远方去。木马有六脚①，驮你火神走。君来政事清，臣
　　来案子明，毕摩来鬼逃，水来火熄灭，全部火灾神，快快朝前走，
　　永远莫回头。

（8）八祭坛

他们称"贤魔妮神则"（即"驱魔撵鬼怪"）。祭坛设置与次祭坛相
同。祭桌上摆设与次祭坛同。主持人毕摩祭司手持虎头龙身凤尾法杖，
铿锵有力，且满腔怒火地念诵《除魔驱鬼经》：

　　　　到了这一年，笃慕的后裔，这个村寨中，病祟多猖狂，疫祟更
　　凶猴，咒语多凶狠②，赌祟红彤彤，吵祟乱嚷嚷，骂祟声阵阵，灾
　　祟阴森森，祸祟红艳艳，邪祟这般狂。
　　　　……

　　　　十二母亲神，相聚在一起，来帮助善神。来解除病祟，来解除
　　疫祟，来解除吵祟，来解除骂祟，来解除灾祟，来解除祸祟，来除
　　秽语祟，来解除咒语，来解除赌祟。
　　　　……

　　　　善良的社神，善良的社石，坝神和山神，善良的媒石，箐神土
　　地神，公树母树神，相聚在一起，来帮助楠神，来解除病祟，来解
　　除疫祟，来解除灾祟，来解除祸祟，来除秽语祟，来除秽言祟，来
　　解除咒语，来解除赌祟，来解除吵祟，来解除骂祟。这幢房屋里，
　　这个灶台上，屋神和灶神，所有的家神，祖神福禄神，门神宅基

---

①　驱火神时，要用芭蕉树砍成马状，用六根木棍当马脚插在其中，然后将"马"放在祭
坛中。再由毕摩祈祷火灾神骑着此马到远方去，别在村中作恶。

②　彝族认为，民间有的巫师具有一种特异功能，念诵咒语并配合某种巫术仪式即可达到
伤害远方的某村人或某物的目的。"咒语多凶狠"指这种咒语和巫术非常恶毒。

神，住地的龙神，聚集在一起，来帮助善神，来解除病祟，来解除疫祟，来解除灾祟，来解除祸祟，来解除咒语祟，来解除吵祟，来解除骂祟，来除秽语祟，来除秽言祟。

（9）九祭坛

他们称"福窦牟"（即"祈福禄神"）。祭坛为一方桌，上以松毛、松枝、12 把木刀（意示一年 12 个月）为饰物。祭品祭物摆设：桌上一斗谷，谷上插香烛，且谷上一升米，米上压 3.6 元。主持人毕摩祭司手持铁圈法器，边摇边念诵《祈福禄神经》：

> 天上的诸神，助人招福禄，福禄有门道，一道往东方，绿帝居方向，骑青马入门，扛绿旗入门，打绿伞入门，拎绿鸡入门，领绿狗入门，青马门前站，绿鸡呜呜叫，绿狗汪汪叫，这是吉之兆，福禄进家门。
>
> ……
>
> 招财引福道，祖传后人承，天上有诸神，诸神能显灵，助人招福禄。自家庭院里，公鸡有九只，九只一样大，一起啄食吃，公鸡虽然大，没有主人大，主人喂养大，应归主人享。门前大公鸡，公鸡呜呜叫，此乃吉之兆，福禄居家中。门前小水塘，塘中有水鸭，水鸭不算大，主人才算大。水鸭塘中游，这是吉之兆，福禄进家门。草场有牛跑，壮牛有十头，壮牛归我家，瘦牛属他人。水中有龙吟，地上有牛叫，这是吉之兆，福禄进家来。外面有绵羊，壮羊有十只，壮羊属我家，瘦羊有九只，瘦羊归他人，这些好绵羊也是主人福。外地的姑娘，姑娘有十个，嫁到这地方，有个最贤惠，贤惠又善良，此人进我家，别的进他家。美酒有十罐，两天饮六罐，三天饮九罐，剩下的那罐，此罐为吉罐，招此福禄酒。我们这家人，粮食堆满仓，六畜满院跑，金印装满柜。
>
> ……
>
> 现在这时候，招福时刻到，我来招福禄，福禄招回家，招回到家中。

（10）十祭坛

他们称"锦旺旦"（即"祈和睦平安"）。祭坛为一方桌，以松毛、松枝、木刀、杂木枝为饰物。祭品祭物摆设：桌上一斗谷，谷上插香烛，谷上一升米；桌下摆泥人、纸花、鸡等。主持人毕摩祭司手持铁圈法器，边摇边念诵《祭和睦相安经》。其大意：以去相克相恨相怒，求和睦友善，意在家人和睦，邻里相亲，亲友相安。

（11）十一祭坛

他们称"挺拜行"（即"祈育神驱白虎"）。祭坛为一方桌，以松毛、松枝及两个竹圈和二个泥虎为饰。祭品祭物摆设：桌上一斗谷，谷上插香烛，谷上一升米，米上压 3.6 元，三碗饭，三碗糖果，三碗水酒，一只鸡。主持人毕摩祭司手持铁圈法器，边摇边念诵《祭育神经》：

……

善良毕摩我，善言有万句，祭语有千言，全都准备好，头上戴斗笠，手里拿法铃，身上披披毡，扛着法事包，经书装包中，来到村子中。这个村的人，带一壶醇酒，再拿一升米，带生肉熟肉，带黑鸡白鸡，祭品全带来，不献给别人，专献绿鸟邪，祭品献给你，不献给别人，专献白虎邪，祭品献给你。

……

善良毕摩我，拉满金弩弓，银箭射出去，不射夫和妻，不射儿和女，不射子和孙，不射寿和命，不射财和粮，不射金和银，不射繁殖神，专门射邪魔。射病邪疫邪，射灾邪祸邪，射汝邪韵邪，射死火灾邪，射死那杀邪，射死尼切邪，射死讷切邪，射死痘疮邪，射死绿鸟邪。射后无汝恶，射后无韵邪，处处清又洁。

……

善良的天神，拿来绣花针，放入我手中，用针扎邪魔，不扎夫和妻，不扎儿和女，不扎子和孙，不扎财和粮，不扎金和银，不扎寿和命，专门扎魔布。扎灾布祸布，扎病布疫布，扎汝布韵布，扎杀布害布。扎死咒语布，扎死火灾布，扎死邪魔布。扎后无汝邪，扎后无韵邪，处处都清洁，天下干净了。

君主来施政，臣子来断案，毕摩来祭祀，君主住纳添，臣住天谷俄，毕摩住史尼，主人在房中，鬼住阿扎沟，魔住白崖洞，怪住黑崖间，豹子在林中，虎住在山梁，鸟住在森林，各回各居所，各回各住所，绿鸟白虎邪，各自回家去，箭射绿鸟邪，箭射白虎邪，驱邪到远方。

接着又念诵《驱白虎经》：

……

邪魔来了后，魔不走魔道，魔与人同行，人染绿鸟邪，人与魔同路，人染白虎邪，生人不像人。人身长豹头，人身长虎头，人身长鹰头，人身长鱼头，人身长鸟头，人身长蛇头。邪魔在猖狂，人还不知道，夜晚与魔睡。不知有怪物，夜晚与怪眠。邪魔在磨牙，正吸食人肉。邪魔舔舔舌，伤害人和畜，又伤害寿命，伤害儿和女，要驱逐邪魔，要射走邪魔。

……

君主来施政，臣子来断案，毕摩来祭祀，君主住纳添，臣住天谷俄，毕摩住史尼，主人在房中，鬼住阿扎沟，魔住白崖洞，怪住黑崖间，豹子在林中，虎住在山梁，鸟住在森林，各回各居所，各回各住所，绿鸟白虎邪，各自回家去，箭射绿鸟邪，箭射白虎邪，驱邪到远方。

（12）十二祭坛

他们称"哺鲁哺呐崩"（即"驱除黑白虫"）。祭坛为一方桌，桌后装饰成"众木成林"，红花黄花插饰。祭品祭物摆设：桌上一斗谷，谷上插香烛，谷上一升米，米上置纸花，还有水酒碗；桌下拴一只山羊，还摆放木犁和木耙。主持人毕摩祭司手持法铃，边摇边念诵《驱害虫神经》：

……

到了今天嘛，毕摩赶来了，数千行祭词，数万句咒语，全都准备齐，阿龙的神鞭，[①] 我拿在手中；格兹的飞刀，刀刃锋又利，还带有雷电，我带在身上。我头戴斗笠，手摇着法铃，背着施文同，披着羊毛毡，手拄着法杖，来到庄稼地，来到了田间。善良毕摩我，不驱农田神，不驱逐地神，不驱庄稼神。我来庄稼地，来到五谷间，看见汝韵邪，看见丕氛邪，看见火灾邪，看见疾病邪，绿兽黑兽邪，老虎豺狼邪，绿虫和红虫，白虫和黑虫，黄虫和灰虫，还有花斑虫，都在害庄稼，要把它赶走。

……

到了今日嘛，这一个村寨，请来毕摩我，来到庄稼地，来到了田间，来驱除氛邪，来驱赶丕邪。所有的邪魔，重则像石滚，滚到远方云，轻则象叶飘，飘落到远方。居高处的邪，驱逐到高山，驱逐到天际；居低处的邪，驱逐到深谷。深谷住傣家，驱到傣家村，驱到哈尼地，驱到濮拉地，驱到汉人地，驱到贫瘠地，驱到沼泽地，驱到悬崖上，驱到乱藤间，送邪到深涧，让大水冲走。驱除邪恶后，驱除害虫后，子实无瘪谷，颗颗都饱满。

……

以上 12 个祭坛，各设一人或者两人辅祭者。其任务是：一是祭献前负责设祭坛；二是祭献时按彝族原始宗教经籍文献内容执事，如念诵祭献桌子上茶、饭碗、肉碗，再祭献桌子上酒，再后祭献桌子上饭等，辅祭者依次抬茶碗、酒碗、饭碗、肉碗示祭；三是祭后负责焚烧纸钱，宰杀祭牲。按其古规古礼，所用于祭献的祭牲要宰杀祭献，所摆的祭物如谷米、钱币归主持人毕摩祭司享用。

最后所有主持人毕摩同坛同时念诵《送善神经》：

……

九十九层天，大神策格兹，所有的男神，所有的女神，八十八层天，大神黑夺芳，大神山比白，大神者苦则，大神诺吴核，大神

---

① 彝族认为邪魔见阿龙的神鞭即会四处逃散，所以驱邪祭文中常提起它，借阿龙神鞭达到驱邪目的。

比特奢，大神沙特里，人已获保佑，请你带祭品，返回天宫去。七十七层天，大天神施彻，还有则莫神，所有的善神，人已获保佑，现在无事了，诸神回天去，带着祭品走。六十六层天，六位毕摩神，还有祖先神，眼睛多明亮，千日路程内，看见针落地，神龛中的神，耳朵多灵敏，万日路程内，能闻叶落声，能看见灵魂，知道魂在处，这一个村寨，姓氏有百家，到阴府的魂，招回到人间，到疫地的魂，招回无病处，到死地的魂，招回活人地，到鬼蜮的魂，招回人间来。招回魂魄后，善神无事了，诸神回天去，带着祭牲走。五十五层天，天宫五大神，天宫五小神，司醒眠的神，依硕家五神，司东方的神，司南方的神，司西方的神，司北方的神，司中央的神，还有阿撮神，支尼极阿支，水神罗塔基，所有的大神，现在无事了，返回天宫去，带着祭品走。四十四层天，司四季的神；三十三层天，天神沙生神，俄龙山山神；二十二层天，依依麻大神，分管寿和命，请你赐寿命，请你赐高龄；一十一层天，所有的善神，所有司人神，司牲畜的神，神像中的神，还有天地神，日神和月神，驱黑暗的神，还有图纳神，所有的大神，各自回居所，到了现在嘛，楠神回天去，带着祭牲走。

　　……

　　东方绿善神，善良绿善神，绿马配绿鞍，骑绿马回去，打绿伞回去，抬绿旗回去，敲绿鼓回去，摇绿铃回去，带绿鹰回去，带兵马回去。

　　……

　　中央黄善神，善良黄善神，黄马配黄鞍，骑黄马回去，打黄伞回去，抬黄旗回去，敲黄鼓回去，摇黄铃回去，带黄鹰回去，带兵马回去。善良的善神，酋长来送你，臣子来送你，毕摩来送你，岳父来送你，女婿来送你，全部落送你，全村来送你，虔诚来送你，送你回天庭。善家在天宫，善神快回去，启克神回去，米尼神回去，领老莫落小，老小都回去；领朋莫落友，老善神前行，小神后面跟，个个都回去。马夫也回去，① 养鹰人也走，兵卒九十九，带

---

① 这里的马夫，是指楠神下凡尘时所带来的兵马和随行人员。

着弓弩箭，又带上长矛，全部往回走。领朋莫落友，全部都回去。善良的楠神，莫伤害部落，莫伤害村子，莫伤害人类，莫伤人寿命，莫影响高龄。祭粮像山丘，祭献祖神前，献在神龛前，全部祭献你。

毕摩祭司送善神，即将善神送回天庭。彝族认为请善神下凡尘后，祭祀完毕就要把他们送回天庭，否则他们依恋人间不回去，甚至会伤害人类。《送楠神经》是为此而念诵的。

4. 娱悦龙神

按古规古俗，"德培哈"节祭活动前后连续三天，第一天接龙神，第二天祭龙神，第三天白天开始跳"祭龙调"和"龙爪舞"。

跳"祭龙调"约定俗成，沿习已久，不需放开喉咙高声大嗓号召，主事者只需派几个人抱柴火到村外场子上，燃起篝火，播放《祭龙调》音乐，族人村民就会成群结队赶往此舞场，毫无拘束地相邀唱调，当地彝族民间有"祭龙要跳龙，不挑荞不丰"之谚语。

《祭龙调》又称《祭龙舞调》，为起头词或起头舞，舞者服装整洁，统一着传统的民族服装，有传统曲调伴奏，伴奏乐器有月琴、锣、鼓，主要由男子表演，但现已有所改观，时有女子参与跳。跳《祭龙舞调》时，乐手弹起龙头月琴，参加者围成圆圈，拍掌伴奏，歌手唱一句，众人助唱一句。演唱《祭龙舞调》的序歌是：

图 6 - 26　沿路舞龙

图 6 - 27　走村串寨舞龙

一年十二月，一月一节日。嘴捡佳食嚼，身挑华衣穿。四方皆好友，来人皆亲朋。人人来歌唱，个个来跳乐。跳到月亮出，荞麦装满囤。跳到月中天，五谷齐丰登。跳到鸡催明，四季好风光。

据说，当年先祖英雄阿龙率领彝族尼苏颇同仇敌忾、抵御外敌侵犯胜利后，就是跳此舞庆功。还据说，跳此舞的时间越长，人越多，就越吉利，生活越幸福，人畜越安康。《祭龙舞调》追求热烈，讲求奔放。一不限人数，全族村民老幼，加亲带故，上至七十老翁八十老奶，下至七岁娃娃八岁牧童，只要有兴趣，皆可参加。二是不讲其穿戴，或披蓑衣拟避遮雨风，或扛锄头示铲草挖地，或握镰刀喻收粮割谷。总之，只要有心有兴趣，不论年龄、性别、职业，甚至不分民族、村寨、主客，随人高兴，都可欢跳《祭龙舞调》。

歌舞者围成圆圈，全都左肩朝圆心，逆时针方向运行。在彝族传统中，圆象征美满，象征吉祥，象征幸福。如新年伊始，要查看过大年炼的猪油，如油面光滑平整而圆，认为当年会心想事成，万事如意，吉祥如意；过大年春糯米糍粑，兴圆不兴方，越圆越吉利；八月十五的月亮，越圆越吉祥、和睦。否则认为当年三灾六难多，家人貌合神离，村人离心离德。

《祭龙舞调》跳完后，不再限歌调，众人情绪高，可跳《龙爪舞》到通宵。《龙爪舞》男女都可以跳，又着什么服装也没有严格规定，或披蓑衣似求雨，或戴笠帽似遮风，或扛锄头似锄地，或握镰刀似收割，只要有心，随人高兴。据说，龙是万物的神灵，如此这般崇龙敬龙舞龙耍龙，当年一定会"春天人安康，夏天水长流，秋天收成好，冬天不寒冷"。舞者只要配合锣鼓敲打节奏，跳什么舞，根据各人所长随心所欲，不拘一格，自由发挥。如有耍龙舞龙的、耍狮的、跳杂耍的、跳团乐舞等，凡是他们的传统舞蹈都可以表演。因表演技艺和表演舞种多样，男女老少全民参与，跌宕起伏，所以称"龙爪舞"。

按照当地彝族习俗，通常歌舞忌讳父女同行，姐弟在场，母子相逢，但跳《龙爪舞》时不必忌讳，还要比赛哪家参加者多，表演花样多，哪个跳的时间长，哪个的财源就广。因而家家争先恐后上场，人人此起彼伏欢跳。哪怕读书、工作在外，不好原装露面的，也会乔装打扮上场，场面异常热烈。

跳一阵《龙爪舞》后，根据舞者情绪，也可招拢舞者，整顿舞场，调整气氛，也可再跳《祭龙舞调》，跳完《祭龙舞调》后又接着跳《龙爪舞》，如此循环反复。

5. 送龙

送龙在第四天举行。送前要组织杂耍舞，跳杂耍舞的人员挨家逐户跳一跳，拜一拜，俗称"龙拜别"。据说，这样拜一拜，一家人会好吃好在，终年平安。

因"德培哈"属联村合祭，参加祭祀族人村民众多，而且主持人毕摩每到一家"龙拜别"，都要念诵洋洋 800 余行的彝文文献《祈福禄神经》。所以"龙拜别"须以自然村为单位各自进行。具体在"龙拜别"时，主持人毕摩祭司手持"左西丽嫫"鸟窝的幼松，并扶立于庭院中央，手摇法铃，围绕幼松边手舞足蹈边演唱《祈福禄神经》（《祈福禄神经》详见第二部分九祭坛"福窦牟"中）。这样"龙拜别"约十天半月才能结束。拜到谁家，要敬烟敬茶送糖果，盛情款待。

如果属当年起屋盖房、迎娶新媳妇者，要多燃放鞭炮，送披红布扎龙头或狮子。"拜龙队"吸完主人的烟和喝过主人的糖茶水后，将各人舞具向苍天举三下，一个个像醉翁一般，匍匐跳跃，向苍天磕头，祈求上天赐雨赐露，赐福禄安康。与此同时，无论贫富，皆要燃放鞭炮，少则一串，多则不限。拜完临走，要送糯米糍粑，表示美满。富有者送大鱼大肉，贫者赠青菜糖果。接礼者要回敬几句祝福语，如"四处逢源，财路通天"、"万事顺心，上通下达"、"今日赐糍粑，明年生贵子"等等。

舞龙、耍狮、跳杂耍舞者，或浓妆，或淡抹，不求一律。踩高跷者，高者三四米，矮者不下两米，面上脸谱，或扮成刘备、关羽、张飞、曹操、孙权、诸葛亮……或扮成杨老公公、六郎、七郎、佘老太君……画好脸谱，便到龙树林前跪拜，祈求保佑表演圆满。然后，拿着高跷到场子，让人扶助将高跷绑稳在小腿上，并站起试走几步，感觉松紧适宜为止。

龙用篾扎，并彩布裱龙头、龙身。套路多样，舞者或蹬地，或站立，或行进，或蹲地，或跪地，或睡地，表演"龙出海"、"龙上岸"、"龙迎财"、"龙点头"、"空抱柱"、"龙翻身"、"龙汲水"、"龙伸腰"、"龙出洞"、"彩龙滚地"、"龙聚云布雨"、"摇摆船龙"、"快舞游龙"

等动作，栩栩如生。掌龙头者随迎"宝"起舞，余众紧跟。有时还分水龙和火龙。水龙由数十名女青年舞耍，火龙由数十名男青年舞耍。时而两龙打斗，时而两龙谦让，时而两龙窃窃私语，时而两龙滚地缠绕交尾。他们认为耍龙舞龙是取悦龙祖，祈求龙祖保佑族人后代幸福健康、六畜兴旺、五谷丰登，保佑"春天人安康，夏天水长流，秋天收成好，冬天不寒冷"。

狮也用篾扎，并彩布裱狮头，裹狮身，由二至三人表演，模仿狮子的走、跳、退、蹲、卧、伏、张嘴、摇尾、抖身、翻滚等动作，生动形象。据老者告知，民国前，他们不耍狮，而是跳虎耍虎。跳虎耍虎，以虎头虎皮作道具，多由一人或二人表演，同样模拟老虎的习性和动作，如抖身摆尾、翻滚扑跳、眨眼探望、闭目养神等。如果跳虎耍虎是彝族传统舞蹈艺术文化，那么，耍狮舞狮就是跳虎耍虎艺术文化的派生。我们认为，耍狮舞狮艺术文化是外来艺术文化。

拜龙队挨家挨户拜完后，所有族人男子扛着木刀，踩着高跷，耍龙舞龙，敲着大牛皮鼓，放着鞭炮，热闹庄重而恭敬虔诚地把龙送回"龙宫"，整个送龙活动至此宣告结束。

在祭龙、悦龙、送龙活动中，女子只能参加耍狮、舞龙和其他歌舞表演，不得踏入龙树林、祭龙地点和龙宫。

综上所述，滇南石屏县西北部哨冲镇水瓜冲一带彝族尼苏颇12年一次的"德培哈"节祭文化活动，是他们原始传统"咪嘎哈"节祭活动的最高形式，也是滇南彝族尼苏颇原始宗教性节祭活动的最高形式，它是集祭祀、节庆、歌舞娱乐为一体，主要集中体现和彰显了彝族毕摩祭司文化、彝族原始宗教经籍文化、歌舞娱乐文化，特别是彝族龙文化，复述和追忆了滇南彝族尼苏颇原始先民的社会生产生活实践的真实写照，具有传承性、叙史性、娱乐性和传统性，反映了滇南彝族尼苏颇原始先民的生产力水平和思维能力，体现了他们先民的世界观、人生观及审美心理，集中体现和反映了滇南彝族尼苏颇的自然崇拜、祖先崇拜、图腾崇拜、鬼魂崇拜、偶像崇拜以及天地崇拜、火神崇拜、社神崇拜、日月崇拜、雷电崇拜、彩虹崇拜、谷物崇拜、风雨神崇拜、福禄神崇拜、家神屋神崇拜等等。

诚然，据笔者调查研究，他们这一原始宗教祭祀性节祭文化，其意义

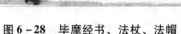

图6－28　毕摩经书、法杖、法帽

图6－29　祭小龙神祭塔

和目的就在于宣传科学的世界观，解破宗教的神秘，破除迷信思想，正确指导解除陈规陋习，树立新风易俗，实现他们的本质，唤醒他们的自觉性，觅寻摆脱宗教迷信主义的科学途径和合理的节祭文化娱乐活动，尤其是消费观念，为科学的世界观、人生观教育服务，为积极、进步、健康的节祭文化活动服务。并且从保护发扬彝族原始传统文化生态和彝族毕摩祭司传统文化生态的高度，调查研究这一原始传统的节祭文化活动，即摒弃其中的糟粕，也要吸取其中的精华来丰富社会主义民族文化，也就是批判性地抢救保护、传承弘扬、开发利用这一原始传统的节祭文化，以便有益促进彝族地区社会主义民族文化产业发展建设，有利于彝族地区建设高度的社会主义物质文明、政治文明、社会文明、精神文明，也有利于构建彝族地区社会主义和谐民族、和谐村社、和谐文化。

附：哨冲镇凤舞龙队

石屏县"哨冲镇凤舞龙队"组建于20世纪80年代初，1994年11月28日在石屏县首届"中国云南·石屏豆腐节"开幕式上亮相，吸引了观众，使各方来宾大饱眼福。后她们博采之长，把中华民族传统舞龙与地方民族特色的传统套路相结合，创作出龙出宫、龙戏尾、摇船舞龙、靠背舞龙、360度龙翻身、凤乐舞龙、龙回宫等套路。1999年8月，参加"中国·河口中越边境民族文化旅游节"表演，令中外来宾大开眼界，备受欢迎和好评；1999年12月，参加在北京举办的"中华'国安杯'百龙大赛"，荣获金奖，并参加天安门广场举行的"迎澳门回归庆祝联欢晚会"；2002年11月，参加"云南省第七届少数民族传统体育运动会"表演项目比赛，荣获金奖；2003 年 7 月，参加"全国第七届少数民族传统体育运动会"表演项目比赛，荣获金奖；2008 年北京奥运会开幕式和闭幕式前，在"鸟巢"外为中外各国运动员表演，引得了很好的声誉。除此，中央电视台等国内各媒体曾对她们多层次、全方位、立体式的宣传报道，使她们的舞影传遍祖国大江南北。目前，石屏县"凤舞龙"进一步发展壮大，已经有包括娃娃舞龙在内的 17 支舞龙队，她们精湛的舞龙技艺，吸引了美国、日本等国家和地区的艺术家、游客纷至沓来，促成了当地旅游乃至经济的发展。

第三节　密枝节

一　流传地区和活动时间

"密枝节"，是弥勒、泸西、开远及外州市如宜良、罗平、石林、丘北等七市县自称撒尼颇和阿乌颇的彝族原始宗教祭祀性节祭活动。

"密枝节"活动时间，各地不统一。弥勒、泸西、开远三市县自称撒尼颇和葛颇的彝族，每年农历冬月的第一轮子鼠日至午马日；石林县自称撒尼颇的彝族"密枝节"活动时间大多为农历二月初二。石林县彝族要举行持续七天隆重的祭密枝活动，从农历冬月十五日起，人们就开始祭密枝的准备工作。多在农历二月初二举行。

图 6 - 30　祭密枝吹奏过山号

图 6 - 31　祭拜密枝林

二　传说由来

"密枝节"的传说由来，各地传说不一。

传说之一：

古代有一对青年男女反对包办婚姻，双双背井离乡，逃到密林深处。他们在林中狂舞七天七夜之后，双双殉情。人们为了纪念这对忠贞情侣，把他们的殉情日定为密枝节。

传说之二：

古代有一位叫"密枝玛"的妇女，外出放羊，遇上罕见的冰雹，聪明的密枝玛把羊群赶到树下避灾，密枝玛本人却被冰雹击中身亡，后人便把密枝玛遇难日子定为密枝节。

传说之三：

古代有一位既漂亮又能干的妇女，与其才貌平庸的丈夫感情不和而得不到解脱。后来她终于遇上了一位意中人，这对情投意合的男女毅然离开村寨，逃进深山度日。他们用弓弩捕猎，采野果充饥，摘树叶御寒。天长日久，山上的野果菜吃完了，只好偷偷回村寨偷羊杀吃。后来寨里遇上了人畜不吉利时，便认为是那对情侣作祟，村民们就相约宰羊祭献。祭祀之俗沿袭相传，便约定俗成为密枝节。

三　节祭场地

密枝林选择在一座有茂密树林的山，而且山上有石洞的地方。密枝林是神圣不可侵犯的，除了祭神之外，一年四季人畜不得踏入，更不得在林中伐木、狩猎、埋葬死者，任何时候女性都绝对不能入林。密枝林中的一草一木都具有神力，亵渎它们要受到密枝神的惩罚。人们世代保护密枝林，使密枝林地四季草繁木茂，郁郁葱葱，弥漫着神秘的气氛。

四　组织形式

密枝节纯属男子节，不准女性参加。乍看起来好像是女性受屈辱的大男子主义，其实它的折光刚好体现了文化的另一个侧面，它重演着母系社会的遗风，男性因地位低下而在密林结社，求得情绪平衡的精神状貌，至今仍历历可见。

密枝节是社会群体的共同节日，主持人每年一换，通过占卜方式产生，既不得由某一家支来控制，更不让头面人物把持操纵。区域内的每个成年男子都有被选举权，这就体现了民意，再通过占卜的方式来筛选，更增加了浓厚的神秘色彩，使隆重的节日升华到更高的神秘境界。占卜选举的具体活动在节日前一个月进行，由上一届密枝节的"主持集团"主持选举事宜，当年死了人、畜、猫狗的人家和有不轨行为的家庭没有被选举权。占卜结果由主持选举的集团通知当选的门户，若该门户中有几个成年男子，则由家庭推出德高望重、能办实事的人来代表本门户就职。被选定的主持人，如果在祭密枝前夕的筹备期间家里死了人、畜或猫，即取消资格另行增补，以示神职人员的圣洁和群体的吉利。节日这天如果村寨里有人去世就推到第二个鼠日，若第二个鼠日仍有不吉之事，则可在鼠月内选择一个吉祥的日子举行祭祀活动。

当选为密枝主持人的神职人员纯粹是为大家服务，既无利可图，也无丝毫特权，他们遵照传统的严密分工各司其职，尽心尽力，一般的组织情况是：

密枝翁玛——总管有关祭祀各项事务。

密枝翁杂——副总管。

毕摩——祭司。

毕杂——祭司助手。

薅洛——主管杀牲和切肉。

支可——节日前负责酿酒，节日期间负责斟酒。

日纹——节日期间来管挑水供大家用。

亳罗——负责牵祭牲到祭场。

且司——祭祀队伍的开路人。

施玛——节日期间指挥打猎的人。

阿那玛——节日期间负责做饭。

阿那杂——做饭时当助手。

以上这些神职人员的称谓是用彝语世世代代沿袭传递下来的。神职人员的分工则是用树枝或草杆做占卜工具，一把撒下后，按各种卜姿的差异来解释定夺职务，真是卜象面前人人平等。职务卜定之后由"密枝翁玛"召集全体入选人员开会，磋商筹备节日的有关事宜，如按户头筹措费用、买祭牲等等。

五　祭牲与饮食

族人村民凑钱买一只纯白健壮的绵羊和其他食品，祭密枝活动中使用的盆、碗、勺、杯用"尼乃"木制作。据说，这些是山地民族最初使用的这类木制品。主要食物由组织者来做，多为羊肉、芋头等，老鼠豆必不可少。据说这几种食物是远故祖先过密枝的必备食品。

六　活动内容

1. 清理和布置祭场

节祭活动前，密枝翁和全体负责人到密枝林清扫干净，请毕摩祭司念经，驱赶不吉利的一切，在一棵高大苍劲的神树下布置神堂。神堂顶部插枝、放置缠彩绸鹅卵石和小石虎，象征林神、地神、祖神。神堂前供上狩猎用的工具和用木盅、木碗装着的肉食水酒等。祭密枝神时祭品是荞麦疙瘩和豆类及羊肉。

2. 祭献密枝神

晨曦微露，全体神职人员集中在"密枝翁玛"家，到天色大亮时，已整装待发的神职人员在"阿格！阿格！"的喧闹声中浩浩荡荡地开进密枝林，入林后即各尽其责，然后按各自的分工，忙着挑水、烧火、杀牲、煮饭做菜。

3. 互相咒骂

入林之后，所有参祭者男子可以随便喊叫谩骂，平时在村里不准说或不敢说的话都可以说，同时，可以破例在林里捕雀狩猎。下午，他们在密枝林旁做晚饭，一边象征劳作，一边痛骂组织者，挨骂最多的是主持者（密枝翁玛），既可以痛骂他人，也可以痛骂他的家庭成员乃至祖宗三代。即使侮辱他们组织者的人格以取乐也可以；遭谩骂的组织者总是笑脸相迎，以酒相敬，不能流露出半点不愉快的情绪，认为组织者此时此刻已经异化为族人男子的对立物了，组织者完全成为了族人男子宣泄的靶子。甚至吃饭时可以尽情嬉闹乃至忘情地跳到别人的背上捉弄对方，即使偶有越轨犯规也不在指责之例。

图6-32　祭密枝林

图6-33　密枝林聚餐

4. 攻击"密枝翁玛"

在密枝林里吃过晚饭，参祭的族人男子骂骂咧咧、喊喊叫叫地回到村寨，各自把家具送回家后又会聚在一堂围攻"密枝翁玛"，面对男子们的无情攻击，其赶紧陪笑，抬出米酒来向族人男子敬酒，一时间情绪欢腾，高潮迭起。一直欢闹到翌日黎明。

5. 祭供"龙背袋"

当地彝族民间有一句俗话："屋里不供龙背袋，不算真正的彝族人。"在他们的心目中，龙背袋是五谷六畜的保护神。"龙背袋"之俗彝族还有很多传说由来，在这辑录两则，以飨读者。

传说之一：

相传古时候，彝家有个勤劳忠厚的后生，家里很穷。20多岁还单身一人。一天他挑水时带回一条金鲤鱼，就放在水缸中养起来。过了不久，屋里出现了稀奇事。每当后生做活归来，屋里总是收拾得干干净净，饭熟菜香，他询问邻居，都说不知道。第二天他假装下地了，又悄悄返回潜到屋后偷看，晌午时分，只见水缸里金光一闪，现出一个俏生生的彝家姑娘，动手为他烧火做饭。后生一步跳进去，紧紧抓住她的花腰带，向她求婚。姑娘含羞地答应了，但提出一个要求：无论在任何情况下都不能骂她"臭鱼"，后生赌咒答应。原来姑娘是龙王的女儿。婚后，他们相亲相爱，共生下九个儿子，龙女又到龙宫中带回了宝葫芦。在宝葫芦的帮助下，彝家牛羊成群，猪肥马壮，五谷丰登，过上幸福生活。一次龙女与丈夫争吵，丈夫不守诺言，骂妻子"臭鱼"，龙女一怒之下，带宝葫芦回了龙宫，只留下她亲手编织的龙背袋。从此，彝家人为纪念"龙女"为民造福的成绩，就把龙背袋当作五谷六畜的保护神，永远供奉。即使家庭遭到火灾水灾或家中被抢劫，其他财产全部丢光都可以，惟独"龙背袋"不能遗失或损坏，可以说它是彝族撒尼颇和葛颇人家的一件宝贝。

传说之二：

从前一家老两口，生的一个姑娘，眉清目秀，心灵手巧，挑花刺绣样样会。她绣出来的花，能引来蝴蝶和蜜蜂；她唱的民歌，比山中画眉鸟唱得好听；她弹的口弦声传到小伙子耳朵里，小伙子们会忘记吸烟筒，忘记走路，甚至睡觉也会从梦中笑醒。她的才能和智慧，方圆几十里地方，没有哪一个小伙子比得赢她。多少伙子做梦都想娶她作自己的老婆。有一天，来了一个外地的小伙子，也是远近闻名的歌手，可他从小失去父母，家境贫穷，还没有觅得一个心爱的姑娘做伴。一天，他一边走一边唱山歌，不料一阵阵清脆的回唱。他和她一来二往，唱得很默契投入。傍晚，姑娘回到家，把羊关好，急急忙忙地扒了几口饭，把几个鸡蛋丢进锅里焖熟，然后把背袋拿来，舀了几勺荞疙瘩饭倒进背袋里，把煮熟的鸡蛋放进去，提着往寨子后面去了。

翌日之早，姑娘把昨夜和小伙子私订终身的事告诉阿妈，阿妈又转告阿爹。可阿爹不同意。后来，母女俩悄悄地商量，瞒着阿爹把姑娘嫁给小伙子。由于阿爹不喜欢这门亲事，所以也就没有给什么陪嫁的礼物。临走的时候，阿妈拿来一块麻布，缝了一个背袋。然后，悄悄地把"宝贝"装进去，扎还袋口，递给姑娘说道："阿因，这个'背袋'内装一些宝贝，到路上你千万不要把它打开，你拿回家后，把它挂起来，到明年春天，把它拿下来，把里面的宝贝种到地里，还要好好服侍耕耘，该收时，把它收回来，收藏好，年年如此，你们的日子就会幸福的。"姑娘和姑爷接过宝贝，并同阿妈告别，提着阿妈陪嫁的"背袋"就走了。小两口回到家，遵照阿妈的嘱咐，把宝贝挂起来，开始挖田种地，由于他俩精心管理，谷穗长得像马尾巴一样粗，荞子像小星星，苞谷像黄牛角一样粗大。小两口靠着阿妈给的"宝贝"，生活一天比一天好起来，收回的粮食吃也吃不完，鸡猪成群，牛羊遍坡，日子过得欢乐幸福。从此，彝族人家把"背龙袋"视为珍宝。所以，当地彝族男女青年只要真诚相爱，不必花费什么彩礼，也不必办什么酒席，就可以成婚。家庭再穷，只要小伙子勤劳勇敢，小姑娘心地善良，通过对歌，可以找到真心实意的姑娘。

背袋用洁白的麻线精心编织而成，形似挎包，长年悬挂在堂屋正中墙壁左侧，袋内五谷粮食及节日特意留下的鸡头、鸡脚骨头。用节祭活动中的饭菜祭献即可，全家磕头祈求人畜康泰，五谷丰登。

6. 狩猎渔集

第二天一早和其余六天里，族人男子或相邀上山狩猎，或约伴下河捕鱼，以免密枝林受鸟兽的糟蹋和侵害，但唯不准下田地劳作；族人女子亦可做针线活、洗衣物被盖，但也不能下田地干活。

7. 祭献小密枝

过了七天后，全体组织者前往"小密枝"里举行一次小型的祭献活动，表示一年一度的密枝节到此宣告结束。

第七章

祭龙神节

第一节　祭雌龙节[①]

一　流传地区和活动时间

祭雌龙节，主要流传并盛行在弥勒、泸西、开远及外州市石林、罗平、师宗等六市县自称阿哲颇的彝族地区。逢农历二月初一至初四活动。节期一般四天。

二　组织形式

各户出一成年男子，特别是男户主，在村中场子上杀三对公母鸡，取六对鸡股骨占卦选六位"赛默"[②]，即龙头。若选中的"龙头"，身患病，五官四肢有残者，或者年内家人病故者就不能担任"龙头"。这种人若选中，就要自持一市斤酒和一只公鸡另请他人代劳。而后确定厨师、帮手等。

三　节祭场地及设施

当地彝族的龙山，一般在村子后山顶上，山上原始森林茂密，松、栗、杉等乔木丛生挺立，藤蔓攀爬，四季碧绿。每年祭龙时，风儿沙沙，花儿芳香，百鸟争鸣，甚为清爽，如入道家仙境。以弥勒市巡检司镇核桃寨为例，龙山上选一棵黄栗树为雌龙神树，雌龙神树用石头围

---

①　本节摘引自师有福：《论龙图腾起源于女性生殖崇拜》，《红河民族研究》1989 年第 1 期，第 1—17 页。

②　赛默：彝语音译，专管祭祀活动的神职员。民主选举或鸡骨占卜测定，现多为轮流掌事。一年一期，三至五人一届。

砌，形成直径为 4 米余的圆周。在雌龙神树低处又选黄栗树为雄龙神树。两棵树都称为"毕栽"，意为神树。整个龙山上只有一个平整的草坪，可供奉祭品和人们就餐。场子中央有 6 米长 3 个大石板，作为杀猪鸡牲的地方，人们不能用脚踏。龙神树旁边无建筑物，属于露天祭坛。

凡祭雌龙活动的村寨，均说是早些年前，他们的雄龙被其他村寨偷走了，目前只有一个雌龙王了。雌龙一般以一个三棱鱼或螺形青石为代表，长 20—30 厘米，色灰白，面光滑。据寨老们说，鱼形或螺形石龙是古时候从祖先的居住地带来的。

四 活动内容

1. 祭前仪式

（1）找水

祭龙时用来洗龙和祭祀的水，必须在大年初一全村出猎时由"赛默"持葫芦去取别村的龙潭水或山泉水，俗称"偷水"。偷水时不能被别村的人发现，不能让女人知道。路上不许打开解渴，任何人不得寻问这水取于何处。因此，找水时"赛默"都用披盖上蓑衣的方式来遮水。水取回，珍藏于卧室里，到祭龙时拿出来使用。

图 7 - 1　祭龙神队伍入龙树林

（2）钻木取火

钻木取火是祭龙习俗中一项严肃认真而又艰苦的仪式。祭龙的当天中午，所有参祭人在"赛默"们的安排下，把砍来的一棵直径约 200 厘米的干黄栗树，在中间凿一个直径为 20 厘米，深 10 厘米的洞。又取一根干麻栗树作杵，放在洞内不停地冲、钻、撞、转等动作，直到钻出火星火烟能用火草引燃止。这火就是用来加工熟祭品的。

现在，多数彝村已经没有保持这个繁重的仪式，大都由"赛默"们到自家里用火盆抬栗炭火的办法代替。

（3）扎龙门

龙门是指"赛默"临时用黄栗、藤条、尖刀草、桃枝、松毛和戈布树①搭成的凸弧形木条门。它扎在西边，距龙树约500厘米，共三道，各道间隔200厘米许。居住在建水市甸尾乡一带自称尼苏颇的彝族，割来黄栗树叶、山叶藤、芦苇、尖刀草等，选派两个未婚男青年以尖刀草反搓成绳子，赤脚、闭眼把割来的树枝叶捆在龙树腰部，俗称"结龙腰"。捆结龙腰后，鸣放鞭炮，以示扎龙门。

（4）青猪撞龙门

龙门扎好后，"赛默"赶着全村凑钱买的黑色雄猪（阉割过雌猪的也可以），预备冲过三道龙门关。旁边的人用火点着龙门上的干松毛。火烧得正旺时，便开始驱赶青猪撞龙门火关，其余的人在一片"龙来了，大雨下了"的喊声中用水快速泼熄龙门火，越快越好。进行这个仪式时，赶猪人切忌把猪放跑，或不入火门。青猪撞过火门后就拉到龙树正南大石板上，由毕摩祭司念《杀牲恕罪经》后进行宰杀。去毛前要先取猪扇骨作"龙阴"的造型物。

（5）洗龙

洗龙的人必须具备：有儿子、家庭和睦、夫妻健在；三年内未出现过人畜死亡现象。他可以连年接任。这个仪式开始前毕摩祭司要念《取龙经》，洗龙人用烧红的六个小石灰石在龙宫前汲水念诀。尔后又取白酒和找回的水洗手。这时洗龙人开始双膝跪在龙宫前，先磕三个头，再跪而取龙。他把取出的龙放在龙宫左侧松毛上，又拿刺黄栗做成的钉耙清理宫内杂物。待清完，又放松毛以铺宫内。龙宫清理工作结束时，毕摩祭司开始念起《洗龙经》，洗龙人左手托龙，右手用松毛点水和白酒汁按首尾顺序洗龙。之后双手托着洁白的龙向神树磕三个头，才把龙放

---

① 俗称细杜鹃花，音译。灌木，丛生，长在海拔1800米以上的高山丛林当阳地带。高100—200厘米，叶椭圆对生，花浅红，瓣细，果丛生，呈红白色，熟后红，根可入药。

入宫内；关好龙门再磕三个头。

龙门紧闭后，洗龙人把栗树枝、松枝和芦苇节插在龙宫两边。空心树蕊①做成的太阳月亮放于左右，刺黄栗做的钉耙摆在中间。

（6）造龙生殖器

龙生殖器一般称为"龙阴"。龙阴须由有儿孙的长老们来造型，他们顺龙生殖器部位上方围上7—9根的长芦苇，拿来带有血迹的猪扇骨扎在芦苇上做内阴，用红绿两色线绑好的鸡腿骨拴在猪扇骨上做外阴。再取松毛栗枝遮蔽其上，形成阴毛。

总之，取龙、洗龙和龙生殖的造型仪式很严肃，禁止出现说脏话、放屁、解便的情况，不能有哭、骂、笑、哼、吟等声音。

（7）祭物和祭品的摆放

祭物有：松、栗、芦苇、刺黄栗、水等。参祭人共同把龙树周围整平，拔去杂草树叶，用松毛厚垫，一部分人用装有松毛和水的苇节插在龙树内周，去皮后的小栗树枝丫（只能用三丫或三丫以上的树枝）插在外周，形成内绿外白的两道圆周。

祭品有：生猪血、猪头、猪左脚、鸡、酒、米、甜白酒、米团等。猪左脚用于次日祭雄龙树，其余均为当日的祭品。

祭品按猪头在前、香火放两边、酒肉米白酒在后的顺序装在木制托盘内，摆在龙宫前，让洗龙人磕头献祭。这时已开始进入祭祀程序了。

2. 祭雌龙

（1）送米团

祭前工作准备就绪后，"赛默"们把夹生饭捏成米团，另加一小块生猪肉，送到各家各户的供桌左边，以示"家祭"和祈求五谷丰登、六畜兴旺。米团要供祭两天。

（2）撒米

撒米就是所有参祭人围着龙树磕头跪拜，拿帽、衣角，手接"赛默"撒下的米。"赛默"们用一个绿色土碗装着米，边念口诀边围绕龙树把米撒向四周。其口诀大意是：

_____

① 彝语称"夺夺"，小乔木，长于深箐阴湿之地。高200—300厘米，叶宽茎直，皮质软，有韧性。蕊白，取之表示日月作祭。此树根可入药。

今年是吉年，今月是吉月，今日是吉日。龙种啊龙种，护佑该村民，生活更幸福。

今撒天神米，一把赐老鼠，别害我庄稼。一把给貂鼠，莫偷我庄稼。一把给雀鸟，别啄我庄稼。一把给地神，看护我庄稼。

据传，参祭人接的米越多，当年的粮食收成就越好。

（3）会餐

会餐是参祭人在龙树周围，以松毛铺垫，席地而坐，共同吃那些供给龙种享受而剩下的食物。会餐时的部分酒和肉是头年祭龙后生得龙公子和龙公主的人家带来的。生龙公子的人家要带上一个猪头（有的牵上一头猪）和六公斤酒；生龙公主的人家则只拿一只鸡和部分酒。因此，祭龙会餐时有醇香米酒、红烧猪排、香油爆鸡、嫩鲜猪脊肉等。老者先饮，少壮后举杯。在酒席上谈论以农事活动为中心的种植稻谷、管理风水林木等事项。

（4）与龙交配

参祭人与龙交配是一项很严肃的仪式。这个仪式先由洗龙人向龙阴作揖磕三个头后，手捧绿色猪血碗（红色猪血表示精液）跪地撒向龙生殖器。在半明半暗的火光映照下，所有参祭人依次行事，但无配偶（或死或离婚）和未婚男青年不得行这个礼，人们在严肃认真地与龙"交配"时，旁边的人不能用火直射龙阴。

据当地彝老讲，彝族是龙子龙孙，不与龙交配，人丁不兴旺，六畜不发展。因此，为了保持从天上传来的"尼颇"[①] 母亲的罗（龙）人血统就必须进行这项仪式。跪地磕头用双手捧着绿色猪血碗撒向龙生殖器的人们，如果撒中龙阴，让血从内阴滴出，就会生龙公子了。否则只有抱龙公主的希望。

（5）抢栗枝和芦苇节

与龙交配的仪式完毕，人们便开始哄抢插在龙树周围的栗枝和芦苇节，每人各摸一节。人们与龙发生性关系的结果，仅仅只能确定生龙公子或龙公主的一点成分。在暗淡的龙树下，如果摸着两叉的栗枝就会生

---

① 远古彝族自称尼颇，为天子之意。相传彝族是笃慕与天女仙婚配而传下来的。

公主，摸着三叉的就能背龙公子。但是，不论摸着哪样栗枝都不能更换，不能丢除，这时祭雌龙的仪式已完成。人们拿着栗枝带芦苇节和米，点上火把，由"赛默"带着大家大声叫喊"咪谷"、"咪谷"（种地），就把这些祭物拿回家放在供桌左方。

有趣的是，一些有经验的彝老早就在大年初一那天就把升子摆在供桌左则，内装谷子、钱，插上无火香。在正月某日听到雷声就把升子挪动一下。据说，正月第一次雷声后的108天才会有大雨（当地人叫谷雨）。因此，升子要供100多天。这个升子与从龙树边带来的祭物摆在一起。祭物只放16天。

3. 祭雄龙神

（1）祭雄龙树

祭雄龙时只有毕摩祭司和"赛默"参加。他们在龙树下，紧靠龙树的北方树根部搭一个小屋，名为靠"龙房"。龙房用栗、松、篾条等扎成高约200厘米、长约100厘米、宽为50厘米的小棚房。棚房内摆上头日杀好的猪前左膀，以及肉、米、酒等祭品。毕摩祭司开始念《祭神经》，书中主要记载：

> 请雾神德玉波（天之父）瘴仙达玉媄（地之母）和风、雨、雷、云、日、月、星等种。把诸神请下凡，享受祭品。然后各神按太一种策耿纪（也称策格兹）的意旨去管理事务，切莫发生妮玉（上古彝族首领）时代的江河干涸、湖泊断裂的事；也别出现阿普笃慕时代的洪水滔天的情况。保证生态平衡、人畜兴旺。

在当地彝族村寨，目前尚有个规矩：不盖龙屋，不得建人屋，包括修建人房或搭牛马鸡猪等厩都要在祭龙节后进行，正月内不得上房挪瓦动椽子。

祭献毕雄龙神，"赛默"向龙树磕头，然后把祭品抬到族庙内。

（2）念经祈禳

毕摩祭司行完祭雄龙的礼仪后，领着徒弟，带上《献祖经》，拿着铜铃手杖，按逆时针方向挨家挨户地把书念完。《献祖经》主要记述洪荒以前的神话，书中把远古祖先成客、非审、妮玉和笃慕等首领请出来

图7-2　杀猪牲

图7-3　参祭人狩猎队

享受祭品。念完后毕摩祭司用手杖朝天地戳三下，再举刀点四方，又用尖刀草桃枝向屋内四角旮旯扫打，边喷酒边念咒诀：

> 献献献！某氏祖宗东来东去、南来南去、西来西去、北来北去。今日已献完，保佑你子孙福寿无疆，人丁兴旺。去去去！天神策耿纪，①　地神亥多番，②　领着诸神去。东方神赛颇（男）、东方神赛媖（女），南方番赛颇、南方番赛媖，西方添赛颇、西方添赛媖，北方格赛颇、北方格赛媖，③　请——请——。各走各的路，各回各去处，请……

毕摩祭司念诵《祭祖经》时，祭品摆在门内边，左手拿经书右手持法铃，面对祭品朝门外把经书念完。切忌朝内念经。

（3）飞剑斩魔

飞剑斩魔队是紧跟毕摩祭司的队伍，他们由村内青少年组成，各自手持"特萨莫树"④ 削成的剑、棒、戟、刀等武器，口中高声呼喊"咪谷"（种地），对毕摩祭司念过经书的家门进行朝内外乱砍。据说这样

---

①　策耿纪：简称耿纪；或策格兹，简称格兹，彝语音译，为第二世太一种（第一世是莫玉）。管天上的种灵，居众神之首。据彝族历史文献《苏颇》一书载，此种为远古彝族父系首领非审的化身。

②　亥多番：也称黑夺芳，简称朔芳，彝语音译，是四方八神的首领，策耿纪政权的支柱。

③　这八神通称四方八大神。由男女二神各主一方，有的彝书也称之为四方主种。八神受地神亥多番直接司管。

④　特萨莫树：彝语音译。乔木，高2—7米，多生长在海拔1800米左右的箐林潮湿坡地。叶软对生，嫩时浅红，形似椿业，茎直，皮灰黑，质白，蕊微黄。烧成碳粉，可配制火药。

才能驱逐鬼怪恶魔。但是，重病缠身或坐月子的人家就免了此俗。

毕摩祭司和斩魔队到哪家，哪家就要取出醇香的甜白酒来招待。

（4）敬送日月

毕摩祭司挨家挨户念完《祭祖经》后，就带上自己的徒弟和洗龙人，把第一天摆在雌龙宫两边的用空心树蕊做成的日月和钉耙用尖刀草拴着送到离村一公里远的西边大麻栗树根内挖埋好。弥勒市巡检司镇核桃寨村封这棵树为西方神树，每年祭龙时都把日月放进那里，以此方式祈求日月周循四时更序，天地稳定，人畜康乐。

（5）安扎寨门

寨门共扎四个，由"赛默"负责。寨门分别扎在东西南北四条入村大路上。它是用两根栗树或松树作柱，拿麻绳和草绳把斩鬼队的一部分刀、剑、戟编绑在上边，形成上有武器倒挂的"门"字形。近几年只扎东北西三道了。这种寨门，一般的作用解释为"镇恶鬼，保护村内平安"。

（6）送祖还源

两天的祭龙大典仪式已完成，黄昏时分毕摩祭司带上一个徒弟、一位厨师，到离村约1000米的北方大路口寨门处，摆下用尖刀草扎成的三脚草人，上放四炷香和一个绿碗，碗内盛有酒、肉、米等祭品。厨师杀鸡煮焖锅饭，毕摩祭司摇铃念诵《送祖经》。

图7-4　钻木取火种　　　　　　　　图7-5　祭送火神

《送祖经》主要记载了远古彝族社会里，在君王额氏、非审、成客时代，人类已跨入军事联盟时期，进入了发达的部落结盟阶段，并且地域辽阔，人丁繁盛的情境。书中还说，到了第三次洪水笃慕时代，人们避洪水分支迁徙的历史。最后把远祖和村内各家族的祖先指明归到默力阿侯审（金沙江一带），至成客君王的原居地。

据考，成客生于四川冕宁县内的帝高阳，额氏和非审（非审后来神话成策联纪）不知是何时代的人。据彝族历史文献《苏颇》中所载：额氏的毕摩祭司是侯荣；非审的毕摩祭司是妮全，大臣是柯西；成客的毕摩祭司是施乍，大臣是比尔。弥勒市巡检司镇核桃寨刘春才毕摩祭司说：彝族六祖分支时是在一个大山平川内，到处长满尖刀草的地方分支的。在那里举行了三天三夜的分支大典，尖刀草被踏平。人们为了纪念这一次人类历史上的壮举，遂扎草人代替祖先，以便送归。

（7）吃稀饭，怀念远祖

祭雌龙时每户只有一个成年男子参加，祭雄龙和祖庙，全村人都要参加。人们各自行完礼仪后，太阳落山时全村人就在祖庙内吃饭，所用的饭菜也只能在祖庙内煮。

送祖结束，全村人在祖庙内吃稀饭，杂有夹生饭更好。据说，宗族分支迁徙时，由于生活所迫是吃这样的夹生饭。他们长途跋涉，开辟耕耘，为现在的人类文明打下了基础。

吃饭时，话题以评论本届"赛默"对职责的完成情况和保护龙树以及风水树林的功过是非为主，"赛默"也可以辩论。同时选举下届"赛默"。有时围绕乡规民约，直接指责违规者，严重的将由"赛默"督促执行赔偿，也可以指名道姓批评村委会成员，提出村长的错误。这里充满了宗教性的民主，体现了一个古老民族的宗教政治管理形式。

五　禁忌

首先，祭龙当天开始至第三天，不准上山砍柴火、垦荒，女人不能进龙山。祭前头一天，全村男人进龙山后清除烧毁朽木枯草，龙树周围10米内不许有火，以保龙树林木四季常青。

其次，祭龙时，别寨的人不能踏进村子（新中国成立前，各彝族村都有绕道），更不许抬尸、拉牛、牵羊过村庄。违规规矩者被视为踏坏祭龙活动。在新中国成立前，如果出现这种情况，违规者须带上所用祭品向被违规的村子赔礼挂红，重新让村内长老行祭龙小礼。违命不从者，被踏坏祭坛的村内长老和"赛默"会向违规者村内"赛默"提出抗议和处罚条件。为了保持民族规矩，违者将按条件受到本村"赛默"的处理。

其三，没有男子的家庭不得参加祭雌龙活动。有男婴的家庭，只能委托亲友把他背进龙山磕头行礼。

其四，祭龙时切忌发丧和举行婚礼。祭龙前（正月内）不能建、修、移动房屋、禽圈畜厩，不允许挖地基、砌石脚、炸石等。

其五，参祭人不能穿红白二色的衣服。

其六，祭龙不论杀猪宰鸡或砍削植物都一律用左手持刀。

六　彝族原始图腾的象征意义

1. 葫芦：男性生殖器的象征

在此我们说葫芦是男性生殖器的象征，未免有点儿勉强。现代社会学界，不少学者引经稽典得出葫芦是象征女性的观点。在中国各民族中，人从葫芦里来的神话已成家喻户晓之事。特别是彝、土家、白、瑶、纳西等民族的口传和典籍中记载得比较明确具体。彝族历史文献《洪水泛滥》中说：

> 唯独那穷人，取来三种蜡，封住葫芦口，藏在葫芦中。洪水漫天涯，穷人安无恙，葫芦顺水漂……地上的人种，留着笃慕在，葫芦碰树丫，落在茅草丛。

远古洪荒时代，由于人间失礼，遭受天神派玉虬放龙水湮没。只有憨厚、诚实、善良的笃慕受到神的保佑指点后，躲在葫芦中漂洋过海得以生存。这个洪荒时代的神话，很可能确有人类为了避洪水而用葫芦作舟的事实，《庄子·避连游》中记：

> 惠子谓庄子曰。魏王贻我大瓠之种。我树之成，而实五石。以盛水浆，其坚不能自举也。剖之以为瓢，则瓠落无所容。

战国时，梁惠王赐瓠种予宋人惠施（梁国相）的故事，可以证实，人类在洪荒时代肯定有用葫芦作舟的情况，只因自然变化，今天的葫芦变小了。

葫芦不仅形似于男阴，葫芦作为特定时期的图腾，在中国远古史

上，它是父系氏族战胜母系氏族后确立的新图腾。《诗·大·雅·
緜》载：

> 绵绵瓜瓞，民之初生，自土沮漆。
> 古公亶父，陶复陶穴，未有家室。

诗中说，民源于瓜瓞（葫芦）之中，而"古公亶父"时代，"未有
家室"，以穴岩为居。

进入父系社会后，由于代表男性图腾的葫芦取代了表现女性的娃、
鱼等水生动物图腾，葫芦便与祖先同等了。今天，彝族在祭龙时，用葫
芦取水，远祖大典时用葫芦装水送祖魂的仪式体现了葫芦作为男性的象
征。在哀牢山区的一部分彝族，至今用葫芦作祖灵供祭在供桌左则。

《国语·楚语》：

> 先君庄王为匏居之台，高不过望国氛。

也就是说，楚庄王建造匏居之台是仿照供置葫芦施灵的供台。

《礼记·郊特性》：

> 陶匏以象天地之性。

《晋书·礼志》则言：

> 材器用陶匏，事退其始，故配以远姐。

闻一多先生在《伏羲考》中说：

> 伏羲是葫芦的化身。

伏羲时代，男权制已战胜了女权制，随之确立了葫芦图腾，使代表
女性的娃、鱼等图腾降于次要的地位。从伏羲八卦的配置方式上看，这

图7-6　弥勒市彝族祭拜龙神

图7-7　祭龙中耍（母）龙

种社会权力的根本变更和男性地位的确立更加系统化、合理化、哲学化了。在此不作详述。

葫芦代表男祖的情况，在彝语、哈尼语中仍然保存下来。绿春县哈尼族称葫芦为"哈普"，彝语为"阿普"，与男祖的"帕"相同。因此，从汉文文献与彝族习俗和语词结构形式来看，葫芦图腾是在母系氏族社会解体后出现的新图腾，它是男子在经济和政治上占统治地位的具体表现。

2. 栗树：母性灵魂之所在

在母系氏族时期，人们的主要生活是依靠女子采摘的果实，妇女们为了求得生存和养育儿女，不怕树高岩陡，攀爬在大树上。哪怕是风雨雷电间，也为寻找食物而奔忙。

在那漫长的母系社会，母亲的劳动感动了儿女们，年复一年地开花结果的树，对母系社会的人来说是一种天神赐予的东西。人们对树的崇拜慢慢地萌发起来。为生存而不畏艰险地采摘果子的女人，在初民心目中，她们这种高技能的攀爬技术受到人们的敬佩。从以母系血缘为纽带的社全结构和女人自身的经济创造手段，她们自然地变成了儿女心目中的伟人。

红河县彝族哈尼族民间流传的《祭母习俗歌》中曾经有一段描述：

　　　远古时，一个不孝的从小失父的儿子每天虐待打骂母亲。一日，他在犁地，地旁见一窝小鸟张口等待母鸟抬来的食物。他倍受感动，忽转身见母背饭来给他吃。他捏着赶牛鞭，张着大口跑向母亲。母亲着慌了。怕一场无辜的殴打又降临于头上。于是她放下背箩，跳进深箐。只听一声惨叫，母亲的肚子被树桩戳通，鲜红的血肠挂在树桩上。儿子看到母亲的惨死，忏悔自己的过失，为了表明改过前非，他把那树桩挖回来供在堂屋左则。灵位就这样出现了。

这个具有伦理性的故事，包含着初民在采摘时发现了母亲的伟大。而一年一次开花结果并能充饥的树，成为人们思考的对象。人类童年时代，女性每月一次的红潮后能怀孕，联想起一年春风开一次花后结果的树木。在果实累累的树下，在人丁众多围聚的母系大家庭内，树作为女性灵魂的代表物就这样受到人们崇拜了。

为了发展对树的崇拜，让大自然赐予更多的食物，以及巩固女性的统治地位。人们把树变成龙，变成母体的化身，赤裸裸地把女性生殖器搬到栗树上，给男人们祭拜，以祈求人类像果树一样结果传种。

3. 石头：男性睾丸的代表

在母系社会中，树代表女性。但仅仅只祭女性的树还达不到子孙繁衍的目的。在他们的具体活动时，在人类赖以传种的阴阳两性中，他们把表示男性睾丸的石头作为龙的组成部分放在龙树下，以达到"下种"的目的。汉文史籍中不仅有标志父系社会的葫芦图腾，而且还有体现男性生理机能器官的睾丸代表物——石头或蛋。

《淮南子·修务训》载：

> 禹生于石。

《汉书·武帝帝纪》载：

> 元封元年（公元前110年），登礼中涤，见夏后启母石。

注引《淮南子》说：

> 涂山氏化为石，石破生启。

可见，在夏时代表男性的石图腾是较为盛行的。《竹书纪年》载：

> 简狄吞玄鸟之卵而生契。

以男性崇拜为基础的"石破生启"故事，直接影响了中国的文化。《西游记》中孙悟空被压在五指山大岩下，《红楼梦》里的石头记等，无不以精彩的神性笔墨感染着读者。

石代表男性睾丸，在彝族祭龙习俗中表现得较具体。1987 年著名民族学专家于锦锈先生在调查石林县蒲草村彝族祭龙时曾说过这么一段话：

> "密枝"神以一块黄色鹅卵石代表，放在密枝林中一棵"神树"（神位标志）前石洞中。本村"密枝"林位于村东南五里的山坡上，村头另有一棵孤立的"神树"称为小"密枝"（林），但非树林，也代表"密枝"神位，为送"密枝"神归去的祭场。

4. 蛙：人类的远亲

蛙曾作为亚氏族的图腾，但它没有发展变化成代表大氏族的图腾。因此，在现今习俗与史籍对于蛙的崇拜是不明显的。人类与动物界分开之后，在探寻远祖起源的活动中，出现了永生万物的观念。滇东南弥勒市彝族历史文献古籍《祭祖圣歌》中载：

> 世间的一切，天神来安排。古书有记载，动物分开时，顺序这样排：一是水中虫，二是水中鱼，三是水中蛙，四是娃娃鱼，五是黑石蚌，六是小青蛙，七是大蛤蟆，八是千脚虫，九是黄蚂蚱，十是走兽物。
> ……
> 一是水中虫，二是小虾虫，三是虾巴冲，四是小蜻蜓，五是玉蝴蝶，六是绿蜻蜓，七是飞蚂蚁，八是小萤虫，九是蜂子出，十是飞禽生。

　　彝族古代演化论认为，人兽不分的时代，所有的禽兽动物的祖籍都是水生物。因此，这个自我源的发现，开创了进化论的学说。而世居在湖泊星罗棋布、河流纵横交错的古滇彝人先民，他们在渔猎生活中，蛙可以帮助他们了解气候的变化，能间接地借助蛙来分清水的深浅、捕鱼的多寡，它们的惊叫耳声还能告诉毒蛇的有无。

　　彝族先民们把蛙看作是动物和人类的远亲，并非以它对人类有作用为尺度，更主要的是从体型结构上看，蛙的手脚比起其他动物更接近于人。人们从排卵产子的蛙联想得出了水生万物的结论。因此，人们对蛙的崇拜不属于生殖崇拜的范畴，而是人类自我的认识，是对人类发展演变史作一个大胆探索的过程。

　　5. 蛇：男根的体现

　　雌雄二性是万物产生的基础，任何动物（或植物的花）都具有性相合而生育的自然功能。人类从动物界中分开来之后就出现了"种"的概念。进入氏族时期，就把雄性生殖器睾丸说成石、蛋或鸟卵，以示区别于雌性的生理器官。

　　蒙昧时代，人们为了满足性的欲望而交配，而性欲与生育愿望是截然不同的。人类从群居到氏族阶段发现了种的繁衍特性。这个人类之种即为男根。他们把冬眠春醒的蛇代表男根，进行崇拜。但蛇没有发展到代表氏族徽记的图腾。今彝语中，"种子、蛇、金"为"shi"，这仅仅说明，在彝族先民中蛇曾经代表过具有种子性能的男性生殖器。

　　由于彝族社会中，代表女性的龙图腾始终占有重要的地位，它是整个民族的图腾中心。只有表示男性睾丸的石与龙（树）的地位相等，在崇拜的祭典仪式上，石头也是处于次要的地位。中原华夏则从蛇、蜥蜴象征男根变成了"能合能散"、"唯不可见"、"幻而不可测"（《王临州集·龙赋》）的神秘物——龙。

　　6. 鸟：男性生殖的代表

　　进入父系社会后，彝族把葫芦、鸟、蛇作为男性的代表加以崇拜。但这些被崇拜的对象，只有葫芦和鸟变成了代表氏族的图腾。鸟属于男性的象征，这在汉文史籍中有"玄鸟降而生商"的记载。

　　彝族历史文献《苏颇》里说：彝族在远古自然崇拜的时代，主要祭祀鸟（鹭鹰）和太阳月亮。太阳象征女性（今西南各民族的口头文学中太阳为女性），月亮和鸟为男性。书中还有托日而行的太阳鸟"妮能亥妮诺"，与汉书中三足鸟相同，当为男性的象征物。

到了彝族原始宗教从纯自然崇拜达到具有天人合一的人为宗教时（祭祖庙中的超度仪式），人们在祭丧时把死者躯体奉献给代表太阳鸟的鹰，让其啄食，以求死者的灵魂能进入天国受审后转归远祖魂。

彝族古籍文献中太阳和虎表示女性。由此演化出太阳与虎为阴性，鸟和月亮为阳性的原始哲学观。这个雌雄造化万物的观念和图腾直接导致了彝族"罗（虎）部族"的分开，又从各种演生图腾上出现了彝族支系的变化。大约在春秋时期，占多数的以鸟为图腾的"妮部族"以滇池为中心，"罗部族"以滇西为中心，变成了两个大的彝族支系，这个支系的演化与彝族从母体崇拜中的龙衍生出来的鸟虎图腾有关系。

总而言之，龙图腾及其祭龙神的影响可谓大矣，在中国历史的发展上随时都有它的影子。而龙图腾演变成为鱼、鸟、蛇、虎、蜥蜴、石等的混合物，这个混合图腾的出现带来了华夏文明，对它的研究有助于全面揭开中国远古文化的面目。以汉文和彝族历史文献来考稽，龙图腾的发源地当为金沙江流域。这就可以证明，金沙江是远古母系社会的摇篮，而长江和黄河是中国文明的摇篮。

当今中国国民的心目中，中原华夏后裔，由于几千年来龙作为威严与地位的象征，谈龙似有叶公的心理。在古滇国的后裔之一的彝族心里，龙是最亲切、最可敬可爱的东西。因为它可以赐给人类龙公子和龙公主，也能帮助人类保护自然，使人类在四时更序、风和雨顺的年代中过好安乐的日子。

第二节　祭雄龙节①

一　流传地区和活动时间

祭雄龙节的流传地区和活动时间与祭雌龙节相同，在此不再赘述。

---

① 本节摘引自张玫：《彝族阿哲人祭龙仪式的文化内涵探析》，《彝族文化》2013年第1期，第56—64页。

只是祭祀的对象不同而言，也就是说，祭雌龙活动的村寨以祭雌龙为主，祭雄龙活动为辅。反之亦然。但祭祀目的都是祈求风调雨顺、五谷丰登、趋福避邪。

二　组织形式

1. 祭主——全体村民

"祭主"是莫斯和于贝利提出的一个概念，他们把"献祭的益处所归属的主体或享受献祭效果的主体称为祭主。这个主体有时是一个个体，有时是一个集体——一个家庭，一个氏族，一个部落，一个民族，或一个秘密会社"。① 按照当地彝族的传统习俗，祭龙活动的部分仪式是不允许妇女参与和旁观的，而祭祀龙女的仪式则拒绝男性的参与和旁观，如有违犯，将受到女性的戏弄。除此之外，每家每户都必须有代表参加。即使有部分仪式有严格的性别划分，但他（她）们仍然是祭龙仪式的祭主，因为祭龙的主要目的是为了祈求风调雨顺、五谷丰登、趋福避邪、祈福禳灾，保佑全村人幸福平安。从这个层面上说，全体村民都是祭龙仪式所带来的益处的归属主体。此外，弥勒市陶瓦村彝族祭龙仪式还具有强制性，即每家每户都必须要有代表参加，否则，将受到村落集体舆论的谴责和批评。

2. 助祭人——"龙头"

"龙头"是主持祭龙仪式的人，也是从事整个祭龙活动的助祭人。弥勒市陶瓦彝族阿哲颇的祭龙仪式中，"龙头"的选择有严格的仪式和仪规，而选择"龙头"，也是祭龙仪式的开端。"龙头"必须是村中年龄60岁以上的男性老者，作为祭龙仪式的主祭人。"龙头"的任务在祭龙仪式上执行最重要的职责——抱龙、洗龙、安龙宫。

三　节祭场地

任何宗教仪式都必须在特定的场所举行，且祭祀仪式的地点必须是神圣的。弥勒市陶瓦彝族阿哲颇举行祭龙仪式的场所被称为"龙树

---

① ［法］马塞尔·莫斯、昂利·于贝利：《巫术的一般理论献祭的性质与功能》，杨渝东、梁永佳、赵丙祥译，广西师范大学出版社2007年版，第179页。

林"。"龙树林"位于村寨后山腰上，他们认为这支地脉即"龙脉"。"龙树"是"龙树林"中一棵枝繁叶茂、挺拔、苍劲的麻栗古树，即彝文经典中所记载的黄栗树，树高约15米，根部庞大，树下即"龙神"的"龙宫"，龙宫设在朝向村落方向的树根部。关于"龙树林"，弥勒市陶瓦彝族村中还有一个凄美动人的传说：

龙树林里的这个水塘叫绿水塘，以前，在这水塘边的龙树林里，住着一个无亲无故的猎人，猎人每日上山打猎，自给自足。而这片山林绿树成荫，青山绿水掩映，各色杜鹃花、杏花、桃花开得繁盛，让人流连忘返。有一日，一位女子游玩到此，心醉于此地美景，不知不觉至天黑难行，无法归家，只得四处寻找落脚的住处。远远看见炊烟袅袅，寻迹而来，终至猎人住处。女子想要向猎人求借宿一晚，还未敲门，猎人饲养的猎狗闻声而动，受惊的女子在逃离时不小心摔倒在地。猎人见女子昏迷未醒，只得将她带回家中照料。女子一边留在猎人家养伤，一边欣赏山中美景，闲暇时帮猎人料理家务。日复一日，二人日久生情，龙女便留下与猎人共组家庭，与他生儿育女。后来女子的父亲寻得女儿踪迹，派了虾兵蟹将前来寻找女儿。龙女不忍弃丈夫、儿女而去，却仍旧被虾兵蟹将带回龙宫。猎人狩猎归来却不见妻子，而自己的猎狗也不见了踪影。失去爱妻的猎人伤心欲绝，却不知是何人抢走妻子，后来听人提起，他的妻子并不是人，而是龙宫中的龙女。她厌倦了龙宫中的生活，所以来到人世间。虾兵蟹将们来寻找龙女时，见猎人家的猎狗凶猛异常，便将猎狗诱骗至山的另一边杀了。直到现在，那个地方仍被称作杀狗坡，也只在那里杀狗，决不能带至家中宰杀。龙女被带回龙宫以后，因思念丈夫儿女，日日以泪洗面，终至流出血泪，后来化作一块巨石，他们称这为"石头箐"。而失去妻子的猎人也化作一块高耸的石头，而他们的儿女则成为无家可归的孩子，进入村寨挨家挨户寻找父母的踪迹，并四处咨询："我妈妈回来没有，我妈妈回来没有，妈妈，你回来没有？"肚子饿时只能哭喊："我要吃饭，我要吃蚂蚁饭，我要吃蚂蚁蛋，我要吃饭，我肚子好饿！我们没有东西吃，妈妈什么时候回来！"村子里的好心人向龙女的孩子答道："你妈妈不在我家，你们再到别家问问！"他们不忍看可怜孩子忍饥挨饿。孩子每到一户，主人都会张罗饭菜给孩子充饥。这样过了不知多少年，孩子们吃着百家饭逐渐长大成人。突然有一年，龙女在杜鹃盛开的二月初一偷偷现身，回来看望失散的亲人。

"龙树林"是当地村寨最为神圣的地方，有许多不允许任何人侵犯的禁忌，如禁止在绿水塘洗衣洗澡，祭龙结束后三天内禁止进入龙树林、禁止砍伐龙树林中树木以免冒犯龙神等。这些禁止措施的施行，客观上保护了村寨里的风水林，达到了人与自然的和谐共生。

四　祭祀牺牲

任何的宗教仪式中，都必须要有牺牲，在仪式中，牺牲被神圣化。在当地彝族的祭雄龙仪式中，最为重要的牺牲是一头纯黑毛猪，猪头顶上不能有凹陷。在祭雄龙仪式前几天，村寨中的长老、毕摩祭司等会动员全村群众捐献财物、米、腊肉等作为祭龙仪式所需的物资。

五　活动内容

1. 打鸡卦，选龙头

农历正月三十日午饭后，60岁以上的男性老者在长老的带领下，一行13人来到龙山脚背阴处，在山神树——一棵大麻栗树下，长老们拔去树脚下的杂草树芽，拂去落叶，然后把地板藤拴在麻栗树离地面一米处，献上大红公鸡、米、酒，点燃香烛插在树根部。随后长老们靠东向西面朝麻栗树行三叩头仪式，口中念念有词：

> 明日要祭龙，请地板藤转告龙头，守好龙宫。

之后在大树下宰杀大红公鸡，将鸡血与鸡毛粘贴在地板藤之上，以示点灵和献牲。仪式结束。老人们按照惯例挖灶生火做饭，熬制鸡肉稀饭，筹备下一轮祭祀活动。

随后的祭祀仪式的祭品主要有鸡血蘸水（在碗里放半碗水、少量盐，将鸡血倒入碗中，待凝固以后与蒜泥、芫荽、盐、辣椒粉、煮熟的鸡杂等凉拌）、清水煮鸡、炒腊肉等。

祭品准备妥当以后，一行13人一字排开，向象征山神树的麻栗树献上祭品，燃香献酒，三叩九拜之后，将煮熟的公鸡股骨取出放在红木托盘中，按顺序开始占鸡卦，安排祭龙仪式的任务和分工。鸡卦在上下簸动中，只要有一根翻身，即说明被选中为"龙头"，成为当年的主祭人，"龙头"的任务是次日在祭龙仪式上抱龙、洗龙、安龙宫。其余11人按照鸡卦分别承担找祭品、挑水、煮饭、打扫等杂活。任务分配结束后，长老将鸡股骨插入捆在神树半腰的地板藤上，据说地板藤会将村人第二天将至龙山祭龙的消息传递给龙神，请龙神做好准备。任务分配结束以后，众人在树下分享祭品。

图7-8 毕摩祭司打鸡股骨卦   **图7-9 鸡股骨卦拴龙树**

夜幕降临，寨子中心的活动场所——篮球场灯火通明，女人们在排练葫芦舞。据说是为了迎接流离他乡的龙女的归来。

2. 祭祀猎神和钻木取火

二月初一，为弥勒市陶瓦彝村等祭雄龙仪式最为隆重的阶段。中午时分，祭祀猎神的青壮年们都躲到村西北的桃树林中，裸露全身，只用棕榈皮遮盖下身，腰挎葫芦，如同硕大的男根，披上树叶编织而成的蓑衣，在裸露在外的皮肤上画上龙、虎、鬼怪的模样，手持木制的刀、剑、戟等武器，伴随着一阵"窝嘀！窝嘀！"的喊声，青壮年们与祭龙求雨队伍一起，浩浩荡荡向龙山进发。

祭祀猎神的队伍进入龙树林以后的第一要务是模拟彝族历代先民狩猎的场景。青壮年们手持武器在龙树林中驱赶野兽，将一只公鸡作猎获状，扛出树林，然后钻木取火。这火就是祭龙时用来加工熟食的火种，到祭祀仪式结束以后，各家各户也将带上这个火种回家，作为一年的新火。

取火仪式结束以后，就用白椿树削成木刀杀鸡和猪，鸡是由祭祀猎神的队伍献祭给猎神树的祭品。猎神树离龙树 20 米处。将猎获的鸡烤熟以后，端到神树下献祭。祭毕，用石斧将鸡肉砍成小块，以供众人抢食。只留鸡头和鸡尾部分供奉神树，鸡嘴朝向村落方向。

3. 祭祀龙神

（1）搭建火门

拿到取火仪式中新生的火种后，老年人在请龙神的必经之路上建三道火门，每道火门上扎一把干松毛，下方放一个"撒米"木制的方框，方框内放一块烧红的石头。请龙的"龙头"从另外一条小路把龙请出，并为龙净身后，送龙回龙宫时必须从火门经过。此时，从旁协助的长老将火门点燃，以阻止邪气随龙进入龙山。

（2）搭建龙宫

"龙头"送龙回宫时，将龙放回原来的位置后，要在上面为龙重新建造龙宫。搭建龙宫的材料为：做围墙的剥皮松枝树杈、削斜口的芦苇节，芦苇节内装水（以示祈雨）后插入三棵松毛（以示插秧），松枝树杈、芦苇节、松毛等建龙宫的材料数量都有讲究。

（3）请龙神

"龙头"在主祭之前，须用清香树叶煮水净身，以驱除身上的邪祟，双手高举垫有松毛的红色木托盘，口中喊道："下雨了！下雨了！"走到龙树下取出龙。托盘中的松毛共有两把，三枝一把用蓝线扎紧，共有 99 根，代表男性；四枝一把的用红线捆紧，共有 88 根，代表女性，配成一公一母。托盘中又放糠皮树叶，再放黄栗树根夹住的白蕊盘代表太阳和芦苇夹成的白蕊盘代表月亮，并用刺黄栗树削成的小方盘。

"龙头"将龙取出来，跪地用米酒洗好以后又安放回龙宫。用麻线、三根一组的芦苇叶、将取出的猪膀骨、杀猪时用的木刀、刮盘等祭

图 7 - 10　生殖器造型

图 7 - 11　龙子龙孙

祀工具拴系在龙树上，加绕四圈，作为龙的生殖器，接受牺牲和供奉之礼。12 根芦苇代表一年 12 个月，月月风调雨顺；四圈芦苇，代表四季平安。

祭龙仪式结束以后，参与祭祀的人们席地坐成龙形，"龙头"坐首席，其下是参与请龙神的老年男子，再后是青壮年男子。在龙树下畅饮美酒，高唱敬酒歌。宴席结束以后，举行撒种仪式。"龙头"边喊"下雨了！下雨了！"边向四周人群撒种。人们用衣襟或帽子接"龙头"撒下的谷物种子。种子撒完以后，男人们高举火把，此起彼伏地喊叫着"种田了！种地了！"原路返回寨子，女人们则唱着欢快的歌欢迎男人们狩猎和祭龙凯旋。男人们把带来的火种齐聚一块，燃起熊熊篝火，全村男女老少围着篝火唱歌跳舞，直到深夜。歌舞结束，女主人取火种回家，作为一年的新火。

4. 小羊串门

次日晚饭后，毕摩祭司拎着口袋、提着葫芦，带领村寨中的孩子到各家各户串门，孩子们口中高喊："咪谷！咪谷！"（种地）挨家挨户讨要甜白酒。每到一户门前，"小羊"们大声叫着："今年雨水好，管好你家的田。"户主们则回应："是的！是的！"进门后，女主人取出自己酿的糯米甜白酒、糖果招待"小羊"。男主人则舀出一碗大米倒入毕摩祭司拎来的口袋中，毕摩祭司拿起葫芦倒一点水在主人家放在供桌上的碗里，再摘几片清香树叶在供桌上，口中念道："我送秧苗来你家田里了。"

如果"小羊"们串门时主人闭门不出，"小羊"们就会搬石头、抬木头、拉来荆棘堵住大门，以示对主人对神灵不尊的惩罚。

毕摩祭司从各家各户讨来的大米，将在第二天早上熬成稀饭，摆在村子院场上请"小羊"食用。毕摩祭司会在旁边喊着："'小羊'们快吃，快吃！吃饱了快快长大。""小羊"们则边吃边回应："吃呢！吃呢！"

5. 驱邪送火祟

祭雄龙活动结束的第二天，即农历二月初二，村中青壮年聚集起来，仍旧如头天一样彩绘身，举行送火祟①的仪式。送火祟，顾名思义，就是驱逐为害村寨的火之邪祟。

图7－12　毕摩祭司驱火祟之一　　　图7－13　毕摩祭司驱邪祟之二

初二正午，毕摩祭司披上法袍，手持法铃，怀抱大红公鸡，两名青年抬上"火祟"紧跟在毕摩祭司身后，其余青壮年全是涂满油彩，头上倒戴铁三角，脚上套着铁制犁铧，手持白椿树削成的木刀、木剑等武器，装扮成彝族古代战神阿龙的形象，跟随毕摩祭司挨家挨户进行驱火神仪式。出发前，毕摩祭司大声吟道：

　　　　今天日子好，时辰现在好，新房已盖好，新衣已缝好，琴弦送给你，歌手送你走，高兴你要走，不高兴也要走，神杖赶你走，神刀送你走。

　　　　……

————————

① 火祟，系一男一女人偶，由竹篾编制，外面用五色纸裱糊，高约60厘米。再将火祟像置用竹篾编制的竹筐之中，以尖刀草捆扎成人字形屋顶，置于火神像之上。

某某村子中，今天这时辰，我要驱病神，我要驱灾神，我要驱死神，不干不净的，祸祟出村寨。

……

福神我不驱，寨神我不驱，水神我不驱，病神你快走，死神你快跑，灾神你快逃。起！起！起！

在毕摩祭司的带领下，中年人持笛子、二胡奏起《驱邪调》，青年人狂吼手舞足蹈挨家挨户驱邪。每进一家，毕摩祭司边摇法铃边念诵咒语：

今天你不走也得走，不走也要走。太阳火辣辣，我用尖刀赶你走，我用神刀砍你走，起！起！起！

……

寨神你留下，水神你留下，福神你留下，祸祟你快走，起！起！起！起！起！起！病神邪神死神起！你骑了红马就骑着红马走，穿了红衣就穿红衣走，起！起！起！起！起！起！今天要驱走的是病神死神，病神死神起！起！起！一切祸祟赶快起！起！起！福神你不走，屋魂你不走，病神死神起，一切祸祟走，……

待毕摩祭司作法结束，该户主人须用火钳将一块燃烧的火炭扔到火神的竹筐中，并用一碗冷水把火炭浇灭。如此反复，直至走遍村寨的每家每户，串户驱邪仪式才算结束。

驱火祟仪式毕，驱邪队伍在村外路口两侧立两棵用尖刀草绳绑有木刀、木剑的杉树，意为将火祟隔离在村寨之外。随后将火祟送到背离村寨的僻地，用木刀、木斧、木棍、木剑等武器将火炭砍碎，毕摩以怀中大红公鸡之血献祭火祟，最后放火焚烧即可。至此，驱送火祟仪式结束。

6. 庆祝龙女归来

据当地彝族代代相传的神话故事所说，弥勒市陶瓦彝村等只祭祀雄龙，因为雌龙被人抢走了。龙女流浪他乡日日思念故土，欲归不能，直至二月初二才能偷偷跑回来。因此，此夜，是庆祝龙女回归故乡的盛大庆典，也是祭雄龙仪式的高潮。

图7-14　抬猪牲入龙林　　　图7-15　女子表演传统葫芦图腾舞

　　夜幕降临，村寨里的男人在葫芦舞场摆上亲手烹制的美味佳肴，迎接龙女的归来，共享盛宴。天全黑下来，"龙女"披上树叶缝制的蓑衣，腰系一对金色葫芦，扛着锄头，口含树叶，吹着"相思调"，从村外觅寻而来。走到村口，"龙女"边用锄头挖地，边诉说着自己悲惨的遭遇：

　　　　某某水边是我生长的地方，某某村里是我日思夜念的情郎，可恨妖魔作祟掳我到他乡。我的亲人，我故乡的勇士们啊！你们个个无疑是比战神阿龙还要勇敢。感谢你们打败妖魔，驱除了害人的邪火，使我得以回归故土，亲人们啊！你们在哪里？

村寨中已婚妇女穿着节日的盛装，口中呼喊着：

　　　　龙女回来啦！龙女回来啦！

聚集到村口，回应"龙女"的歌声：

　　　　你的妯娌们，你的姐妹们等你一百年，等你一千年，年年等你来。

　　对上歌以后，众人将"龙女"迎接到葫芦舞场。葫芦舞场正中有一个直径约200厘米、高约300厘米左右的竹编葫芦，妇女们按照老年人在内圈，年轻人在外圈的顺序围绕葫芦起舞。老年妇女们身披树叶缝制的蓑衣，挂着木杖，一斜一拐地互相擦肩撞屁股，跳到高兴之时，用木棍相互比试，边跳边问："要龙公子还是龙公主？"如果有人答应，则把木杖戳向她下身，在一片"接到龙种了"的欢呼声中，舞蹈渐入高潮。

随后，参与舞蹈的众人半蹲围坐在葫芦周围，齐声高唱《十二月生产调》，唱完再重跳葫芦舞。老年妇女们一边用棍子相互比划着，一边说着"给你生龙公子"的吉祥话，而年轻妇女们则放下羞涩，用抹锅底灰、强迫吃鸡腿等"惩罚"方式盛情邀约场外的男性观众加入狂欢，直至深夜。①

跳完葫芦舞以后，陪伴"龙女"的人要护送"龙女"回家，而"龙女"的丈夫则在家中备下丰盛的宴席款待众人。弥勒市陶瓦彝村一年一度的祭龙仪式也随着"龙女"归家落下帷幕，也就是祭雄龙活动到此结束。

六　文化内涵

祭龙是云南彝族地区普遍存在的古老祭祀活动，并不独存于弥勒市自称阿哲颇的彝族村寨中，对能够"兴风作雨"的龙的崇拜，也不仅限于彝族地区。带有原始宗教信仰色彩的祭龙文化活动，已经成为当地彝族日常生活中重要的民族传统节日。围绕着表现形式独特的祭龙仪式，形成了独具特色的祭龙文化，承载了当地彝族浓厚的社会文化传统，展现了红河州彝族别具一格的文化传统。

1. 祭龙——传统文化的现代复兴

在当今中国社会中，传统民俗复兴随处可见，许多人对此提出了自己的观点和看法，褒贬不一。弥勒市陶瓦彝村等祭雄龙活动也是随着传统民俗的复兴而再次兴盛起来了。

传统民俗复兴并不是所有事物都能够复兴，而需要具备一定的条件：一方面，传统必须是世代相传的，需具有很深的民众意识根基，弥勒市陶瓦彝村等祭雄龙仪式其渊源于远古时代流传下来的生殖力崇拜现象，它在当地彝族心目中的地位根深蒂固。另一方面，传统民俗复兴必须要能调动所有民俗参与者，弥勒市陶瓦彝村等祭雄龙仪式之所以比其他自称阿哲颇的彝族村落的祭雄龙仪式兴盛，其原因就在于他们村子里的不同社会角色在仪式中都有自己的社会分工，他们都可以直接从仪式

---

① 庆祝"龙女"归来的仪式是陶瓦彝村祭雄龙仪式的最后环节。过去是不允许男性参与和旁观的，如若被妇女们发现，将会受到"惩罚"，如被妇女们抹锅底灰、强迫吃鸡腿之类的善意戏弄。

中获得身心娱乐。

传统民俗复兴不是一件容易的事，它涉及国家、政府工作人员、外来文化人、村民等多方面因素。而村民们对传统仪式的认知和期盼是传统民俗复兴的动力因素，祭龙仪式中国家力量的在场、现实利益的推动、文化传承中的"习性"因素、娱乐因素及仪式本身所具有的社会整合功能、村落意识和团结意识都对祭龙仪式的传承和复兴产生了不可忽视的影响。其中一些动力因素在推动传统民俗复兴的同时也带来了一些问题，尤其是其中的利益矛盾冲突。

2. 祭龙——祈福禳灾，求吉心理的体现

祈福禳灾，是一种普遍的宗教需求趋向。无论举行什么样的宗教仪式，根本目的就是祈求免除灾害、避祸得福，祈盼通过奉献牺牲等娱神手段获得神灵的欢心和护佑。人们往往把原始宗教活动看作是一个满足人类心理需要的过程，而忽略了宗教活动物态的存在形式及强烈的现实需求的功利性目的。事实上，功利性的目的才是宗教活动的根本动因。

当地彝族祭雄龙仪式，其目的就是为了祈求风调雨顺、五谷丰登，同时也希望以此获得祈福禳灾、趋吉避凶的功效。在当地彝族的传统逻辑中，祭龙即祈雨，有了雨水便能够获得好收成。通过祭龙仪式，全村人将会得到以"龙神"为象征的村寨保护神的庇佑。当地彝族希望通过娱神的祭祀仪式，获得超自然力量的庇护，提供显示在生活上的实际利益，同时通过强制手段驱逐危害人类及自然的"恶"的力量。

弥勒市陶瓦彝村等祭雄龙仪式中驱逐"火祟"的仪式，也是趋吉避凶心理的一种体现。"火祟"代表着当地彝族传统观念中与超自然力量有关的"恶"的力量，它们是所有灾难和不幸的根源。如果不驱逐它们，就会给人们带来灾难，使人类社会陷入混乱与无序。因此，只有年复一年将其驱逐出村落，才能保证村落集体保持稳定祥和。

3. 祭龙——崇宗敬祖观念和尊老敬老美德的体现

中国的宗教信仰最突出的特点是祖先崇拜。祭拜祖先的观念，一直以来都是中华民族普遍的信仰模式，意味着对于自己的祖先，所怀抱的是一种宗教仪式的虔诚情感。祭祖的目的在于祈求生命的母体给予永不衰竭的生殖力、生命力，以及希望用这种方式得到祖先神灵的庇佑。因此，在人生的一切重要时刻，人们都不忘祭祀祖先亡灵。彝族的祭龙仪式，同样也体现了祭祀敬祖的观念。祭龙的同时，通过不断复述关于人类起源和祭龙传统的神话，强化祭祀群体的族群意识和崇祖敬祖意识。

文化人类学的研究证明，老人是传统知识的掌握者和重要的传承者，在传统文化的传承中处于承上启下的重要作用，既主导着群体内文化的走向，同时通过家庭教育、社会教育等手段，将传统文化传递给下一代。在彝族祭龙仪式中，其中坚力量主持祭龙仪式的 60 岁以上的男性老人，他们作为能够与"龙神"亲密接触的唯一群体，通过年复一年重复祭祀仪式，将彝族对自然与人类社会的各种复杂的朴素理解，传给下一代。

4. 祭龙——传承民族文化，表现民族自我意识的体现

祭龙作为一种群体性的宗教祭祀仪式，在一定程度上担负着传承民族历史、传统文化和习俗的重要使命。彝族在认识自然、解释自然、融入自然和改造自然的社会实践中，创造了独具特色的祭龙文化。每年的祭龙仪式是对群体传统文化的再次集中体现。他们历代先民十分重视代际传承在祭龙仪式中的作用，如毕摩祭司带领"小羊"们串门，这也从侧面展现了彝族企图通过祭龙仪式，加强传统文化在群体代际之间的传承，提高民族文化传承的效率。在每年的祭龙仪式中，主持仪式的"龙头"都要向参加祭龙活动的村民复述祭龙来源的神话，通过对神话的不断解读，复述村落的历史与源流，强化子孙的崇敬之心和群体认同。

此外，祭龙仪式对所有年轻人违反传统的行为时进行不断纠正和调整，强化了传统文化的代际传承渠道。可见，这种借助宗教祭祀活动来宣传民族历史、传承文化等，是一种有力和有效的途径和方式。

无论是哪一个民族的文化，都在一定程度上表现着本民族的自我意识。民族自我意识是"各民族在形成和发展过程中凝结起来的表现在民族文化特点上的心理状态，同一民族都感觉到大家属于一个人们共同体的这种心理"。① 民族自我意识贯穿在整个祭龙仪式之中，在仪式过程中时时刻刻传递着这样一个信息：我们是同一祖先的后人，生活在同一个空间，有着共同的民族认同和历史文化，有着相同的前途和命运，并因此强调本民族、本群体的内聚力和认同心理。

---

① 高发原：《云南民族村寨调查——彝族》，云南大学出版社 2001 年版，第 117 页。

5. 祭龙——融汇群体情感，增强村寨意识和内聚力的体现

随着社会历史的发展，当地的传统祭龙仪式已由最初单一的宗教祭祀活动，演变为如今带有宗教色彩的民族传统节日，并在当地彝族传统文化逐渐消亡的大潮中顽固地坚持着传统。

图 7 - 16　弥勒市彝族妇女求子舞　　　　　图 7 - 17　男子猎人满载而归

整个祭龙仪式所体现出来的社会分工，使特定人群中每个人拥有自己的职责，因此祭龙仪式得以很好的传承。涂尔干在其《社会分工论》中明确指出："分工虽然带来了经济利益，但在一定程度上它却超越了纯粹经济利益的范围，构成了社会和道德秩序本身。有了分工，个人才会摆脱孤立的状态，形成相互间的联系；有了分工，人们才会同舟共济，而不一意孤行。总之，只有分工才能使人们牢固地结合起来形成一种联系，这种功能不止是在暂时的互让互助中发挥作用，它的影响范围是很广的。"[1] 这种影响甚至延伸到了社会的构成及其稳定上。祭龙仪式分工一定程度上带来了弥勒市陶瓦彝村社会机体的再次整合，起着维护社区群体凝聚力的作用，可以说，由祭龙仪式所形成的分工是弥勒市陶瓦彝村社会结构稳定的内在动力和源泉。

6. 祭龙——彝族传统文化的载体

（1）传承了彝族崇拜的宗教文化

在众多学者的眼中，彝族的宗教信仰，乃是以"万物有灵"观念为中心的自然宗教或称原始宗教。深入分析后可发现，彝族的传统宗教早已从自然宗教脱胎换骨，成为有经典、有固定仪式仪规、有固定宗教职

———————————

① ［法］埃米尔·涂尔干：《社会分工论》，渠东译，生活·读书·新知三联书店出版社2005 年版，第 24 页。

业者、有固定的祭祀场所、信奉固定神灵的人为宗教。它反映在祭龙仪式上，就是"山神"、"龙神"已经不是所有树木、石块都具有的神灵，而是将抽象化的神灵物化为特定的树木和石块，"山神树"、"龙神石"只是神灵物化的一种特定方式。"龙神"可以保佑全村风调雨顺、人畜兴旺、五谷丰登。而对于不遵守习惯法和有关禁忌的人，"龙神"将会根据情节给予相应的惩罚。

祭龙作为社祭的初级形态，弥勒市陶瓦彝村将山神、土地神、村寨保护神、森林之神等地方性神灵合而为一，综合为"龙神"且将其人格化，成为具有喜怒哀乐、渴望正常人类生活的"人"。

（2）反映了彝族生殖崇拜的文化内涵

彝族先民对龙神的崇拜，在很大程度上来源于对生殖的崇拜。在仪式中，男青年腰间往往佩戴夸张造型的男根模型（葫芦），村落中央的一棵古树根部的窟窿被涂抹成女性外阴的形象，而在迎接"龙女"归来的庆典上老年妇女们用木棍互相比试边跳边问："要龙公子还是龙公主？"体现了彝族先民在面临生存环境恶劣、人口和牲畜、粮食增长缓慢的现实挑战下对种群繁衍的忧虑。因此，祭龙仪式的主要内容之一就是祈求"龙神"赋予人类强大的生殖能力，使族人村民从中获得最大化的利益。

同时，在驱逐火祟的仪式中，还要驱逐村落中的淫邪祸祟，而男青年腰间挎着硕大的男根模型的葫芦，据说具有驱邪的功用。当地彝族在将"龙神"崇奉为生殖之神的同时，又对男女交媾存在恐惧，认为男女交媾是淫邪祸祟，会破坏村社的稳定祥和，因此在祈求获得强大生殖能力的同时，还要驱逐成为村社稳定的破坏元素——"淫邪"。这种既渴望又排斥的矛盾心理，成为每一次祭龙仪式不可或缺的内容。

（3）反映了彝族社会中秘密结社的文化因素

秘密结社，又称秘密同盟，是人类学上常见的一种原始的社会或政治组织。在北美洲的印第安人、大洋洲的美拉尼西亚人和波利尼西亚人、非洲的部分部落都有过这种组织存在的痕迹。但是，由于这些秘密结社的内容繁杂不一，有的功能模糊，人们多认为这是父系氏族公社时期的产物，但对其起源和演变尚无法得出一致的意见。

弥勒市陶瓦彝村祭龙仪式中也有浓厚的古代秘密结社的遗迹。如第一日"打鸡卦选龙头"的仪式，将老年妇女和青年男女排除在外，参与的皆为 60 岁以上的老年男性；祭祀猎神的队伍则清一色为青年男子，祭祀龙神的队伍由老年男性一行 13 人组成，两个祭祀仪式全程禁止女性旁观和参与；第三天迎接"龙女"归来的庆典则禁止男性围观，违者将受到各种惩罚。综合分析来看，彝族古代先民的这种秘密结社，正如著名民族学家杨堃先生所说，来源于古代以男女性别的分工为基础形成的同盟结社。① 这种同盟结社，既有以性别分工的成分，又有年龄分工的成分。在男性进行的祭祀猎神的仪式中，主要反映的经济生活并非彝族村社全部的经济活动，而只是青壮年男子承担的狩猎活动和随之而来的畜牧业生产，这是彝族历史上延续时间最长的生产方式；而老年男性主持祭祀龙神的活动，则体现了彝族传统生活中，老年人主导了村社主要的精神信仰活动，是彝族传统文化传承的中坚力量；而排斥男性参加的迎接龙女庆典，则是彝族女性秘密结社的遗迹，妇女在深夜聚集在一起，分享种族繁衍的秘密，倾诉为人妻为人母的艰辛。

同时，祭龙活动中祭祀组织的产生、不同群体的组织分工与协作等，对研究人类秘密结社具有重要价值。

7. 祭龙——真实再现了彝族先民的远古生活景象

彝族社会的发展是非常复杂繁乱的，这个庞大的民族群体在历史上有着太多不解之谜。来往反复的迁徙和兴衰、与周边众多少数民族的融合与互动，使得其历史发展的真实面目模糊不清。通过祭龙仪式，我们能够管窥彝族先民远古的生活景象。祭祀猎神的仪式，真实再现近古彝族先民的经济生活，狩猎及随之发展而来的畜牧业是彝族先民最主要的经济活动。

祭祀仪式中无处不在的葫芦，则反映了传统的葫芦宇宙观、创世观、自然观和宗教观念。彝族人认为，天地由混沌而来，人类诞生于葫芦之中，而洪水来临之时，彝族始祖借助葫芦漂浮与水上才幸免于难。彝族传统宗教认为，神灵是世界的主宰，要获得好的生存空间，就必须密切人神关系，只要通过祭献、驱逐神灵、奉献牺牲等手段，祈求神灵庇护全村人增畜长、五谷丰登、平安祥和。这些远古生活场景的再现，

① 杨堃：《原始社会发展史》，北京师范大学出版社 1986 年版，第 260 页。

其根本目的在于追忆先祖的生活，强化祖先崇拜信仰。

总而言之，祭龙仪式作为弥勒市陶瓦彝村等世代传承的古老祭祀活动，是当地彝族群众生产生活中不可或缺的组成部分，既是带有浓重宗教色彩的传统节日，也是新年伊始生产生活的开端。彝族祭龙仪式的产生、形成、发展经历了一个漫长的历史过程。到如今，沉淀出别具一格的宗教文化事象，并对当地彝族的历史文化、传统习俗、宗教信仰等方面产生了深远的影响。

在彝族漫长的历史文化演进过程中，祭龙仪式已内化到彝族同胞心灵深处，内化为敬仰与崇拜、祈求与渴望等观念文化，在本民族传统社会中具有一定的价值，并担负了承载彝族传统文化的历史使命。在传播本民族历史文化传统方面扮演了重要角色。彝族人民在祭龙仪式中，除了进行本民族传统文化的教育和传承、伦理道德观念和民族情感的传递以外，还贯穿了整合民族凝聚力的社会实践，形成了独具特色的祭龙文化。

第三节　祭小龙节和祭大龙节

一　流传地区和活动时间

祭小龙和祭大龙活动主要流传于红河、石屏两县及元江县接合部自称濮拉颇的彝族，每逢正月初二祭小龙和二月初二祭大龙的节祭活动。

二　祭小龙

祭小龙当地彝语称"鲁德"。每年正月初二早晨，"龙头"带领族人男子去水井边打扫卫生。水井周围绿树成荫，水井上方有一棵粗壮茂盛的大树，其为龙树（彝语称"鲁栽"）。井边有水槽，大家修理水槽，将水井周围的枯枝败叶清扫干净。正午时分，所有在井中挑水吃的人家都可参加祭祀活动，男女均可。"龙头"由各家各户主轮流担任，任期一年，主持操办当年的祭大龙活动。在祭小龙之前，"龙头"须备好一只鸡及香、纸等祭品及一切用具，届时使用顺手。其他各家各户带香、纸（剪成正方形，中间三个眼，共三排，眼两边各按一个月牙印）。各家各户参祭人到齐，"龙头"在水井边插栽一棵"吾索博"，① 撒一把松毛于"吾索博"下，并插上一枝锥栗树枝。与此同时，龙树下面也同

图 7-18　祭主抱鸡率村民前往龙树林

图 7-19　弥勒市彝族祭龙神求雨

此设置。然后在旁边点上香火，摆两碗酒，"龙头"抱着鸡牲打松木②卦诵咒作法后，一边将两半松枝松木卦具合拢，持于手中，一边表述占卜目的，并祈祷。祈祷毕，将松木卦掷于地上。若是出现阴阳卦就可杀鸡。反之，尚须重卜，必待阴阳吉卦出现后方止。宰杀鸡牲时，将鸡翅膀上的硬毛及脊背上的软毛拔一撮蘸上一点鸡血贴在"吾索博"树枝的中间树杈上，整鸡煮熟，祭献水井神并磕头念诵《祭水井龙神经》，打顺卦。所有这些仪式在龙树下进行。所念诵的《祭水井龙神经》内容大意是让水井涌水，涌得多，涌得大，涌得洁，满足全村人的饮水需求。

　　此外，头年村中所生儿子的人家，还抱一只公鸡，提一瓶酒，男家长背着男孩，携带妻儿去参祭；生得女儿的人家，舂糯米糍粑三块，提一瓶酒去参祭，家庭主妇背着女孩，跟随丈夫去参祭。此乃当地彝语称"斋伙"，以示向水井龙神报丁，因为孩子从出生那天起就吃这井水，恰如人有一个户口在水井龙神那儿挂了号，有了位置，就有水吃，有了生命之源，人就可以活下去。

　　傍晚，参祭水井龙神的族人村民在水井边喝酒猜拳，热闹非凡。饭后，燃清香插在龙树脚、水井边，跪地虔诚磕拜水井龙神，然后每家点

---

　　① 吾索博：彝语音译，为一枝有三个树杈的小松枝，削去松枝下部皮插栽。
　　② 松木卦：一节拇指般粗，长约 8 厘米的松木，一剖而二，占卜时，并将两片而合拢，从手中掷于地上，看阴阳卦、阴阴卦、阳阳卦等定吉凶的占卜术。

一炷香回去，插于灶头。清香至少插三炷，多则不限。

三　祭大龙

逢每年的二月初二，都要举行祭大龙活动，彝语叫"矻窦"。祭大龙活动在村子上方的所谓龙树林里举行，由毕摩祭司祭祀主持。龙树林中有两块大石板并立，一大一小。午饭后，每户人家派一成年人参祭活动，男女均可，没有儿女的夫妻更要去祭大龙活动，拜祭大龙求一男半女。每家带香、酒、米、肉、茶祭拜大龙神。首先毕摩祭司用米浆水在两块石板上画人画龙。然后燃清香，插栽"吾索博"和三枝锥栗树枝，再插栽两枝松树杈，上搭一枝锥栗树枝，锥栗树枝刮三处皮，并杨柳树枝捂弯插上。打卦，念诵经文，杀鸡牲，煮熟后又拿去熟祭，打顺卦。经文的内容大意是祈求风调雨顺、五谷丰登，人丁兴旺。祭毕，参祭人员围拢就餐，酒足饭饱，个个参祭者争先恐后地磕头祈求，婚后久不育男子向龙神磕拜赐一男半女时，平辈可跟他开玩笑，去拖他的脚后跟，拖下来，就问是否有了这类的玩笑？求子女者就即答"有了有了"。拜毕，每家燃一炷清香回家，清香插在灶头。求子女者第二年真的有了儿女，就抱大红公鸡或提猪头、带糯米饭和米酒去还愿活动。

四　目的和意义

从以上祭龙的活动内容及其目的看，就是祈求风调雨顺、五谷丰登、人丁兴旺、幸福安康。

众所周知，彝族主要居住在金沙江、南盘江、红河两岸及大小凉山、乌蒙山和哀牢山，古代曾经历过畜牧经济，后逐步定居下来，以农耕经济为主，畜牧狩猎为辅。居住在山区和半山区的彝族对涝灾的感受并不深切，感受最为深切的是旱灾。人们总是认为雨水多，年成好；雨水少，年成差。石屏、红河及元江等三县接合部，元江、小河底河、罕龙河汇流一江——红河，但大多彝族颇拉颇并不是红河江边居住。红河江水总是在悬崖深谷之下，当地自称濮拉颇的彝族对红河江水的依赖不大，故当地彝族民间有"礼烁咪麻古"（"红河水灌溉不了水田"）之谚语。于是当地彝族总是选有山泉、龙潭处居住，生活用水大都靠山泉龙潭解决。无论农业用水还是生活用水，人们总是希望越多越好。在彝族传统观念里，无论雨水、山泉、龙潭还是别的什么水都是由龙神司管的。祭龙神，求得龙神的高兴就成了彝族生活中的一件大事。

图7-20　祭司率村民上山祭龙　　　　图7-21　祭司祭龙求雨

当地彝族自称"濮拉"，意为虎支人。传说龙与虎支人一村姑相爱，生下一子，家人抛之荒野，有虎来哺育，凤来庇护，及长为始祖，彝族民间所谓"龙生虎凤庇护"之说。族人立龙神祠，古哀牢夷有沙壹（也作"沙壶"）触沉木感应生九子的"九隆神话"：

> 哀牢者，其先有妇人，名沙壹，居于牢山，尝捕鱼水中，触木若有所感，因怀孕，十月产男子十人。后沉木化为龙，出水上，沙壹忽闻龙语曰："若为我生子，今悉何在?"九子见龙惊走，独小子不能走；背龙而坐，龙因舐之。其母鸟语，谓背为九，谓坐为隆，因名字谓之九隆。及后长大，诸兄以九隆为父所舐而黠，遂推以为王。后牢山下有一夫一妇，复生十女子，九隆兄弟皆娶以为妻，后渐相滋长。

其他彝族地区如"支格阿龙"、"罗塔基"、"罗阿玛"等都是"龙生夷"的故事。与此地毗邻的峨山县咱拉黑村彝族有"玛贺尼"（未婚女）因梦龙感应生子，繁衍百姓子孙的传说，如出一辙，一脉相承。

总而言之，大凡崇拜龙的民族，不论是汉族，还是西南少数民族的原始人对龙的感知是神秘的，在他们的眼中，即如《易·乾卦》记述的那样，忽儿是"见龙在田"，忽儿又见"飞龙在天"，"或跃在渊"，并且龙作为一种水物而影响着雨水——这个与原始农业民族生死攸关的东西。于是，他们认为在龙身上具有"曼纳"①的灵力，自然而然地对龙产生了敬畏、崇拜的情绪，甚至许多民族就将龙作为自己民族的图腾加以崇拜。他们希望通过这种方法使自己成为龙的同类，成为龙的子孙，以使龙所具有的"曼纳"灵力能够移到自己身上来，并通过"曼纳"这种超人力、超自然力对雨水的降落加以控制，以确保每年农作物的丰收。

以后，随着社会的发展，各种宗教观念如祭龙拜龙之习也随之产生，彝族相信在现实世界之外还存在着一个超自然、超人间的神秘境界——神的世界，它主宰着自然和人的世界，龙也属于这个世界的一员，作为水神而主宰着雨水的降落。因此，当地自称濮拉颇的彝族不仅只是对龙怀着敬畏之心，而且还对龙顶礼膜拜，经常奉礼、献祭，以讨龙的喜悦，乞讨龙的保佑而风调雨顺、五谷丰登。

第四节　祭水龙节

一　流传地区和活动时间

祭水龙节，是蒙自、石屏、建水、红河、元阳、个旧等市县自称尼苏颇的彝族大部分村寨原始宗性教节祭活动。大多活动时间为逢农历二月第一轮丑牛日，有的地方为农历二月第一轮辰龙日，如蒙自市自称尼苏颇的彝族村寨。以村为单位过节，节期一天。多在村外泉水边、或水源头、或龙潭边、或小溪边的树丛里。

二　传说由来

传说之一：

---

① 曼纳：美拉尼西亚语音译，指一种无人称的超自然的神秘力量，通过自然力量或物件如水、石、骨等而起作用，也可附着于物件或个人。

　　相传，远古时候，彝家山寨里降生了一个男婴，名叫独若。独若到一岁便长成英俊健壮的小伙子。有一天，人间君王做了一个梦：天君神策格兹告诉他，独若是来代替他的君位的。君王很快找到了独若，把自己的衣冠和一面蜈蚣黄旗亲手交给独若，并嘱咐道："您把蜈蚣黄旗插到哪里，哪里的地盘就属于您的辖地，庶民由您服管。"但彝族后生独若不以为然，将蜈蚣黄旗随手插在一个沼泽地。天君神策格兹十分恼怒，认为他没有出息，准备把他和蜈蚣黄旗收回天宫。二月属丑牛的一日，独若把君王衣冠挂于泉水边的一棵树上，靠着树睡着了，等醒来时，眼见君王衣冠被一朵白云托着飘向晴空，眼见衣冠被天君神策格兹收回去，他抱着泉水边大树痛苦，并死在树下。后来，泉水边的那棵大树时而变成龙，呼风唤雨，吐泉水；时而成树，让人乘凉。从此，人们认为独若变成龙了，为了纪念独若，每年二月第一轮丑牛日在村中水井旁或龙潭边，举行祭龙活动。

传说之二：

　　远古时候，天上有 10 个太阳，晒得人间草枯叶黄，晒得河底鱼虾焦头烂额，晒得竹节"噼里啪啦"地炸。天君神策格兹不忍让天下人活活晒死，派阿拃哩来撒水种、布龙潭。阿拃哩来到彝家山寨，扮成左手拄竹仗，右手提破兜的乞讨老倌，逢人便讨吃讨喝。热情善良的彝人，讨吃给吃，讨喝赐喝，无论撒水种人到哪里，彝人都请他吃请他喝。撒水种人被热情善良的彝人感动了，这村放一条泥鳅布一个龙潭，那寨放一条龙蛇设一个潭点。临走时并留下两句口头禅："要水祭龙潭，祭潭潭水涌，水涌好栽插，栽插不愁水。"所以，彝族在村中水井旁或龙潭边，举行祭水龙活动。

又民国《元江志稿》"节序通俗"里记载：

　　正、二、三等月，为祭龙期，先后不一，夷人均祭龙宴宾，非醉不欢。

三　祭牲祭物

祭水龙神活动，需要的祭牲祭物是：一头黑毛健全的大青猪，两对公母鸡，一壶米酒，一甑糯米饭，一甑米饭，72炷香火，2厘米长的72对芦苇，72个锥栗树叶碗。

四　活动内容

1. 接龙

节祭活动之日，天刚蒙蒙亮，所有属辰龙年生的男子，无论长幼都到龙树脚聚集，在龙树神位前敬献香火，"龙头"为龙树净身。为龙树净身的水，务必用当年新婚伙子们分头取自东西南北方的龙潭（泉水）。据说用这样的水为龙树净身，村里当年会添丁添龙子。

2. 排龙

洗净龙树后，"龙头"虔诚地点香祝祷：

> 龙树高挺直，姑娘长得俏；龙树叶茂盛，子孙万代兴；今日拜龙神，族民人人安；今日接龙回，龙回添百福。

尔后，所有参祭的属辰龙年男子按长幼顺序排列成行，依次磕头行礼。

图7-22　弥勒市彝族原始图腾舞

图7-23　弥勒市彝族龙女赐圣水

3. 祭龙

礼毕，众人按"龙头"的安排，各行其事宰鸡杀猪。祭牲煮熟后，"龙头"抬一桌饭菜先祭献龙树神，后按村人户数多少点插几排大香烛，滴酒奠地祈祷：

> 天地神灵无名神，搭伙围拢共聚餐，山神水神龙树神，从速吃喝回村寨。

与此同时，鸣放爆竹，通知村人男子前来祭拜龙神及聚餐。接着"龙头"为龙树替换红线、红绸，以示为龙树系玉带，披红挂彩，以显示龙树在族人心目中高贵地位，并有除旧迎新之意。然后在一片礼炮声中向龙树神上三炷香三拜九叩，祈望龙神显灵，行雨布瑞，以尽天职。紧接着"龙头"敬龙水、献龙食，全体参祭者跪地，接受"龙头"挥洒圣水，向龙神祭献叩拜，"龙头"代表全族人祈求天地龙神保佑，四季平安，风调雨顺，五谷丰登，人畜兴旺。有的彝族村寨还延请毕摩祭司念诵《祭龙经》：

> ……
>
> 古时两条龙，造好了万物，人们不忘恩，人们不忘义。时至今吉日，时至今良辰，毕摩端祭品，毕摩诵经文，来祭父子龙，来献父子龙，高山锥栗叶，祭龙务必用，那是龙钱呀；深谷松毛叶，祭龙铺松毛，那是龙床垫；米酒龙美酒，糯荞龙食粮，献上家畜肉，献上家禽肉，祈龙来喝酒，祈龙来吃饭。龙父龙子俩，受祭赐福禄，赐君有福禄，赐臣有福禄，赐毕有福禄，赐格有福禄，①赐民有福禄，赐主有福禄，赐仆有福禄，赐婢有福禄，赐男有福禄，赐女有福禄，赐老有福禄，赐小有福禄，人人有福禄，个个有福禄。家家有牛马，牛马挤满厩；户户有猪羊，猪羊挤满厩；家家有鸡鸭，鸡鸭挤满圈；户户有金银，金银装满罐；家家有衣穿，衣服装满箱；户户有绸缎，绸缎装满柜；家家有五谷，五谷堆满仓。男男

---

① 格：彝语音译，指一技之长的工匠。

又女女，老老又小小，全身红绿衣，全身金银饰，个个喜洋洋，人人笑盈盈。福禄如磐石，富贵如大树，赐给了人们，人们得到了。今天大吉日，现在良时辰。祈求父子龙，祷告父子龙，福禄永赐给，富贵永赐给。君长祈求的，臣子祈求的，毕摩祈求的，百姓祈求的，艺人祈求的，匠人祈求的，主人祈求的，奴婢祈求的，男人祈求的，女人祈求的，老人祈求的，孩童祈求的，一一都赐给，样样都灵验。

祭毕，"龙头"嘱众人起身，驱赶"阿赞赞嫫"（邪魔的前身）出寨消孽，除凶灾，迎吉祥，力求全族人平安。同时，头年所生的孩子的人家向龙树神和众人敬酒，并所生男孩的人家还要蒸一甑糯米饭到龙树林祭献祈求龙树神保佑平安；所生女孩的人家则挑一担洁净水到龙树脚祈求保佑平安。

4. 分吃龙肉

所有祭食祭肉均分两半，一半留在龙树林当即食用，或者每户推出留下一男子（60岁以上除外）聚会，选择村里一户尊老爱幼、家庭和睦人家代办伙食共餐，以示与龙神共餐，席间，共同商议当年公益事业，修订村规民约，处理全年重大事情。一半按户均分，各自带回家，以示荣华富贵带回了家，并加杀一只大红公鸡，连同"龙肉"又带到自家田地中祭祀田公地母神，又回家一并祭献历代祖宗及家屋神后全家人共享。

5. 送龙和开寨门

次日，由龙头率队，杀大红公鸡，献三牲、敬三茶、供三香给龙树神后，并在村口搭建一座寨门，材料一般用竹或松。"龙头"当着族人趁龙抬头宣读新制定的村规民约，敲锣打鼓，传告街传巷，希望族人村民尊老爱幼，奉公守法，勤俭持家，勤劳致富，力戒赌博偷盗，并宣布正式开寨门，迎接春耕，并选举委派当年的守地护秋人员。

五　娱乐活动

蒙自市十里铺、雨过铺一带自称尼苏颇的彝族祭水龙活动结束的当天，夜幕降临，选定村民一空屋作舞场，先推举一男一女上灯入屋，身背犁架、肩扛锄头、手持大弯刀等之类的生产工具在屋里跳一圈，曰"祭舞场"。祭毕，他俩跳出舞场，全村男女老少便欢聚一堂。男女青年围成圆圈，男吹葫芦笙，女搓竹响把，两臂肘伸，左右斜踏步，屈膝略带颤抖，搓响竹响把，随葫芦笙、竹笛、树叶音乐节奏翩翩起舞，通宵达旦三天三夜，祈求当年风调雨顺、五谷丰登。各村寨男女青年也会互邀相约前来对歌跳乐，并往往借此祭龙之机，走村串寨，昼吃喝，夜对歌跳舞，交流感情，谈情说爱，觅寻知音，择偶结伴侣。又"祭舞场"亦可在当年秋收之后新居落成时跳，意在祝贺五谷丰收，贺新居。

六　禁忌

祭水龙活动期间，村民不务劳作，以免惊扰水龙神；未祭献水龙神前，一般不下种，也不栽种；女子不得参加祭献活动，未成年男子也一般不得参加祭献活动。祭龙后未过三天，女子和未成年男子不得到祭献地点，据说对犯禁者不利；祭龙后未过三天，族人村民不得下河拿鱼虾、下田捉泥鳅黄鳝，认为一切水族都是水龙的子民；祭献三天内，族人村民不论遇见何种蛇，特别是黑蛇和蟒蛇，不得捕拿，更不得打死，认为其是水龙神的化身。参祭男子磕头行礼时，不准说笑嬉闹，应保持一派肃然。有的地方和村寨，节祭三天内，主客均不得离村寨，客人吃住全由邀请者负责，待"龙头"祭路神后，客人才可离村出寨。

第五节　祭龙还龙节[①]

一　流传地区和活动时间

祭龙和还龙节祭活动主要流传于石屏、建水两市县坝区彝汉杂居且彝汉文化交融的自称尼苏颇（他称"三道红"）的彝族村寨，神奇迷离，饶有风趣，别具一格。从整个祭祀活动程序看，这是原始图腾崇拜及宗教活动相结合的产物。祭还龙的日子是在农历正月第一个属龙日，

---

① 本节摘引白章富：《"祭龙"与"陪龙"》，《彝族文化》1995年刊，第122—124页。

即将要播种而还没有播种的时候；而还龙的日子则在农历四月最末一个属龙日，即秧苗已经插下去，并且开始成活的时候。其目的在于祈求风调雨顺、五谷丰登、人丁兴旺、牛马成群。

二　传说由来

关于"祭龙"与"还龙"的习俗是怎样兴起的呢？在当地彝族民间，有这样一则传说：

远古时代，迪卡寨有个50多岁的老妈妈，在一个狂风暴雨的夜晚得子。老两口高兴得不得了，说他们的儿子是天龙赐给的。为了感谢天龙，就给儿子取了个名字叫阿龙。阿龙刚满二十岁那年，迪卡寨遭到特大旱灾。河水干涸，树木枯黄，田地开裂，庄稼无收。人们没有饭吃，没有水喝。人们祈求天公赶快下雨，替人间消灾免难。可是，天公与人们作对，迟迟不肯下雨。大地在悲痛哭泣，人们在忧愁哀伤。大家凑在一起商议，准备派一个勇敢的人去冲南天门，要求天公赶快下雨，拯救天下百姓。派谁去呢？正当大家犹豫不决的时候，阿龙从人群中站了起来自告奋勇，踏上了通向南天门的艰苦历程。一路上，他打死了九座蛇山上的九条巨蟒；趟过了条条江水如墨汁的九条大江，穿过了豺狼虎豹成群、伸手不见五指的九片原始森林；爬上了拔地而起、挺拔云天的天柱。到了天上，冲进天宫，祈求天公下雨。阿龙擅自闯入天宫，冒犯天规，天公愤愤地对阿龙说："要我下雨倒很简单，但我得让你变成一棵大树，让你永远不能再变成人，你乐意吗？"阿龙毫不犹豫地回答："只要天公下雨，莫说把我变成一棵大树，即使把我碾成粉末，我也心甘情愿，在所不惜。"天公看到阿龙态度坚决，于是，就命雨神向人间下雨。阿龙也随着狂风暴雨被"下"到了人间。天公下雨了！人间一片欢腾。可是，人们看到在蒙蒙的雨柱中，有一个黑影从天而降。黑影落到地面，立即变成一棵参天大树。后来人们知道这棵大树是阿龙变成的。人们为纪念英雄阿龙就把这棵大树叫"龙树"，从这以后，人们定期杀猪热烈祭奠"龙树"，以表示对阿龙的缅怀。

三　筹集祭品及组织形式

祭龙与还龙活动的经费，一般在头年新谷登场的时候，由"族中"管事召集各户凑谷，统筹安排。到时卖了谷，买回一头活猪（全黑色公猪，忌用白猪、花猪、母猪）、一只雄鸡，还有香、烛、纸钱之类。由"龙头"率众前往龙树前祭献。参加祭献的人只限于男子，妇女不得参祭。

四　活动内容

祭龙与还龙这一天，吃过早饭，年轻伙子把猪杀了陈列于"龙树"前。这时"龙头"穿得干干净净来到"龙树"前。"龙树"神圣不可侵犯，一般都用高高的土墙圈起来，行人不得入内，不能砍伐，牛马牲口更不能入内践踏，即使是"龙头"也只是在行祭时方能入内，平时是不能入内的。

1. 祭龙

（1）分龙肉

分龙肉，是在猪牲杀好以后，由有经验的人按参加祭龙户数的多少，将肉切成方块，平均分给每户带回，以待日后祭秧田；猪头、猪脚、猪肋、猪五脏等，则放在大锅里煮熟后，在"龙树"前共食。猪皮则完全剥下来，用栗炭火烤干烤黄，然后切成细丝，再加以葱、姜、大蒜、辣椒、花椒之类拌和，称之为"皮干参"。"皮干参"是当地彝族下酒的美味佳肴，但只有在祭龙与还龙时，才能品尝到。一般情况下是不做"皮干参"的。

（2）驱赶豺狼虎豹

待"分龙肉"结束后，由龙头用占卜方式，挑选出三个活蹦乱跳、脚勤手快的男孩，让他们扮演"豺狼虎豹"的角色。三个男孩各执一个水瓢，并分别一个端着猪耳朵、一个端着猪尾巴、一个端着猪脾脏。先一起围绕"龙树"转三圈。之后，在场的人一起大声吆喝起来，"打豺狼虎豹！"、"不准豺狼虎豹进入村子伤害人畜！"随即向三个男孩扔去松球、石块之类。三个男孩知道要挨打，便没命地直往密林深处逃去。"驱赶豺狼虎豹"的人们，也一股劲地一直追赶到看不到三个男孩

图7-24　祭龙前往龙树林

图7-25　祭司抬祭品到龙树林祭拜

的身影时，方才停止吆喝和扔松球、石块。三个男孩潜入森林以后，狼
吞虎咽地吃了各人端着的东西，才回到"龙树"前。这项活动如果透
过迷信的宗教面纱，就可以清楚地看到当地彝族历代先民的原始狩猎生
活的精彩画面。

（3）学布谷鸟叫唤

紧接着"驱赶豺狼虎豹"之后，"龙头"同样用占卜的方式，挑选
出两个老头，让他们各捧着一根模拟布谷鸟的树杈，学着布谷鸟（一公
一母）的叫唤声，相背环绕"龙树"三圈，每绕一圈在"龙树"前相
遇时，相对一鞠躬，便面向"龙树"作一个揖，跪下喝一口酒，嚼一
口"皮干参"。在场的人听到"布谷鸟叫唤"，互相谈论着："听到了没
有？布谷鸟在催我们下种了。"回答说："听到了，是该下种的时
候了。"

（4）降雨

"布谷鸟"刚停止叫唤，"龙头"爬到高高的"龙树"上，将事先
准备好了的一升大米（约五市斤），纷纷向"龙树"前的人群撒去，象
征降雨。云集在"龙树"前的人们立即下跪，用衣襟、帽子等物接撒

下的大米。人们认为接到"龙头"撒下的大米，就等于自家的田地得到了雨水，接到的大米越多，预兆着自家田地雨水越充足，粮食越丰产。因而那些一时没有接到大米或者接到的大米不多的人，便高声祈求道："龙王老爷！我家的田地还没有水呢，请龙王将雨水降到我家田地的一方吧？""龙头"听到哪里有人喊，哪里喊得最凶，就拼命朝哪里撒米（降雨），直到人们接到了大米。"龙头"事先准备的大米已经撒尽，人们才停止祈求，也才心满意足地把接到的大米拿回家，小心翼翼地放回自家谷仓里，以示预兆丰收。

（5）与龙神共餐

祭祀活动结束，便开始共食。松毛席即地而坐，不分长幼。"龙头"例外。八人一席。饭是自家煮好带来的，肉食按人头平均分配到各席。食肉时，更显出一种原始风味。在座的无论老少，在席间的地位都是平等的。其中一人提起筷子呼一声，"拈肉"，全席紧跟而上。每人每次拈一块，先拈大块的，再拈小块的，不得多拈，也不得少拈，吃不完可以带回家去。

建水市自称尼苏颇的彝族，把撕来的青松毛铺于地上，就地围着若干松毛席就餐，并还愿的人家将带来的还愿酒肉逐桌赠上，让众人享用。此时众人为其祝福："祝你的儿子快长快大，前途辉煌！"吃饱喝足后，把那些已婚却无子的男子提来跪于龙宫前向龙神求子："龙神爷求你保福保佑，今年给我老婆生个儿子，我许一只大红公鸡、一壶甜米酒……"或许一头猪，然后拿起松木卦，掷于地上，若两剖面一上一下，呈阴阳卦象，意示已求得儿子；若是两剖面都扑在地面，意示只求得女儿，他又得挨打屁股，强其另求，直到求得儿子止。若再求不到，怕屁股受苦，就说："算了，算了，我认做秃尾巴狗了，我媳妇肚子里没有儿子，我没福分福气。"

2. 还龙

"还龙"当地称"赔龙"，有借必有还，祭了"龙神"，带来了风调雨顺，满栽满插，丰收在望。因此，必须感谢"龙神"，所谓"赔龙"就是感谢"龙神"的意思。"祭龙"与"还龙"的时间不同，前者是在插秧前，意在祈求；后者是在插下的秧苗已经成活时，意在"感谢"。"祭龙"与"还龙"的地点不同，前者是在"龙头"，后者是在"龙尾"。这里所谓"龙头"和"龙尾"，是专指龙山而言的。人们将"龙山"的一头称为"龙头"，另一头称为"龙尾"，两头都以"龙树"为代表。"还龙"一般只是杀了猪，分了"龙肉"，最后，人们在"龙树"前共食一餐就宣告结束。

第六节　祭龙祈雨节

一　流传地区和活动时间

祭龙祈雨节主要流传并盛行于金平县勐桥、十里村、阿得博、山依坡、马鞍底等一带自称尼苏颇和部分母基颇、濮拉颇的彝族村寨。每年农历三月初，择龙日举行，春末是一年中天干少雨的季节。

二　节祭活动内容

1. 传龙

每逢农历三月初的第一个属龙日，以村为单位，当地彝族就带上祭品，挑着炊具，到高山顶上野炊祭龙求雨。祭祀完毕，吃过就地就餐，大伙砍来两棵树干，再扯来些树叶和山藤，扎一简易的轿子，把祭龙求雨时扮演龙神的"龙王老爷"抬回家。要把龙神接回哪家，村里事先就有安排。一般是按户轮流接祭一年，"龙头"接进哪家，他家就是第二年祭龙时的"龙头"了。次年祭龙时，"龙头"就要承担传龙任务。出祭之前，"龙头"要往村民家挨家挨户去传龙。传龙时，"龙头"手里举着三杈松树神枝，点着清香，来到门前，和主人三叩九拜以后，双膝跪地，开口道：

> 一年三百六十天，今天日子最好，今天是白银日子，今天是黄金日子。
> 东方大利，西方大利，南方大利，北方大利。
> 一年一回祭天龙，一年一次接新龙，正遇今天日子好，今天要出山祭龙，请村民们一同出山求雨祭龙，把真龙接回来。

2. 请龙

生活在金平县勐桥、马鞍底等乡自称母基颇的彝族，称"传龙"为

"请龙"。请龙是由"龙头"家进行。是日早,"龙头"家准备好"龙神香案",约上三五个男子。早饭后,由"龙头"端着"龙神香案",一起前往祭龙山的山顶上,选择一个较高的地点,摆好香案。"祭龙香案"是用一把升子,里面装满米,中间插上三炷香,摆上茶、酒水,以示请天龙神。接"龙"的人到了山顶以后,向天空敬香、叩头、献茶酒水,接着,端着香案一同下山,把香案放在"龙树"前。他们下山的路上,必须一边走一边喊叫:"阿鲁!阿鲁!"(彝话,即"龙啊!")一直叫到"龙树"前。这就算是把"龙"请到凡间来了。

图 7 - 26　石屏县彝族民间艺人　　　图 7 - 27　石屏县彝族巡田
　　　　　制作水龙　　　　　　　　　　　　　　耍龙求雨

3. 准备祭品

当地彝族祭龙求雨仪式隆重热烈,要杀鸡宰羊祭敬天龙。出祭时所有参祭的人家都要带上一只大公鸡和一块猪肉。最有趣的是祭龙的祭牲羊必须到山上去偷。"龙头"家在出祭之前要从村里挑选两位强壮的小伙子,嘱他们到山上人们经常放羊的地方,趁放羊人不注意偷一只大公羊牵回来。放羊人知道自己的羊被人偷走,也不会发怒咒骂。他们认为,自家的羊被人家偷走祭龙求雨是一件好事,如果发火咒骂就会冲撞天龙,那祭龙也就是白祭了,来年也就不会是风调雨顺的好年成。关于偷羊祭龙的传说由来是这样的:

　　相传远古时候,地上的人们不知道珍惜粮食,人心丑恶,不知道敬天敬地,天龙发怒三年没有降雨,结果天下大旱,青草树木全枯死了,地里的庄稼不会长了,人饿死了很多。有一位叫波诺的彝族毕摩祭司,知道天下大旱是人们不敬天地所致,自己想好好地敬祭天地,但天干三年家里一贫如洗，要用什么来敬祭天龙呢？波诺毕摩祭司看到对门山坡上放着一群羊，趁放羊人不注意偷了一只大公羊，牵到山顶宰杀祭敬天龙。天龙爷看到地上有人在杀羊敬祭它，意识到天下还有好人存在，马上行雨下起了绵绵细雨，地上的花草树木又复活了，地里的庄稼也长起来了。羊被波诺毕摩祭司偷走的人家，不但没有责怪他，反而登门致谢，感谢波诺毕摩祭司为天下人做了一件好事。从此以后，当地彝族偷羊敬祭天龙的习俗就这样一代代延续至今。

4. 祭牲

所谓"祭牲"，当地汉语方言称"领牲"，就是到"龙神"面前杀牲。按彝族的风俗习惯，在这一年中，谁家生了男孩子，到"祭龙"这一天，必须抱一只大红公鸡带上几斤酒去祭祀。这时，就把鸡抱去向"龙神"叩拜，而后宰杀，以示祭献了龙神。同样，公众的猪牲或羊牲也在这时举行祭祀。

5. 熟祭

所谓熟祭，就是将已经煮熟的食物拿去祭祀。祭牲之后，"龙头"在别人的协助下，将肉切小，按人头分给各户自行煮食。抱大红公鸡来祭祀的人家，就必须把鸡送交归公，列入分配，自己只留下鸡头鸡腿作为熟祭之用。待各家各户把饭煮熟之后，就开始熟祭。先由公众的来熟祭，而后各家各户去祭祀。熟祭完毕，由"龙头"号召大家坐拢一处就餐，在席间，抱大红公鸡祭祀的人家的家长，便开始向众人敬酒，酒要染成红酒。敬酒时，互相均会说几句祝福的话，内容是希望孩子清洁平安，快长快大之类的话，或用歌唱来表达，例如：

今天是年节，黄金白银日。你来敬喜酒，愿孩子快长。

这时，被敬酒的人就会这样唱答：

今是黄金日，喜酒一杯杯，喜酒饮过后，孩子快长大！

6. 出祭

每当祭龙日子一到来，"龙头"家要延请一位毕摩祭司至家。毕摩祭司第一件要做的事情就是准备一个祭祀专用的托盘，往托盘中放上一只装满大米的升子，再用红纸封起来；36 炷青香，用五色彩纸把香包裹成一捆，插在升子里作为龙神牌位；牌位四周插上 24 炷香，代表一年二十四节令。又砍来拇指般大小的松枝 18 节，把它分成 12 份，其中 6 份是单枝，6 份为双枝，代表一年 12 个月。用五色纸把松枝裹起来，按月份顺序摆放在龙神牌位前的托盘里。12 个月树神枝前放上一副祭龙求雨用的松木卦牌，托盘中还要摆上一块猪肉、一碗酒、一碗茶、一碗清水、一碗五谷（内放上荞、黄豆、玉米、谷子、小麦）。祭盘摆设完毕，准备工作安排就绪，祭龙队伍就出发，毕摩祭司身穿法衣，头戴法帽，手持法铃，在大门外连摇三声，全村人就会挑着祭品和煮饭用的锣锅，纷纷到"龙头"家聚集。等人到齐，在毕摩祭司的主持下，唢呐师傅吹奏三声过山号，祭祀队伍就浩浩荡荡地出发了。走在最前的是"龙头"，第二是头戴法帽、身披法衣、手持法铃的主祭毕摩祭司，第三是牵羊人，其后是彩旗队若干，各举一面画有龙图案的彩旗。彩旗队后面是唢呐队，每人吹着一支唢呐，肩挎一支长号，最后是参祭人员，按长者为先的顺序跟着出祭队伍行走。出祭路上，唢呐声声，过山号阵阵，毕摩祭司摇着法铃，并念诵着《出祭经》：

　　日吉时良，天地开张。不早不迟，时辰正当。
　　一年到头十二月，月份最好是这月。春夏秋冬分四季，今天正逢好季节。一年三百六十五，日子最好是今天。青龙老爷在东方，黄龙老爷在南方，白龙老爷在西方，黑龙老爷在北方，老老少少上天山，杀鸡宰羊来祭你，要祭龙王行好雨，要请龙王保庄稼，要请龙王保人丁，要请龙王保六畜。

　　祭龙队伍来到山顶，毕摩祭司拿出松木阴阳卦，挑几棵大树作为候选龙树。毕摩祭司在大树脚前打卦，哪棵大树前的卦象好，就选哪棵作为龙神树。选准龙神树以后，毕摩祭司拿出一块红布围扎在龙树上，示意此树已是龙神树，在龙树下设立祭坛。在祭坛中铺上青松毛，把盛祭品的托盘摆放在祭坛中，然后点燃托盘中的 24 炷香。祭祀之前，毕摩祭司要选一位结实强壮的年轻小伙子，让他穿上龙袍，戴上龙冠，用锅底黑灰抹成大黑脸，腰间挎一个大葫芦，葫芦里装上满满的清水，扮成"龙王"爷，攀上龙树，待毕摩祭司念诵《祈雨经》时往下喷洒"雨水"。

7. 献牲求雨

祭祀活动开始，参祭众人统统来到龙树跟前跪下。毕摩祭司摇响法铃，右手握着法刀，迈着巫步，在祭坛前边舞边念《祈雨经》：

> 一年一月好月份，一月一个好日子。今天正值白银日，今天正值黄金日。九天龙王朝下望，白银日子来祭龙，黄金日子来祭龙。
>
> 三年蓄下大骟羊，如今长成马鹿样，鹿角骟羊来祭龙。三年养好大公鸡，公鸡长成凤凰样，凤凰金鸡来祭你。九天龙王来享祭，东方龙王来享祭，北方龙王来享祭，祈求龙爷行雨来。

毕摩祭司念完一段《祈雨经》，树上的"龙王爷"就要抱着葫芦向地面洒下几点"雨水"。毕摩祭司问跟前跪着祈雨的人们："天龙爷行雨了，雨下得如何？"众人齐声答应："天龙爷行雨了，但雨量很少，天干三月，雨水不够，庄稼还长不起来，求大龙爷要多下一些。"此时毕摩祭司又念诵一段《祈雨经》：

> 天干三月无雨水，大地好似栗火炭。天干地不润，雨少地不潮。
>
> 二脚金鸡来祭龙，鹿角骟羊来祭你，祈求龙爷多行雨，下到种子会发芽，下到五谷会成熟，下到山花会开放，下到百草会返绿。

诵毕，树上的"龙王爷"又向地面多洒些"雨水"，毕摩祭司看到"雨水"下得大，就问求雨众人："天龙爷行雨了，这回雨下够了吧？"众人齐声回答：

> 谢谢龙王爷，雨下得太大了，庄稼受涝，不会有好收成。
>
> 祈求龙王爷莫下猛雨，多下小雨，保佑天下风调雨顺，五谷丰登。

毕摩祭司再念诵一段《祈雨经》:

> 黄金日子来祭龙，白银日子来祭龙，杀鸡宰羊来祭敬，请你龙
> 王爷来享祭，祈求天上龙王爷，均均匀匀行好雨，三日晴两日雨，保
> 我天下风调雨顺，五谷丰登，六畜兴旺，人丁昌盛。

诵毕，树上的"龙王爷"就向地面均均匀匀地洒下"雨水"。毕摩
祭司第三次再问众人:"天龙爷行好雨了，如今的雨下得如何?"众人
齐声答道:

> 谢谢天龙爷，现在的雨水均均匀匀相当合适，如此下雨，地下
> 的种子发芽了，地上蛇水出来了，地上龙水出来了，来年定会清水
> 长流，风调雨顺，五谷丰登，明年的今天，我们还会到此祭敬，谢
> 了! 谢了!

每人对着龙树磕三个响头后站起来。这时毕摩祭司把 12 个月神枝
竖立于祭坛中，拿起松木阴阳卦在每个月神枝前各占三卦，根据卦象所
示，告知参祭人来年 12 个月每月的雨水情况。毕摩祭司占卦结束，大
伙就把要宰杀的羊牵到祭坛前，毕摩祭司开始念诵《献牲经》:

> 好年好月好时辰，老老少少来祭龙，喜喜欢欢来祭龙，一年祭
> 一回天龙，一年接回新天龙，二脚金鸡祭天龙，鹿角骟羊来祭龙，
> 奉请龙神下界来，祈求天龙行好雨，保我天下太平年，保佑五谷好
> 收成。

诵毕，在场的唢呐师傅吹奏过山号，并吹奏《祭牲调》，四个年轻
小伙拎着羊脚把羊提起来，毕摩祭司就开始宰羊献牲。宰羊时用刀割下
羊左耳置于龙树上，同时要拨下一撮羊毛从刀口染上羊鲜血粘贴到龙树
上。杀了羊接着又杀鸡，每杀一只鸡，毕摩祭司都要拨下三根翅膀毛插
到祭坛中，并拨下一撮细毛染上鸡鲜血粘到龙树上，表示虔诚敬祭龙王
爷。献牲祭礼毕，大家七脚八手地开始料理鸡羊肉，支锅桩，生火烹肉

煮饭，做一顿丰盛的祭龙野餐。

图7-28　祭龙杀牲

图7-29　主持人祭龙神

8. 熟祭，吃祭品

整个祭龙祈雨活动中，最为重要的是献牲和熟祭。所谓献牲就是在祭坛宰牲，用血腥生肉敬祭神灵，俗称生祭。熟祭就是把在献牲时所宰杀的鸡和羊肉煮熟后，以熟食祭之。彝族不论举行任何祭祀活动，都会杀猪宰羊，要用猪羊的左膀肉敬祭神灵。因为彝族以左为尊，所以祭龙祈雨时所宰的羊，煮时羊左膀肉一律不能剁碎烹煮，杀的鸡在烹煮时胯骨（俗称鸡卦）也是不能剁碎，一定要整块烹煮。等肉煮熟，毕摩祭司就把羊膀肉和鸡头鸡卦放到托盘中，同时摆上酒、茶，点上清香，开始做熟祭仪式。仪式开始，所有参祭人员又回到龙树下，跪在祭坛前，端托盘的小伙子端着鸡羊肉，来到祭坛前，手举托盘躬身向龙树行三个祭礼，然后把托盘摆放在祭坛中。毕摩祭司身穿法衣，头戴法帽，左手摇着冲天铃，右手提着法刀，朝着龙树行三个祭礼，然后踱着巫步，按逆时针方向绕着龙树边舞边诵《熟祭经》：

> 一年一个好月份，一月一个好日子。季春龙月好祭龙，请你龙爷下界来。三年蓄下大骟羊，今日来祭龙王爷。三年养下大公鸡，今日杀鸡敬龙爷。祭龙礼数不会少，先献牲后又熟祭。今日毕摩来回熟，肥羊左膀来祭你，鸡头鸡卦来祭你。祈求天龙爷，保我天下百姓，风调雨顺，五谷丰登，六畜兴旺，人口清吉，四季平安。

诵毕，大家就聚集龙树下吃共餐。用餐时，大伙还要相互祝酒，相互用锅底烟灰抹黑脸取笑。龙在彝族的心目中是个黑脸圆眼的老爷爷，故以祭龙人抹黑脸表示对天龙爷的崇拜。食毕，大伙还要在龙树下祭场中翩翩起舞，跳起彝族传统的跳掌舞，使整个祭祀活动达到高潮。

9. 接龙神

夕阳西下，山上的祭祀活动已经结束，大家就要开始准备接龙神回家，在毕摩祭司的主持下，砍来树干，扯来山豆藤和树叶，临时扎起一乘接龙用的轿子，从参祭人员中挑选四位身强力壮的年轻小伙，把祭龙求雨时攀上龙树扮演龙王的黑脸"龙王爷"抬回家。接龙回家时，彩旗队在前，其后跟的是唢呐乐队。"龙王爷"的轿子跟在唢呐队后面，四个年轻小伙抬着颤颤悠悠的龙神轿。迈着巫步，嘴里不停地吼着："鲁哦……鲁哦"（意为龙爷请你回家）……毕摩祭司手摇法铃跟在"龙王爷"的轿子后面，边走边与参祭众人员以甲乙问答方式，对唱接龙的《祭龙调》，迎接龙神回家。

图 7 - 30　祭拜龙神树

图 7 - 31　龙子龙孙把门

甲：一年十二月，一年十二龙。正月有一龙，睡在山林中。树叶它不吃，树果它不吃，只想吃生肉，只想喝生血。是条什么龙？

乙：一年十二月，一月有一龙，说起正月来，是条好龙啊！树叶它不吃，树果它不吃，只是吃生肉，只是喝生血。说起这条龙，它是兽中王，额头生王字，是条老虎龙。

甲：二月有条龙，它是条好龙，睡在荒地边，睡在小树下，给肉它不吃，只是吃青草，二月这条龙，是条什么龙？

乙：二月有一龙，是条好龙啊，白天睡懒觉，晚上蹦蹦跳。生肉它不吃，只吃青嫩草。二月这条龙，是条小兔龙。

……

甲：一年十二月，一年分四季，一季三个月。月月有一龙，到了腊月里，腊月有条龙，生肉它不吃，生血它不喝。喜欢青绿草，喜欢五谷粮，人们种五谷，要它来帮忙。腊月这条龙，是条什么龙？

乙：一年十二月，一年分四季，一季三个月，月月有一龙。腊月这条龙，生肉它不吃，生血它不喝。爱吃青绿草，爱吃五谷米。人们种庄稼，要它来拉犁，腊月这条龙，是条黄牛龙。

接龙的人们边走边唱地把"龙王爷"接回家，等"龙王爷"的轿子来到大门口，主人家就要撒着青松毛端着酒碗在大门口迎接龙神，"龙王爷"的轿子在大门口停下来，主人家首先给"龙王爷"敬上三杯酒。然后又给毕摩祭司敬酒，毕摩祭司接过酒杯，第一杯洒在地上敬天地，第二杯洒进大门内敬祖先，第三杯自己喝下。最后主人逐一给接龙人敬酒以示慰劳。敬完酒才把"龙王爷"请进家。

10. 安龙神

待龙神接进正堂屋，毕摩祭司取下"龙王爷"头上的龙冠，把龙冠摆到正堂的供桌上作为龙神祭祀牌位，龙神牌位两边摆两个花瓶，瓶内插着柏枝叶和鲜花。柏枝叶和鲜花象征来年清水长流、四季常清。供桌正前方还摆着一张篾桌。堂屋里铺撒着青松毛，篾桌上置一升米，升子上插着12炷香代表12个月。主人端着置有酒、茶的祭祀托盘躬身向龙牌位行三下祭礼，然后把托盘摆在篾桌上。此时毕摩祭司又手持法铃开始念《安龙经》：

今天是白银日子，今天是黄金日子，今天日子好，老老少少去接龙，龙王老爷你回来。山头龙爷你莫在，山腰龙爷你莫在，请你龙爷回家来，请你龙爷归堂来。人们需要水，庄稼需要雨，树木需要水，牲畜需要水，求你行好事，求你行好雨。正月老虎龙，请你归堂来。二月小兔龙，请你归堂来。三月老龙爷，请你归堂来。四月蟒蛇龙，请你归堂来。五月小马龙，请你归堂来。六月小羊龙，请你归堂来。七月小猴龙，请你归堂来。八月公鸡龙，请你归堂来。九月小狗龙，请你归堂来。十月小猪龙，请你归堂来。冬月小鼠龙，请你归堂来。腊月黄牛龙，请你归堂来。一年祭一回龙王爷，一年接回新天龙。新新龙神速速到堂，一年四季，保我五谷丰登，保我人丁平安，保我六畜兴旺。

三　目的和意义

当地彝族祭龙祈雨之习俗渊源于人类祖先对自然的崇拜，每年的农历三月初，是一年中天干少雨的季节。古人说"春雨贵如油"，说明人们对雨水的祈盼。当地彝族人崇拜龙，龙神在彝族心目中是一个至高无上的神，称龙神为"鲁玛捏"，祭龙称为"鲁玛捏底"。他们认为龙神是保佑风调雨顺、五谷丰登、六畜兴旺，人丁昌盛的主要神灵。只要人们好好地敬祭龙神，龙神就会降福于人间，种下庄稼就会有好收成，人们就会过上幸福饱暖的生活。如果每年春天不好好地敬祭龙神，天龙就会发怒乱施雨数，就会下猛雨暴雨、冰雹大雪给人间造成灾害。因此，祭龙祈雨之习在当地彝族中世世代代接传下来而不敢有半点怠慢。

第八章

祭山神节和祭树神节

第一节 祭虎山神节

一 流传地区和活动时间

红河县乐育乡乐育上寨、麦子田、大新寨、龙车、阿布一带彝族村寨，逢农历二月第一个属虎日联村同宰花公黄牛举行祭献虎山神节活动。

二 传说由来

祭虎山神节当地彝族民间有悲壮而动人的传说：

传说之一：

相传，古代有一位彝族首领（罗色，即虎神）为保卫疆土与入侵者交战，败退至今大新寨彝村后，率一家人从一山洞进入到黑虎山的山腹中，并留言族人："我在世时不能保护父老乡亲的安康，进入山腹后，望族人每年二月第一轮寅虎日杀一条花公黄牛作祭，便可保护龙车（龙车为原唐时官桂思陀土司管辖区域的范围，今云南红河县乐育乡及架车、浪堤两乡镇的部分）一带，族人五谷丰收、六畜兴旺和人丁安康。"据传，其彝族首领（罗色，即虎神）进入黑虎山山腹后，变成了一只大黑虎。从此，这一带彝族到时就杀花黄牛祭献"罗色"（首领）及其家人。

传说之二：

相传，在思陀（今红河县乐育乡）历史上的部落时代，一次，有个年仅4岁的孩子继承了酋长职位。部落里有人看他年幼，便对他动了歹念，想要夺权篡位，在暗地里拉帮结派，扩大势力，加紧了谋害小酋长的阴谋活动。搞阴谋的人，是两个亲兄弟，一个叫奢颇，一个叫奢阿，他俩武艺高强，是思陀部落里赫赫有名的勇士。若要人不知，除非己莫为。他俩的阴谋活动早已被人报知小酋长家人。小酋长家人经过权衡利弊，认为此时势力单薄，绝不是那兄弟俩的对手，若继续呆在此地，迟早被他俩所害，于是携小酋长避到思陀的一个边远地方——腊密哈冲村。

不久，他俩发觉小酋长一家人去屋空，他俩说："不行，小酋长一天不死，我们在思陀酋长的位置上一天也坐不稳，就算他跑到天涯海角，我们非追到天涯海角不可。"于是他俩四处打探，一有消息，立即派出心腹杀手追杀小酋长。这一切，全被虎山之神牛斗哈阿看在眼里，他十分愤怒，于是大显神威，把这犯上作乱的兄弟俩斩杀了。牛斗哈阿看到小酋长年幼，尚无能力治理思陀，便动了恻隐之心，决意留在小酋长身边辅政。若干年后，小酋长长大成人，具备了独立治理地方的能力。有一天，牛斗哈阿就对小酋长说："如今你已经具备做一方父母官的能力了，我可以放心离开你了。"酋长大惊，哭泣地说："听你这么说我感到十分害怕，思陀没有你是万万不可的，请你不要离开我，我需要你的帮助。"可是任他如何请求挽留，牛斗哈阿就好似不肯答应留下。两个人一个执意要走，一个诚意要留，谁也说服不了谁。牛斗哈阿无奈，只好甩开酋长，迅速逃离了思陀衙门，酋长见状，便紧追不舍，两人一前一后，双方的衣裳都跑得在风中呼呼作响，人比风还快，不一会儿就跑到了虎山顶上。这时，酋长的速度超过了虎山神，两人之间的距离越来越短，眼看就要被追上了，牛斗哈阿心中大急，忽见前面出现一个石洞，便将身一纵，跳进洞去。酋长伸手抓去，却只抓到了牛斗哈阿身上的一块战袍。

酋长站在狭小的洞口边，又是哭泣又是哀求："你对我恩重如山，可我还来不及报答你，你就走了，知恩不报非君子，世上还没有比这更痛苦的事了！"牛斗哈阿看酋长哭得可怜，便在洞里应道：

"你若要真心报答我,也不是非得我陪在你身边,以后,你就在每年二月第一轮属虎日,来虎山祭奠我,用一头黄牯子作祭牲即可。从此,我将保佑思陀地方粮丰畜旺,四季平安。"

酋长看虎山神心意已决,只好悲悲戚戚地下了山。次年二月,酋长遵照虎山神所嘱,献上黄牯子牛作祭牲,顶礼膜拜,一片虔诚。果然,这年思陀地方的庄稼获得了大丰收。从此,思陀地方祭虎山神约定俗成,代代相传。

三 组织形式

以彝族为主的当地少数民族祭虎山为新中国成立前思陀地方最大的农事祭祀活动,时间在春耕栽种前,是对一年农事的祈望。民主改革前,这项活动被带上了浓重的政治色彩,成为宣传其统治的神圣性、麻痹人们思想的一种手段,规定本土司辖内各族人民绝对参加祭献虎山神活动。祭祀当天,各村派几个男丁代表,在里长、招坝的率领下前往虎山聚集。当今以上四个村寨轮流坐庄购买祭牲,并组织实施。主持人为旧时司陀土司家族后裔祭司来担任,为世袭制。

图 8-1 红河县彝族祭虎
山神中插黑旗

图 8-2 石屏县彝族祭龙神
中插龙王旗

四　凑集祭牲祭品

届时，这五个彝族自然村，凑钱买花公黄牛。若确实买不到花公黄牛，取石灰等来染成花牛即可。并且这条花公黄牛，必须四肢齐全，头角整齐，肥壮。

五　活动内容

1. 杀牛祭献

祭献的人们陆续来到祭祀地点，坐庄的村寨燃放六响土炮（现以鞭炮代之），拉开了祭献虎山神仪式活动的序幕。旧时，土司展示一块战袍和一把藤篾椅，向参祭群众进行神权思想教育。此战袍是当年其先祖虎山神穿过的，言下之意旧时思陀土司的统治是得到神保佑的，牢不可破，老百姓不能反抗，就算反抗也没用。其后，司署专职毕摩祭司祭祀诵祭经，歌颂虎山神一如既往地保佑本土司辖区的民众。最后，土司亲自作祭，祈求虎山神保佑本土司辖区的平安、风调雨顺、人畜兴旺、五谷丰登，并保佑本土司辖区的民众将永远崇拜和祭献虎山神。

如今各彝族村寨参祭男子到达祭献地点后，主持人先用茶水酒、香火、糯米饭、五花肉祭献虎山神，插立一面黑旗子。祭献时，唢呐声声，过山号阵阵，鞭炮震耳欲聋，所有参祭人跪地磕头祈祷。礼毕，出礼金临时聘任屠手举起大刀，一刀砍向祭牲牛颈椎。此时同样唢呐声声，过山号阵阵，鞭炮震耳欲聋，在场的人或叫喊着，或吆喝着，或欢跃着，或欢蹦乱跳，或磕头祈求，此起彼伏，一浪高过一浪，直至祭牲牛断气。接着取一点祭牲牛的五脏、九根肋骨和头脚尾、3公斤左右的净肉等祭献虎山神。

新中国成立前，当地土司、土目、里长参加祭祀活动也禁骑马坐轿上山。节祭活动隆重、庄严、肃穆。此外，祭祀活动中还有把牛血捧来喝，并把牛皮都抢来烧吃，以显示比虎气比虎威。祭献虎山神后三天内，知者一般不往虎山，生怕被虎山神作祟。未举行祭祀虎山神前，这一带彝民禁栽秧播种。

2. 祭牲肉分配

祭牲肉分配，民主改革前，以头脚祭献虎山神，内脏和骨头就地煮

图 8-3 红河县彝族祭虎山神之一　　　　图 8-4 红河县彝族祭虎山神之二

熟供参祭人会餐，其余按户平均分配到里，由里分配到招坝，由招坝分配到村，再由村分配到户，无论多寡，须确保全司每户都分到一份，即便一丁点。家庭成员出门在外的人家，也要留一小块牛肉腌制成干巴以待其归来后食用，或设法托人带去。否则，认为此年该户将失去虎山神的保佑。

如今祭牲肉的分配是：乐育上寨、麦子田村为二分之一，大新寨村为四分之一，龙车村、阿布村为四分之一；牛头牛脚旧时全归杀牛者，以作酬谢，今归坐庄购买祭牲牛村寨；牛心归主持人。各村带祭牲牛肉回村后，选一地方煮食，每户派一男子就餐。

六　禁忌

祭虎山神时，若有汉族参加，不得说汉话，以示对民族头人出生的土司和其保护神虎山神的尊敬；未祭献虎山神前，禁栽插播种，认为此祭祀活动是对一年农事的祈愿，若不经过祭祀虎山神活动，该农事将得不到虎山神的保佑，从而导致农作物歉收；祭献虎山神当天，忌起林涛声，祭过虎山神三天内，若听到境内巨大的林涛声，就被认为是因祭献虎山神不虔诚，引起虎山神不满而怒吼。也就是说，旧时思陀土司境内森林茂盛，大风常引起林涛声，须重祭虎山神。

附：祭东观音山神节

元阳县新街、牛角寨等乡镇自称尼苏颇的彝族村寨，逢农历二月第一轮寅虎日，不约而同地来到节祭活动地点，联合杀公黄牛，统一祭献东观音山神活动。祭献时，公选的毕摩祭司在树枝搭成的祭坛前念诵《祭山神经》、《求雨经》、《禳灾经》。其大意是山神禳灾免难，及时下雨，风调雨顺，保佑五谷丰登，人畜兴旺康泰。所有族人村民向山神磕头祈求，尔后杀牲祭献山神。旧时祭牲肉就地煮吃，以示与山神共餐享乐。今时有的村寨把祭牲的头脚、内脏就地煮熟共餐。其他的祭牲肉按户均分，带回家祭祖神后家人再共享。吃毕，男性长老唱起村人族民的迁徙史、创世史诗；男女青年避开长老的视线，相互对歌赛舞，倾吐衷肠，觅寻知音。有的悄然离开歌舞场，私下定情，赠送信物。孩童们三三两两捉迷藏、做游戏。日落西山，人们才高高兴兴地返回家中，在返家的路上不停地高喊"雨来了，水来了!"

第二节　祭猎神树节

一　流传地区和活动时间

祭猎神树节，是弥勒、泸西两市县自称阿乌颇的彝族原始宗教性节祭活动。逢农历二月初二举行。节期一天。

二　活动形式

以村为单位组织节祭活动。全村成年男子推选一人做主持人，要求主持人身体健康，五官端正，四肢健全，而且夫妻健在，子女双全。全村成年男子和少男参加节祭活动，女性和成年但身体残缺男性及男童一律不准参与祭献活动。

三　节祭活动内容

1. 布置祭场

是日，全村男子穿着节日的盛装，携带祭牲猪及简单的供品，前往祭献活动地点——猎神树林。进山时要经过事先用树枝和刺条搭好的"净身架"，所有村民男子到达祭献地点后，主持人便吩咐大家，各自把准备好的青岗栗树枝扎在"神树"上及插在神树四周，以示保护森林，保护猎神树，不让"神树"受损。

2. 分发祭牲肉

主持人叫负责杀牲的人杀牲，并主持人在猎树前念诵《祭猎神树经》：

……

山上的山神，林中的树神，岩上的岩神，石山的石神，猎人祭蛋饭，诸神来吃吧！猎人祭酒烟，请神来享用！

……

天神管太阳，日出云雾散，云雾莫遮眼，大地亮堂堂。天神管星月，月亮明晃晃，星宿亮晶晶；地神管草木，大树莫藏鸟；石神管石头，石头莫挡路；树神管树木，树洞莫留鸟，树叶莫遮鸟；草神管草棵，草棵莫遮兽；岩神管岩洞，岩洞莫留兽。树枝莫挡箭，乱石莫挡箭，猎人射出箭，射箭箭中兽。保佑狩猎人，步步都平安，事事都如意。林中的百鸟，请你飞出林；林中的百兽，请你走出林。百鸟让人猎，百雀让人捕，百兽让人猎。狩猎获猎物，猎人祭猎神，请猎神享用。

祭毕，祭牲肉一分为二，一半留于祭场煮熟共食，一半按人数把同等数量的鲜肉挂在树枝上，以便祭过后，各人带回家里，给那些不能来参加祭礼的老儒和女子分享祭猎神带回来的"福气"。

3. 测叶卜

传说这天，透过被太阳晒卷了的青岗栗树叶的形状可以预卜当年每个家庭粮食的丰歉情况，如叶片卷直，近似苞谷棒子，说明地里的苞谷一定长得好，收的多；若叶片横卷，形状如饭的，则说明族人的口粮消耗一定大，必须注意节约用粮。

4. 祭献神石

料理完毕，主持人便从"神树"根脚的土洞里取出一枚叫"山祖

图 8 – 5 弥勒市彝族祭神树

图 8 – 6 弥勒市彝族祭猎神

石"（神石，传说这就是猎神"鲁特"的化身）的圆石头，先用洁水洗净后，随后用绿叶包裹起来，并把它恭恭敬敬地放在神树底下。接着人们依次把带来的供品供奉在"猎神"跟前，主持人默诵祈辞：

> 神石保佑，全村四季平安，风调雨顺，五谷丰登，六畜兴旺，……

参祭人磕头祭拜。

5. 宴饮

祭毕，留一半的祭牲肉煮熟，接着开始有说有笑地相邀着准备宴饮。宴饮前，要由两个小伙子端着酒碗，沿祭场走一圈，口里学着布谷鸟和骏马的叫声，边叫边问在场的大伙：

> 格听见啦？布谷鸟叫啦，骏马嘶鸣啦，丰收在望啦。

在场的大伙也要异口同声地回答：

> 听见啦，听见啦，种得庄稼啦，丰收在望啦。

说罢，两个扮演布谷鸟和骏马的伙子，带头举杯喝酒，众人随之也喝了起来。

6. 玩游戏

这样开怀畅饮一番后，人们又十个八个凑成一个圈，开始玩起十分有趣的游戏。在玩的过程中，谁不慎碰撞了，都不兴发脾气。祭祀活动中游戏行为，即使有些过分，大家都认为是一种友好的表示，谁也无心计较。

7. 撵雀活动

随着程序的进展，进入了"撵雀"活动。人们分成几组，个个手持齐眉短棍、竹竿之类的家什，吆喝着，朝满山遍野的雀鸟，发起进攻，直追得鸟儿精疲力竭，纷纷坠地，一一被猎手们捕住为止。猎手们把捕住的鸟儿拔光鸟毛，用细藤子穿成一串串带回家，撒些花椒、辣子、盐巴腌制，挂在火塘边的木柱上，慢慢地烘干。到了种荞子的日子，再取下来食用。据说，到那时，村人一齐炸起雀干巴，让那些侥幸逃脱的害鸟，嗅到自己同伙的气息，再不敢任意糟蹋庄稼了。

8. 取祭牲肉归家

整个祭献完毕，各自取各自的祭牲肉，还要带一枝插在"神树"四周的青岗栗树叶回家，插在牲畜厩上，以示保佑牲畜不害瘟疫，健康肥壮成长。

第三节　祭神树节

一　流传地区和活动时间

祭神树节，主要流传于石屏、红河及元江三县接合部自称尼苏颇的彝族地区。逢农历三月第一轮丑牛日举行。节祭期一天。届时，在村旁特定的一棵参天古树下举行节祭活动。

二　活动形式

每户出一成年男子（主要是男主人），并穿着节日的盛装参祭活动。参祭男子到达神树下，公推夫妻双全、子女健全且德高望重、胆大心细的人负责宰杀祭牲，并担任主持人。

三　活动内容

1. 杀牲祭献神树

祭献神树主要祭牲为两年以上且长有大弯角的一只绵羊（现今多为

公山羊）。据说绵羊是东海龙王的管家，负责司云管雾，只因龙女恋上了人间牧牛伙子，才陪嫁到人间。宰杀绵羊时力求一刀杀死，没有再来杀二刀之理。杀死祭牲羊后，主持人即取羊血涂抹神树，且取羊肝于神树脚，点香祈求祷告：

> 天上云作证，人间树作证，羊血抹神树，羊肝献神树，村人得平安。

参加祭祀活动的村民男子都要磕头祈求。尔后剥羊皮割肉下锅煮食。按古规，不兴带羊皮煮食，若带羊皮煮食，认为村民会互相打官司，遇敌不能同仇敌忾，逢喜不能聚众歌舞。绵羊皮晾干可出卖，要价可以高些，买主图吉利，不计较钱文。据说，谁家买用此绵羊皮，家景会蒸蒸日上。当地彝族杀绵羊祭献神树，意在祈求当年风调雨顺，栽秧时节有水栽插。

2. 修改村规民约

当地彝族杀绵羊祭献神树活动中，并在煮食祭牲肉时，边吃喝边修改村规民约，席间不仅要指出一年来谁违反了村规民约，而且要讨论如何处置。讨论中若有争执，请德高望重的长老裁决。一旦成了定论，年内要不折不扣地执行。例如：若某人砍了龙树林木，不管何种原因，要罚其修桥补路；开荒种地、损坏路基、占用村道，不论有理无理，要惩其修复路面；栽秧放水，损坏沟渠，要罚其重开沟道，等等。

第九章

祭火神节和招寨魂节

第一节　祭火神节

一　流传地区和活动时间

祭火神节，也称祭火节，简称狂火节，是弥勒市西一、西三镇自称阿细颇的彝族原始宗教祭祀性和习俗性融一体的节祭活动。逢农历二月初三，组织盛大的祭火神活动。节期一天。

二　节祭活动内容

1. 节前化装

村中男子不分老少，取用红、黄、白、黑、绿等五色土，全身上下均文上大下小各式各异的五色圈。据说，这五色之圈象征大地母亲丰饶斑斓的沃土为五色组成。每年生长出硕果累累的五谷供代代靠她哺养的族人食用。五色圈内外还绘有蕴意深邃的日、月、星辰、虎牛、飞禽走兽和无数跳动的红色火苗。其含义大概是大地由红黄黑白绿五种颜色的泥土组成，绘在身上的动物图案和装扮成的各种怪兽既是动物图腾崇拜、祖先崇拜、神灵崇拜的渊源，又有傩文化、傩舞、巫觋迷信的多种成分，又混合了民俗风情、民歌的内容。五色连环图案为倒三角形的三个大环组成。每个大环又由五种颜色的小环组成，且前胸与后背对称绘画，三角空处纹上单独的红圈和红点，以示火星和火苗。所有绘身的男子腰部多用棕片以及地板藤、麻布等物遮掩下身，头戴各种庄稼果叶和松球，或装扮成某种动物，或插羽毛的飞禽，有的安上犄角的猛兽，虎、豹、熊等更是模仿的对象，还有用树皮、树叶裹身，模仿远古时代的原始人类生活情景，应有尽有，样样在其中。绘身完毕，各自再择取装戴各式各样兽面人身和鬼怪妖魔的假面具，并大多均插树枝编成并插满茅草、彩羽毛的顶冠，下身仅用少许棕榈片、树叶遮羞，小男孩则是一丝不挂的全裸，并精绘"小鸡鸡"（男性生殖器）。

2. 开赴祭献火神场

由"驱鬼符"神和毕摩祭司手摇法铃口念祭经开道："火神"神气十足、节律稳沉地在四个屈膝走内交叉巫步的绘面人肩上起身步行走，而此时许多五色绘身的戴假面具鬼怪们手持各式彩绘木刀、木剑、木叉、木棒等挥舞喊叫，簇拥在"火神"前后左右，沿路乱蹦乱跳，不断高声吆喝："跳火神啦！"对围观的亲朋好友们做各种怪诞诙谐"鬼脸"和变形夸张动作，以逗起村人族民同欢同乐。整个村寨，人山人海，狂奔乱叫、手舞足蹈的五色人，在此起彼伏的欢呼声、锣鼓声、过山号声中，或越火塘，或跳火栏，或踩火堆，或射火箭；或男扮女装怀抱"婴儿"，深怀母爱之情哺乳婴儿；或以葫芦替代男性生殖器夸张地表演性崇拜。总之，满场的吆喝声、竹笛声、掌声、号角声响成一片，歌海舞山，好不热闹和隆重。

3. 钻木取火

在毕摩祭司的带领下，由村里推选的青壮年男子汉们组成的祭火队伍，抬着供品祭物到"密枝林"祭献龙树，取出火种（原先多用古式钻木取火，现已简化为用火石镰火草打火）。

图9－1　弥勒市彝族钻木取火种　　　　图9－2　弥勒市彝族接火神

4. 送新火种

新火种放在新火盆内，由两人扛抬，用刺通树条开路，在古朴、雄浑的锣鼓、牛角号声中，祭火队伍穿街过巷，绕村而行，所到之处，家家户户都要前来取新火种。村人取回的新火种置于家中火塘，不能熄灭。否则认为会遭厄运。

5. 驱送火鬼

（1）选"火鬼"化妆

昔日当地自称阿细颇的彝族，送"火鬼"均在火把节期间驱送，而如今农历二月属虎、猪、龙、牛的"硬日"送，什么是硬日呢？村民说是二月期间这几个属相日中毕摩祭司选定的克鬼日，这就是硬日子。农历三月初三，各家各户都参加驱"火鬼"的准备，各家从自家的锅底刮下一点锅烟加在灶灰里用纸包成一包，这就是用来驱"火鬼"的武器。另外各家出一人成年男子参加驱"火鬼"的活动，毕摩祭司穿上法衣戴法帽，帽挂一对老鹰爪子，身着黑色的长褂，手摇法铃，且口中不停地诵经念咒。同时，并选定一名精壮青年男子为"火鬼"。"火鬼"化妆成除穿一条短裤外，全身裸露，其脸用绿、蓝二色沿鼻画成两半，额上画一朵火焰，身上则画上金蛇和一些圈圈点点、火纹，凡是裸露的地方都必须画上，胸前绘一条女人头的蛇，两臂绘两条吐着火苗的蛇缠在臂上，过去是用五色土和锅烟拌鸡蛋清当颜色。"火鬼"还有两件道具：一个是腰里挂一个小葫芦，据说这个葫芦是用来收"火鬼"，并收所有村民家中的污秽不洁之气。人们认为经此仪式后，家里不洁之气通过驱火鬼通通被驱走了。"火鬼"的另一道具是手中持一个木牌，这个木牌是用来表明"火鬼"身份的。木牌的两面都绘有"火鬼"的像，赤身红色人像，头顶火焰。

与此同时，另有十来个男青年化妆为神。当地自称阿细颇的彝族传统神灵基本上是物神，什么神即什么物，而所祭的物并非此物皆可，而是此物附有此神的物。所说的物神非常多，主要有祖先神、天神、山神、土地神、雷神、电神、风神、四方神等。此时，这些神的化妆方法跟"火鬼"是一致的。内裤外扎棕榈片，其余裸身彩绘，其基本色调为红黄，内容为火纹、鳞纹、圆圈、条纹。各人手上皆持武器，有木刀、有猎杈、有棍棒、有扬谷杈等。一伙人敲打着锣、鼓、钹，鼓有两种，大鼓为牛皮鼓，直径约一米；小鼓则是普通的羊皮小鼓。未化妆的人大都掬一把灰，或一手提一桶水，另一手用洗锅帚准备沾水向"火鬼"洒水，还有人用自制的竹筒水枪准备向"火鬼"喷射。

（2）驱送火鬼

他们具体驱火鬼中，时有乐队，乐队由一大鼓、一小鼓，两面锣，两个钹组成。锣鼓响，驱火鬼队伍来到村头，毕摩祭司手摇响法铃，对着"火鬼"的神位唱诵经文。"火鬼"的神位是一个小小的草棚，里面放一个碗，碗内是几块燃着的炭，上面烧着一小块祭火鬼的肉，这就是"火鬼"和"火鬼"的住地。这个小草棚由毕摩祭司的两个助手用竹棍高高地抬着。

毕摩祭司诵经念咒驱送火鬼时，"火鬼"在众神的簇拥下爬上一根由三人扶着立起的木柱上，木柱约有四米高，顶上垫有一棕垫供火鬼坐。"火鬼"是操纵火的，火有着强大的功能，"火鬼"的本领自然是不凡的。"火鬼"坐在木柱顶上显示"火鬼"高超的本领，"火鬼"不扶木柱，手舞足蹈地在空中舞着，做出各种各样的样子，叫人害怕，也叫人喜爱。另有一神脚踩高跷围着"火鬼"转。这个表演惹得大家直叫好。

图9-3　弥勒市彝族祭火神彩绘

图9-4　弥勒市彝族取火神狂欢

毕摩祭司诵经告一段落，用绳子拴住一只白公鸡边诵经边朝前走。鸡是祭送火鬼的，彝族祭神尚黑忌白，取新火祭火神时用的是黑鸡，驱送火鬼时则用白鸡，对神和鬼的迎和驱在黑白二色的使用上有着鲜明的态度。毕摩祭司诵完经，摔掉破碗，众人开始驱送火鬼，人们手握平时用的扬谷杈、棍棒、锄头等驱赶"火鬼"，有的人还把事先准备好的火灰包丢向"火鬼"，把水射向"火鬼"，年轻人用竹水枪把水射向"火鬼"。

其实，对"火鬼"的打也是做个样子，并不用心，"火鬼"下柱后，急忙逃跑，如过街老鼠四处乱窜，但"火鬼"不往外跑，却跑往村民家中。村民门户大开，有意引"火鬼"进入，这就引得更多的人参与了驱火鬼的活动。人们认为把"火鬼"从家中驱出，一切污秽不洁之气也会一同被驱走。村民家家户户大门洞开，专门让"火鬼"进入，跟在"火鬼"后面的诸神渐渐不见了踪影。人们说这是三月初三祭祀活动的一部分，让"火鬼"进家，带走秽气不洁。但谁家也不让"火鬼"多停留，刚一进去就往外赶。看得出人们的心态是矛盾的，一方面希望"火鬼"进家带走不洁；另一方面又害怕"火鬼"进家留下祸害。"火鬼"在迎与驱的状态中四处窜逃，还不时对着驱赶的人们做着鬼脸，逗得人们笑成一片。

一般情况下，人们把"火鬼"送往北方，据说，北方为水方，水能镇住火。村口烧着一大堆篝火，光着身子的"火鬼"从火堆上跳过去，不想棕榈片是惹火的东西，火一下燃着了棕榈片，小伙子一把扯去了棕片，露出了三角短裤，人们笑闹着簇拥着一身泥水的"火鬼"向村外跑去。火鬼逃远了，逃到远处的树林子里即可。毕摩祭司停在篝火旁，口中不断地吟诵咒语驱逐火鬼，毕摩祭司助手捧来送鬼用的冷水饭、香火。香火插在篝火旁，毕摩祭司把冷水饭向四处抛洒。毕摩祭司接过助手递来的大白公鸡一刀杀死，猛地往远处一抛，掉头回走。村民们同样掉头回走，没有谁回头看"火鬼"现在如何。

三　娱乐活动

1. 摔跤欢庆

人们驱走"火鬼"后，众神并不急于退走，而是和村民一同开始庆祝节日。这时，节日的欢乐并非歌舞，而是摔跤。弥勒市可邑村是摔跤之乡，可邑村男女老少人人都是摔跤能手，驱火神火鬼活动与火把节一样，节日欢庆时的摔跤格外隆重，要举行摔跤比赛。如1994年可邑村祭火神节，先是儿童摔，男的对男的，女的对女的，逐对厮杀，三局两胜。最先出场的摔跤运动员不过五六岁，两个小运动员抱在一起杀得难解难分，小胖子摔出了鼻血，在一旁的爹妈并不劝解，而是为之加油打气，小胖子最终获得了胜利，抹着一脸的鼻血，却是一脸的得意。年轻人的摔跤十分剧烈，剧烈的相互冲撞和相互扭扳，把地上的草蹭尽，蹭出一个个深深的坑来，一对对的拼杀。最后，一个两臂油光的小伙子获得最终的胜利，人们给他挂上了红彩准备游村，跟在获胜者后面的是他们的装饰品。村委会为他们准备丰厚的奖品，第一名奖电视机一台，第二名奖自行车一辆。压轴戏是老人，八十岁的对八十岁的，七十岁的对七十岁的，一对八十多岁的老奶奶照样摔得有模有样。据说，老人的摔跤最能镇住妖邪。如老人摔跤未出意外，这表明驱"火鬼"成功吉祥。驱"火鬼"成功，人们簇拥着摔跤获得胜利的小伙子开始游村。

2. 狂跳火舞

太阳偏西，村人男子都聚集到村外避人处，开始乔装打扮，绘身绘面，其图案多五色连环图案及各种动物图案。绘装完毕，绘过身的村民男子手持木刀、木棒、木叉等兵器，击碗敲盆，由一人领头，众人响应，高喊"祭火神来了"。祭火队伍边喊边舞，手舞足蹈，以不同的动作、不同的队形、不同的姿态来表达不同的祭祀含义。他们来回奔跑于村子里，洗涮干净涂料绘画的男子们又开始逗引他们的妻儿姐妹。有时跳到哪里，哪里就是一片欢乐的海洋。夜幕降临，整个活动进入高潮，空旷的野外燃起一堆堆熊熊的篝火，各种以火为主旨的舞蹈也在这里大展演。村民男子在夜幕的掩饰下，把各种动物的神态模拟得惟妙惟肖、栩栩如生、活里活现、逼真形象。或把小筛子当月琴，或把短棍当笛子，或把长棍当二胡，把手中拿的物件当乐器，以独具特色的口技哼唱各种乐声；有的还男扮女装，怀抱假娃娃，嘴里哼唱即兴编唱的动听歌谣，手拿"食物"喂永不张开的孩子嘴……绕篝火而起舞，围火神跳跃。篝火熊熊，弦声玲玲，小伙子如癫似狂地跳，姑娘们如痴如醉地跳，老年人轻歌曼舞，整个祭火活动，集吹、弹、唱、跳为一体，不待说而明。这里值得一提的是，据当地彝族民间传说，跳火舞与火崇拜有关，古时候阿细人的山寨因天火成灾，阿者、阿哦率民众奋力扑火，因大地被火烧烫，即双脚不断轮换弹跳，后人为表述此事变为他们传统的祭火舞蹈，并逐渐演变发展成为阿细跳月。

3. 阿细先基调

男女长老聚集"公房"内，唱阿细先基调，为叙事曲调。内容较多为创世史诗和爱情长诗。曲调叙述性较强，与语言结合紧密，由上下句组成，节奏鲜明，旋律平缓，音乐简练。唱时在主导旋律基础上，随唱

图9-5 弥勒市彝族跳火神之一

图9-6 弥勒市彝族跳火神之一

词音韵变化，不时加入装饰音，但保持终止音不变，使其如同一条音响之链条，环环相扣，变化延伸。曲调有两种：传统先基调属商调式，多用C商调或D商调式，旋律简洁、质朴、明亮。20世纪60年代出现一种女性演唱的软唱法曲调，保持原节奏形态，应用同主音转调方式，演变为C羽调式或D羽调式，旋律婉转流畅，清新优美。今男女歌手常用两种形式交替对唱。20世纪40年代，如著名学者光未然先生深入弥勒市西山地区自称阿细颇的彝族村寨，收集翻译整理出版了《阿细的先基》。民国年间，弥勒圭山区夷族旅省学生会主办"彝族音乐舞咏会"，在昆明国民党云南省委部礼堂公演，当时轰动全滇。

4. 阿细跳月

早期俗称"跳乐"，现称"跳月"。彝语称"高斯比"（高兴地跳）。阿细跳月当地彝族民间流传着多彩的传说由来：

传说之一：

　　古时候的某一天，绵羊和黄牛相互抵架溅出火星而大地成了一片火海。因大地被火烧得特别烫而人们只能用单脚换走步跳跃，由此启发并编创出粗犷奔放和干净利落的阿细跳月。

传说之二：

　　很古的时候，天上犀牛打架落下大地，牛角撞石起火，大火漫及村庄和山村。阿细人的先辈青年领头"阿者"和"阿哦"，带领族人男女老少灭火,火炭烫赤裸的两脚而不断弹跳(阿细跳月的弹跳动作最初来源于此)。为了悼念灭火而献身的"阿者"和"阿哦",每当明月之夜,人们就点燃篝火,高举树枝,高喊"阿者"和"阿哦",边喊边跳。在跳跃中碰响了背在背上的弓箭,弓弦发出了响声,人们从此发明了乐器小三弦。

传说之三:

　　古代彝族人民是以狩猎和刀耕火种为生,放火烧山进行耕种。为了抢时间赶节令,火还没有完全冷却就赤脚播种,烫得两脚弹跳。在劳动生产的这种动作,逐步演变成"跳月"的舞蹈。

传说之四:

　　在远古人类的第二代"蚂蚁直眼睛"时代,水牛和绵羊为争地盘而发生格斗,角撞角迸发出火花,引起了大火灾。大火蔓延大地山林,烧死了"蚂蚁直眼睛"代人。只剩下吉罗涅底和吉涅底娜,两人庆幸生存,狂欢地在焦灼的地面上不断轮换双脚蹦跳起舞,拍手欢呼,他俩是阿细跳月的鼻祖。

图 9-7　全族欢腾

图 9-8　族人男子裸体狂欢

　　阿细跳月分老人舞和青年舞。老人舞是老人们跳的舞蹈,有一定的表演性和竞赛性,动作含蓄而悠慢,柔中有刚,左右进退,鹤步单腿,左右摆动,转圈换脚反复对跳,并配有小三弦、三胡、笛子、月琴、树叶等器乐。舞蹈乐转，乐伴舞旋，男持乐器边奏边跳，女拍掌相对而舞，喜而不露，谐趣横生。青年舞特具感性和爆发力，节奏欢快，情绪亢奋，热烈感人，观者皆不禁跃跃欲试。有时可以通宵达旦，尽情方散。舞时以偶数对跳，舞者可以十几人，乃至几百人、上千人共舞。其音乐为宫调式或大 3 度 5 拍节，粗犷豪放，欢快热烈。舞蹈方法似踏火弹跳，先用一只脚跳 3 下成 3 拍，双脚落成 4 拍，再换另一脚起跳，如此不断反复。在载歌载舞中，互选知音（女方稍腼腆），然后队形变换，一男一女对舞。由于此舞蹈强度较大，尤其是男青年身挎约 5 公斤重的大三弦，常常跳得满头大汗，故中间有停息。有月亮时即对月跳，无月色时即围篝火跳。

说起"阿细跳月"，1946 年，应邀到昆明演出引起轰动；1949—1950 年间，滇桂黔边纵队在弥勒西山、石林圭山一带活动，对彝民的政治、思想、文化的影响较大。"阿细跳月"成为用来宣传革命、组织发动群众与敌人进行英勇斗争的有力武器。1950 年 10 月，"阿细跳月"到北京参加欢庆新中国成立两周年的游行和联欢会上演出，受到首都人民的热烈欢迎，为国庆典礼增添光彩。不仅如此，"阿细跳月"曾作为彝族文化的代表，向外传播。1953 年，赴朝慰问团云南弥勒市队员石国祥首次在朝鲜表演《阿细跳月》，受到志愿军和朝鲜人民的欢迎。1954 年，"阿细跳月"又随中国青年代表团在波兰首都华沙举行的"世界青年与学生联欢节"演出，震撼人心的大三弦声，使各国朋友惊叹不已；……1992 年参加"第三届中国艺术节"、"全国第三届农民运动会"、"首届全国农业博览会"演出，并在北京为参加十四大的云南代表团演出；1998 年在昆明参加"第六届亚洲艺术节"演出，1999 年昆明世博会期间，200 多人"阿细跳月队"参加开幕式演出和开园仪式迎宾活动；2002 年 400 人"阿细跳月队"参加云南省少数民族传统体育运动会开幕式演出。彝族"阿细跳月"高尚的审美价值、娱乐价值，超越了国界，承载着传统中华民族勤劳勇敢，坚持正义，爱好和平。

除此，据不完全统计，仅弥勒市西一、西二、西三乡镇就有民间业余"阿细跳月"队近 100 个，骨干近 3000 人。这些骨干中，小的 10 多岁，老的 70 多岁，甚至 80 岁老翁老奶。目前，弥勒市被国家文化部命名为"阿细跳月"之乡。

附一：弥勒市彝族阿细跳月艺术团

　　弥勒市彝族阿细跳月艺术团，成立于 1992 年 12 月 1 日，为挖掘、研究、传承、弘扬彝族阿细跳月文化艺术的群团组织。其宗旨：在党的领导下，挖掘、研究、传承和弘扬彝族阿细跳月文化艺术，丰富群众业余文化生活，促进社会主义精神文明建设。艺术团挂靠弥勒市文化体育局。由团长、副团长、秘书长等 9 人组成理事会。活动经费主要以艺术团会员交纳会费为主，现有会员 800 余人。艺术团规定每月活动 2 次，活动内容以学习和传承彝族阿细跳月及彝族阿细歌舞为主，其他民族民间歌舞艺术为辅。以独特的风格和表演艺术，集中展现弥勒市彝族民间传统优秀文化艺术风采。1993 年 5 月 10 日至 8 月 17 日，艺术团组成11 个小分队，应邀到上海市锦江饭店承担外事接待的商业性伴餐演出248 场次，获"民族特色，享誉全球"的赞誉。在上海期间，还与上海武警艺术团联合庆祝"八一"建军节文娱晚会，与上海电视台等单位联合举办元宵晚会。1994 年 12 月，为"弥勒旅游大楼开业庆典"演出，还赴昆明参加"1994 中国旅游交易会开幕式"表演；1995 年赴昆明参加"全国少数民族运动会"文艺表演，8 月参加"红河号"列车首发式演出；1996 年，由文化馆牵头成立"阿细跳月协会"，协会规定每周活动 1—2 次，年内发展会员 300 余人；1997 年，组成 120 人的阿细跳月队参加红河州庆 40 周年开幕式的大型文艺表演；1998 年赴昆明参加中国第三届民族艺术节巡街大型文艺表演；1999 年，赴昆明参加"世博园开幕式大型文艺晚会"演出。迄今为止，该艺术团参加各种大小文艺晚会和庆典活动演出达 600 余场次，参加演出人员已达 3000 人次。其声誉在全市全州全省乃至全国越来越显现。

附二：开远市彝族阿细跳月协会

　　开远市彝族阿细跳月协会，成立于 1996 年 2 月 1 日，为传承和研究彝族阿细跳月文化艺术的群众社团。本会的宗旨：在党的领导下，弘扬彝族阿细跳月优秀民族文化艺术，研究提高阿细跳月内涵，丰富群众业余文化生活，提高会员文化艺术水平，增进团结，增强体质，促进社会主义精神文明建设。协会挂靠开远市民族宗教事务局。由会长、副会长、秘书长等15人组成理事会。内设办公室、联络组、调研组、顾问组。活动经费主要以会员交纳会费为主，现有会员80人。会员每月活动2次，活动内容以研习彝族阿细跳月及彝族阿细歌舞为主。协会成立20多年来，为促进精神文明建设，坚持活动，在自娱自乐的同时，每年还数次与弥勒市阿细跳月协会进行联欢交流，共同探讨。并且参加几次市里组织的重大市庆活动，都圆满完成了演出任务。如1997年迎香港回归、2000年澳门回归、1999年市里组织彝族火把节及2001年开远市20周年市庆等。今该协会声誉在开远市越来越高。

第二节　招寨魂节

一　流传地区和活动时间

招村寨魂节，主要流传于滇南红河流域南北两岸红河、元阳、绿春、金平、石屏、建水、个旧七市县自称尼苏颇的彝族村寨。多在逢农历二月第一轮寅虎日活动。认为这天是黄道吉日，因为很多"彝族以虎图腾崇拜"。节期一天。

二　组织形式

举行招村寨魂之前，数位德高望重的长老碰头并择卦，择定一位毕摩祭司为招村寨魂主持人，要求主持人平时要清净，有威望、能说会道、无偷盗行为、无离异过而妻室健在、儿孙满堂的毕摩祭司担任。主持人择定后，村老族长指派值得信赖可靠且动作麻利的数名男子，到各家各户收取钱币、一碗糯米、一碗豆瓣等，钱币购买猪牲、鸡牲等。

三　祭牲祭品

一头全身乌黑健全大肥猪，一对公母鸡（白鸡一律禁用），一盘荞糕，一盘果脯，一盘米糕，一甑糯米饭，一件绸长袄，九炷香火，一碗白米饭，一块五花肉且被一支筷子插着。还有族人村民共捐钱购买缝制的绸衣一件。

四　活动内容

1. 开赴招村寨魂地点

节祭日早饭后，全村男女老幼都身着节日的盛装，聚集在村口中央的场子上，有祭品队、马驴队、唢呐队、锣鼓队、彩旗队、鸣鞭炮队，整个招村寨魂队伍井然有序，一眼望去看不到尾，也看不到头，浩浩荡荡。主持人毕摩祭司，穿着古香古色、五光十色而特别耀眼的绸衣长袄，头戴衷么帽（一种古布帽），右手拿着族人村民每家每户捐钱缝织的花绸衣，左手端着一碗米饭（饭头压着一块三牲肉且被一支筷子插着）和持着九炷香火，满面红光，精神饱满地站在队伍的前头，特别引人注目。主持人后面是手端荞果脯和糯米饭的四个男童，随后依次为祭品队、马驴队、锣鼓队、彩旗队、唢呐队、鸣鞭炮队、迎魂队，到本村领土区域内最高的山头上去召唤村寨魂地点，所有人面对远方，等待主持人毕摩祭司招村寨魂。

2. 招村寨魂返村

待所有人到达招村寨魂地点后，主持人一边铺开花绸衣，一边恢宏悠扬地叫唱"呜——呜——呜——！"三声。据说，第一声告诉天和地，第二声告诉山川和湖泊，第三声告诉邻村近寨的人们，此村人正在招村寨魂，不要挽留他们所招之村寨魂。随即主持人毕摩祭司手舞足蹈地打开《招寨魂经》，且看经书吟唱古老而传统的《招寨魂经》：

　　　　回来啊！尊敬的村魂！散落在他乡的村魂，我们用大肥猪供献你，既用醇香的米酒来献祭你，又用扑鼻的糯米饭来献祭你，我们牵出马并垫上漂白的柔软的毛毡来接你，我们全村男女老少皆来叫唤你。

　　　　回来啊！尊敬的村魂！散落在他乡的村魂，回到村里主宰村中的事儿，回来保佑男女老少的安康，回来驱除村中作祟的妖魔鬼怪，回来禳除村里的瘟疫疾病；回来保佑五谷丰登，回来保佑六畜兴旺，回来抚护人丁昌盛，回来照看家财村物。回来保佑出门的男人——空手出门行财喜，无灾无害转回门；回来保佑在家的孺妇——无忧无虑度年月，无病无疼永安宁。

　　　　回来哟！尊敬的村魂！野外迷了路的村魂，催你快快往回走，快快转回村寨里。请你莫听别人的甜言蜜语，那是他们奚落你的话语；请你莫坐别人的靠椅，那是他们拷捉你的刑具；请你莫迷恋异乡的风光，那是他们斩身害命的刑场；请你莫吃别人的饮食，那是他们想害死你的毒食毒汁。

回来哟！尊敬的村魂！闲逛在异乡马路上的村魂，请你莫畏惧和胆怯；厩里牛铃叮当响，那是欢迎你村魂归来；村中马驴咕咣连叫，那是欢迎你村魂归来；山上羊羔咩咩叫，那是呼唤你村魂归来；田边大鹅咣咣呼叫，那是你村魂归来；村旁大树上布谷鸟鸣叫，那是召唤你村魂回来；村头树木里喜鹊喳喳鸣叫，那是召唤你村魂回来，村中公鸡呜呜啼鸣，那是催你村魂快步归来。

回来哟！尊敬的村魂！贪玩在异乡的村魂，请你莫恐惧和怯懦；林中野鸡咯咯连叫，那是欢迎你回来欣赏风光；林中画眉叽吱欢叫，那是欢迎你回来倾听它优美的歌声；湖中野鸭咕咕欢叫，那是欢迎你回来嬉闹快乐；路旁白鹇叽叽鸣叫，那是欢迎你回来倾听它的歌声；锦鸡为你拉开了晨幕，春风为你吹起了悠扬的曲谱；小溪为你歌唱和助兴，鱼儿为你欢跃和祝贺，小树低头是在恭敬你村魂，大树枝条摇摆是向你村魂招手微笑。

回来哟！尊敬的村魂！快快回到村子里，我们男女老幼等你归来，我们男女老少盼望你回来；我们男女老幼来山顶迎接你。回来吃香喷喷的糯米饭，回来吃香飘飘的红米饭；回来吃新鲜鲜的猪肉，回来吃白嫩嫩的鸡肉；回来喝比蜜甘甜的醇酒，回来喝清澈牟龙井泉水；回来听悠扬婉转的歌声，回来看婀娜多姿的舞步；回来欣赏家富村强的景象，回来漫步在新修的大路上观赏日新月异的村寨，回来享受全村对你的敬供，回来享受全村对你的祭献。

诵毕，绸衣长袄内是否跳进闻着香火味的小动物及昆虫来断定村寨魂回来了没有。如果没有，认为村寨魂还未回来，接着召唤第二遍、第三遍……直至绸衣长袄内跳进闻着香火味的小动物及昆虫（最好是蚱蜢）为止。尔后，主持人毕摩祭司就开始准备身强力壮的两匹骏马，并套上鞍子待村寨魂来骑。然后象征性地把两枝树枝挂在马鞍上，以示村寨魂骑马。返回村时，两个身强力壮的男子拉着锄头在前引路，以示为村寨魂挖路修路，主持人毕摩祭司边往回走边念《招寨魂经》，其他人按顺序跟着返村，彩旗飘飘，唢呐声声，锣鼓阵阵，土炮隆隆，盛况空前，来到村口，迎接村寨魂的孺妇齐声发出一阵副歌式的配音："勾勒嘎（回来了）——勾勒嘎——勾勒嘎——"回应。据说，第一声告诉天和地，第二声告诉山川和湖泊，第三声告诉所有族人村民，他们招的村寨魂已经回来了。接着，入寨门至村中，主持人把一枝树枝放在村寨魂栖息的神树脚上，另一枝树枝插在水井边上，以示村寨魂把水井龙神也带回来了。并取一撮猪鸡毛插在神树和井边，以示牲禽已祭献村寨魂和井魂。其后，大家动手支锅生火，杀猪宰鸡，拿小菜下锅。

图9-9　红河县彝族妇女在井边招魂　　　　图9-10　元阳县彝族毕摩在野外招魂

3. 祭献天地神、水井龙神、土地神

与此同时，在村中场子里、水井旁、土地庙里分别摆一张八仙桌，桌上的祭品相同，即：一甑米糕，36炷香火，36支蜡烛，一碗糯米饭（饭头压一只煮熟的大雄鸡），一个猪头，一碗米饭（饭头插压一块煮熟的五花肉），九盘糖果，水酒各9盅。猪牲鸡牲生熟各祭献一次天地神、村寨魂、水井龙神、土地神，全村男女老幼按年龄大小的顺序分别向它们磕头祈求。在祭献天地神、水井龙神、土地神时，延请毕摩祭司念诵《祭天地神经》、《祭水井龙神经》、《祭土地神经》。其中《祭天地神经》是这样：

今天是吉日，现在是良辰。杀头大肥猪，宰只大公鸡，杀只大母鸡，蒸出糯米饭，蒸出香米饭，酿出甜醇酒，舂出糯粑粑，制出荞麦糕。祭献给天神。供献给地神。祈求天地神，祈祷天地神。保佑五谷苗，五谷苗壮长，保佑粮仓归，保护粮入库。天时地又利，风调雨又顺，大地草茂盛，牛马满山跑，羊群遍山坡，鸡鹅满村跑，鸭子满湖嬉，人间喜洋洋。祈求地神呀，切莫护黄花，切莫佑草乌，切莫护将军，切莫佑漆树，切莫护狗花。① 若让这些长，人畜不慎时，不死也得残；家畜和家禽，不慎吃了它，性命就难保。祈求天地神，祈祷天地神。一年十个月，一年分五季，一月三十六，一季七十二，一年三百六，瘟疫与疾病，灾祸与凶恶，饥寒与忧愁，恶劣与假丑，耳聋与眼瞎，鼻歪与嘴缺，脖瘤与肩偏，手秃与脚跛。切莫降人间。康泰与兴旺，福禄与吉祥，富强与幸福，健康与和睦，舒适与美丽，善良与平安，俏女与俊儿，快赐给人间。祈求天地神，祷告天地神。乘今大吉日，乘现好时辰，搬出八仙桌，摆上金边碗，鲜肉端上桌，糯饭盛满碗，香饭盛满碗，米酒斟满盅，香茶倒满杯，快快来喝啊！快快来尝吧！快快来吃啊！不仅是今天，不仅是现在，逢年过节时，竖柱建房时，丰收庆典时，初一时，宰杀年猪时，烧香又点蜡，祭献天地神，供献天地神，祈求天地神，祷告天地神。地神很慈善，天神很威严。若没天地神，哪有凡间人，哪有彝家人，人间威和荣，人间福和禄，人间富和贵，吉祥与美好，康泰与兴旺，俏女与俊儿，真善与美好，均是天神赐，皆是地神赐。祈求人兴旺，祈求畜兴旺，祈生儿行善，祈育女贤淑，祈人畜康泰，祈兹莫毕格，与民互和睦。人间兹莫毕，② 格民主仆奴，③ 男男和女女，老老和幼幼，皆来祭拜天，皆来祈求天，皆来祭拜地，皆来祈求地。

而《祭土地神经》是这样：

　　……

　　天神和地神，相聚在这里；日神和月神，来这里相聚；星神和云神，来这里相会；彩虹和云霞，相聚在这里；水神与山神，来这

---

① 以上的"黄花"、"草乌"、"将军"、"狗花"（狗闹花），剧毒植物，人兽畜禽不慎误食定会中毒，轻则身残，重则丧命。

② 兹莫毕：彝语音译，兹即君，莫即臣，毕即毕摩。

③ 格：彝语音译，即手艺人；民即百姓，主即主人，仆即仆人，奴即奴婢。

里相聚；龙神和龙祖，来这里相聚；泉神和河神，来这里相会。

……

土地神在此，作物结好果，五谷黄澄澄，果树果硕硕。山顶土地神，护佑族人民，我地人丁杰，官位你来封，官位你来佑，族人你来管。

……

你保村平安，你佑人康泰，你保福禄神，养猪猪肥胖，养羊羊满山，养鸡鸡成群，养马马骏俏。五谷禾秆粗，五谷颗粒饱，五谷堆满仓；六金进村来。

……

至于《祭水井龙神》与《祭井神经》完全相同，并《祭井神经》前面已提及，在此不再赘述。

图9-11　元阳县彝族家屋神　　　　图9-12　红河县彝族锅庄火塘

4. 村民会餐

祭毕，女人和小孩几家并桌就餐，成年男子边饮酒边商定村规民约和其他一些村务。同时，毕摩祭司演唱创世史诗、迁徙史诗或神话典故。

5. 抬花轿招村寨魂

有的彝族村寨，逢此寅虎日，择一花轿子，上盖花绸子下垫新被褥，一对未婚男青年装扮成女子，一男性长老骑马，全村男青年穿着节日的盛装，抬着花轿子，敲锣打鼓绕村招村寨魂。同时其他村民杀猪宰鸡在土地庙里向东方青帝君、西方白帝君、南方赤帝君、北方黑帝君等祭献活动，村老和毕摩祭司祈求它们释放村寨魂回村主事。尔后全村人在土地庙里聚餐。

第十章

祭鬼节和祭祖妣节

第一节　祭鬼节

一　流传地区和活动时间

祭鬼节，当地俗称"七月半"，是红河流域红河、石屏、元阳、建水、个旧市县自称尼苏颇的彝族传统习俗性节日。多在农历七月十四日至十五日举行，当地族人俗称"七月半"；少则在农历六月十四日至十五日举行，当地族人俗称"六月半"。以六月或七月十三日为祖魂回家日，并把十五日视为新鬼入阴府日。新中国成立以后，尤为近几年来，彝族民众的迷信观念逐渐淡薄，人们不再乞求鬼神保佑了，但这个习俗仍作为一个节祭活动被沿袭了下来。

二　传说由来

据传，阴间里一旦到每年五黄六月，如同人间，缺食少粮，青黄不接。阴间阎王每到这个时候，都要打开阴间大门，放鬼神回到人间讨食。阴鬼们变成各种各样的虫类禽类，在田间地头咬食啄食庄稼、果子；或变成各种各样蚊虫、苍蝇、蚂蟥、水蛭等叮咬人体畜身，吸摄人体畜身的血液。因此认为，五黄六月，人畜瘟疫疾病频频发生，就是因为神鬼在作祟之结果。尽管这是荒诞无稽之说法，但由于他们都信奉神鬼，也就约定俗成顺应而生了。

三　节日仪俗

1. 迎祖神

农历六月十三日或七月十三日，村民联户杀牛祭祖神，还要清扫庭院，摆设供品。一是要清扫门槛内外。据说，门槛内外若有灶灰或灰尘，会留下祖魂足迹；二是清扫磨盘旮旯。据说，磨盘旮旯是祖魂卸搁行李的地方，若不清扫干净，祖魂会认为子孙没有孝意，以后就不护佑子孙后代；三是清扫供桌神龛。清扫完毕，要在神龛前摆设梨、桃子、核桃、石榴、糖果等供品，但不论多寡，求双不求单，一定要双数。摆好供品，中间置燃一盏长明灯，此灯从清扫完毕要点到十五日送祖回去。神龛上方，视家中三代祖宗亡魂多少，从大到小排列，并摆放原先备好的纸钱，以示祖宗银钱和金钱。十三日晚饭始，节日间每餐饭前都要奠酒献饭，祷告祖灵，祷告词不拘一格，视其心理需求，只要能寄托心灵意愿即可。如：

　　　　有灵老祖公，祖公请上坐，上坐抬酒喝，喝酒议家事。有福请恩赐，见祸请化解。若是不赐福，家业难发达，若是不赐福，儿孙难兴旺；若是不解祸，儿孙多坎坷。有灵老祖妣，祖妣入下坐，坐下抬饭吃，吃饭谈家事，有喜请恩赐，见灾请消除。若是不赐喜，儿孙难康泰；若是不消灾，儿孙多苦难。[①]

　　除此，有患疾病的家庭，还要加杀一只大红公鸡，以示对鬼神的厚意款待，祈求鬼神给家人消灾除病，让患者早日康复。祭鬼神由家庭主妇主事。祭毕，各掂一点饭菜及酒、烟于碗，送到村外路口泼洒四方，以示送给四方的鬼神带回阴府去，给不能来人间讨食的老弱病残鬼神们吃，然后全家人才入席，患病者也要扶到席上坐下，合欢美餐，共享消灾除病免难之酒食。

　　2. 祭庄稼

　　六月十四日或七月十四日下午，杀一只大红公鸡或一对公母鸡煮熟，连同米饭和酒水带到自家田地里，祭献田地神，并招五谷魂回家。同时挑选长势最好的谷穗，带回家挂于粮仓旁，以示谷魂已招回家，并示意当年五谷丰登。

　　3. 送祖神

　　六月十五日或七月十五日下午送祖，此日全家都要守家悼祖，不上

————————
　　① 李朝旺：《彝族花腰人》，民族出版社 2005 年版，第 218 页。

图 10 – 1　红河县彝族接祖神　　　图 10 – 2　红河县彝族祭山神

山下地劳作，男子杀鸡宰鸭，女子烧火做饭，准备佳肴。饭前奠酒祷告：

> 请祖妣入席，请祖妣入座。活人在明处，祖灵在暗处，祖灵能见人，人难见祖灵。快吃快准备，准备回阴府，莫留恋人间，没得祖宗份；莫贪人烟火，贪恋难成行。①

祭毕，点燃三炷香火，把纸钱和各拈一点饭菜及酒于一把筛子内，送到村外路口，焚烧纸钱。焚烧时要指名道姓分配，说明用意，指点用途，然后再烧一点，说明是烧给祖宗一道回家的他家亡灵。如果当年去世的人家，多烧一些纸钱，以示安慰新祖神。同时念诵祭词：

> 阴间米价贵，请多带银钱；阴间肉价贵，请带足金钱。若是不知路，跟定老祖宗。祖宗不歇脚，切莫乱歇脚；祖宗不花钱，切记莫花钱。阴间路遥远，请君自珍重。②

祷告毕，燃放一串爆竹，嘱道：

> 路有抢银鬼，路有抢金鬼，切莫走在前，记住莫掉队，路遇屈

---

① 李朝旺：《彝族花腰人》，民族出版社 2005 年版，第 218 页。
② 同上书，第 219 页。

死鬼，送钱打发走，路遇冤死鬼，切莫跟他扯。①

四　娱乐活动

此节日期间娱乐活动主要是男孩的踩高跷。踩高跷，先砍取碗口粗的树杆，根部只留一枝约 30 厘米的枝条做踏脚用，削去多余的枝条。高跷长短不一。赛法有两人或几人互相赛走，看谁走得远，远者为胜，也有骑在高跷上用高跷互相撞碰，看谁先下高跷，不下或后下者为胜。但行走过程中不能撞碰对方，或互相撞碰时不能用身子压碰对方。否则视为犯规和违令，并令其为淘汰。

第二节　祭祖妣节

一　流传地区和活动时间

祭祖妣节，是滇南红河流域红河、元阳、绿春、金平、建水、石屏、个旧及外州市如峨山、新平、元江、宁洱、江城、墨江等十四市县自称尼苏颇的彝族地区原始宗教祭祀性和习俗性融为一体的传统节日。这些地区的彝族，逢农历十月初二至初八间，择一吉日以宗族为单位过节。据说，彝族历史上曾使用过一年 10 个月、一个月 36 天的"十月太阳历"，认为每年十月为岁末年尾月。

二　传说由来

祭祖妣节，在红河流域彝族民间还有传说由来：

很早以前，有个年轻寡妇护持着一个独儿子生活，希望儿子长大后有所作为。但这个儿子长大后不成器，好吃懒做，太阳晒到屁股也不起床，洗脚洗脸要使老妈抬水递毛巾，挑肥拣瘦，拈轻怕重，还有脾气古怪，一天到晚唠唠叨叨，他妈说一句，他动不动就甩碗筷。母亲老了，可儿子还要交给她洗衣做饭的一大堆家务事。

---

① 李朝旺：《彝族花腰人》，民族出版社 2005 年版，第 219 页。

遇到儿子下田劳作、上山干活,老母亲还得送饭。送早了骂她妈没有谱气;送晚了,骂他妈不心疼儿子;送冷了,既骂又打一顿他妈。一天,这个儿子去犁田,田头树上有个乌鸦窝,老乌鸦飞不动了,小乌鸦飞到远方觅食来喂老乌鸦。他见景生情,悔悟到自己过去那样待老母亲,太不应该了。待老母亲来送饭,他跑去迎接,可老母亲以为是饭送迟了要挨打,转身就跑到一条河边,看看穷途末路就跳河自尽了。儿子打捞老母亲,打捞了三天三夜,没打捞到老母亲,捞到了一截椿木。他抱回家刻成老母亲的像,放在供桌上,天天烧香磕头以赎不孝之罪。同家族的人,因不能天天到老房子去烧香磕头,就一年集中一次在老房子里"祭祖妣",年长日久,约定俗成。①

三　活动地点和组织形式

祭祖妣节,以宗族或家族为单位,在宗族祠堂和家庙里活动。祭祖妣前,用鸡毛帚清扫祠堂或家庙内的历代祖妣神位,燃香点蜡烛;清扫堂内外,并堂上铺上青松毛,以备参祭人磕头和用餐,俗称磕头毡和松毛席。新中国成立后至今,因家族或宗族祠堂或家庙逐渐被办成学校或公用,或者被个别人家占用,甚至倒塌,现多在宗族或家族最先居住的房屋堂屋里举行。

此节活动由宗族或家族男长老组织筹备,公推办事稳当、办事公正、作风正派、德高望重、妻室健在、子女双全、子孙满堂的宗族或家族一个男子为主事者,由其出面延请毕摩祭司前来主持仪式,并安排分派哪几个负责煮饭,哪几个负责炒菜,哪个承担洗碗和负责撕松毛,哪个承担摆桌凳和分发饭菜酒肉。祭祖妣活动中,各施其事,各负其责,若遇天阴下雨,水冷如冰,也不得有误。若有玩忽职守者,轻则严厉谴责和当场挨骂,或嘲笑,或令当事人出鸡出酒当族老面认错,重则次年举办祭祖妣时被冷落,不安排做事,甚至不摊派费用,直至开除族籍,永不得参加本宗族或家族祭祖妣活动。全宗族或家族男女老幼参加,但

---

① 李朝旺:《彝族民间故事选》,中国文艺出版社 2003 年版,第 139—140 页。

本宗族或家族已出嫁的女子所请范围对，由当年的经费筹措多寡或大祭小祭来确定，若是经费筹措得多，或逢五年或逢十年大祭时，上限本宗族或家族高祖辈女子，不论在世与否（不在世的以其子女替代），务必请回曾祖辈的女子来参加祭祖妣；下限不限。反之亦然，只请回父辈女子、己辈及其子孙辈女子回家参加祭祖妣活动。

图 10-3　石屏县彝族在拜祭祖灵

图 10-4　石屏县彝族野外祭拜祖先

除此，筹集祭品祭物的形式，一是族中有钱者或富裕者慷慨赞助；二是按户摊派，吃好吃丑，全由大家议定。头年祭祖妣节至当年祭祖妣节期间所生男孩的夫妻还要多献祭一只大红公鸡和蒸一甑糯米饭，以示报喜报丁，期望历代祖先保佑和庇护，也厚望族老的呵护和关照。本宗族或家族已出嫁女子，若请到，不论贫富、远近，都要出一只大红公鸡和一碗糯米等。

四　节日仪俗

中午参祭人员如数到齐，负责煮饭者先蒸一甑香喷喷的糯米饭，背到宗族或家族祠堂，或者是宗族或家族最先居住的房屋房堂屋里，先由主事人摆放祭品如猪头、糯米饭、香火及头年祭祖妣节至当年祭祖妣节期间所生男孩的夫妻拿来的大红公鸡和糯米饭。摆毕，主事人召集所有家主和成年人按长幼，分男左女右顺序排坐在青松毛地上。同时，邀请毕摩祭司端坐自家神龛前，接着洗手见净，打开《家谱》木匣，拿出彝文《家谱书》毕恭毕敬地递给毕摩祭司。毕摩祭司接过《家谱书》，抬起酒碗滴酒奠地，起身向东西南北四方各拜三拜后，先翻开彝族历史文献古籍念诵《祭祖经》：

......

人死三个魂，一个随祖去，随祖去这魂，就在神龛上，用草做祖躯，柏木做手足，金竹做祖骨，……子孙来敬奉，儿女来祭酒，子孙来献饭，儿女来祭肉。子孙来祈求，儿女来祈求。祖灵来喝茶，祖灵来品酒，祖灵来享吃。

......

当年生男丁，抱鸡来报喜，祖灵来保佑，保佑其成长。

......

接着打开《家谱书》高声念诵《家谱书》。《家谱书》主要记载本家族或宗族的迁徙路线，讲述从哪里来，因何迁出或分支分宗，分支分宗时兄弟几个，信物是什么，图腾是什么等。毕摩念诵《家谱书》时，要求族人收心静听，禁讲小话，不许笑，不准捣乱，一旦念完一代祖妣之名、事迹、遗言和迁徙情况及分支分宗信物，族人要毕恭毕敬地向祖先磕三个响头，以示哀悼。据说，谁不专心听念，胡思乱想，忘记磕头，听错词句，谁就会伤风感冒，家业不通达。念毕，在毕摩祭司的指点下，嘱族人按辈分大小，依次用左手各抓一把事先准备好的糯米饭，并捏成饭团慢慢嚼。据说，吃了这糯米饭团，就不会忘记祖宗遗训，以后遇事头脑会冷静，少做甚至不做后悔事。有特殊情况外出者，要捏个糯米饭团待其回来时食用，如有生病不能到场吃糯米饭和祭品者，要分饭分菜送去。据说吃了糯米饭团，族人会像糯米饭团一样粘连在一起，团结一心。尔后全宗族老幼欢聚美餐，席间，男性长老边吃边吟唱宗族的迁徙史、族源族史，理顺宗谱或抄写家谱，理清辈分，制定或修改宗规族律，教育后代遵守宗规族律，祭拜祖妣，尊重长辈，孝敬父母，抚养子女。

五 祭神龛

与此同时，若匠人、毕摩世家，趁祭祖妣节活动，杀一只大红公鸡，备一升米及茶水、香火、酒等，置于神龛前，请毕摩祭司念《祭神龛经》，祈求神龛保佑家人行事。但匠人祭献的神龛有异，铁匠祭献的是尼生先师神位，木匠祭献的是鲁班先师神位，而毕摩祭献的是天师尼拾搓为主的天地六个毕摩先师神位。祭献时木匠要摆出所有家什，铁匠亦然，毕摩也要摆上所有的经书和法器，并以戳出鸡冠血开光，祈求家什和经书法器显灵。彝族原始宗教经籍《祭毕摩神龛经》是这样：

　　诵经诵到了，诵到祭神龛。启克是先祖，善良毕摩我，我是李希文，① 我们这一家，今日祭神龛。到了今年嘛，到了这一月，我们这一家，来祭献神龛。人可元气衰，神龛不能衰；人可力薄弱，神龛不能弱。今日祭神龛，祭牲献神龛，好牲献神龛，好香献神龛。

　　……

　　今日祭神龛，祭牲献神龛。东方大神龛，西方大神龛，南方大神龛，北方大神龛，司智慧的神，所有经书神，所有毕摩神，全部聚一起。九十九层天，长棵智慧树，智慧树上面，结着智慧果，求你大神龛，打下智慧果，分给徒弟吃，② 食了此果后，聪明有才智。八十八层天，有股智慧泉，求你大神龛，舀下智慧水，送给徒弟喝，饮了智水后，人会变聪明，千日路程内，能见针落地。吃了智果后，百日路途内，能够听得清，叶子落地声，请神赐智慧，赐给人聪明。

　　……

　　祈求再祈求，向神龛祈求，祈求寿命长，毕摩都高寿，革朵热山高，③ 此山不倒塌，我裔路不绝；海洋水不干，毕摩就不穷；擎天树不萎，毕摩不生病；天地活千岁，日月活万岁，星云活千年，毕摩也长寿，毕摩永不死，后裔永不绝，年年都增殖，月月都发展。聪明赐毕摩，智慧赐毕摩，像白鹭换羽，像鸬鹚换音，经书全掌握，毕摩不绝嗣。

　　……

　　书神文字神，知神智慧神，所有的毕摩，学识有九千，见识有

---

① 念诵时，此句要根据主人家的姓名灵活变动，主人家姓什么则要改念成什么。
② 徒弟：谦称，指毕摩自己。
③ 革朵热山：彝语音译，山名。

八万，毕摩识渊博，毕摩见闻广，天地六毕摩，……还有苟福芝，①
细奴逻主父，②细奴逻主母，③所有神龛神，还有图纳神，全部文
字神，一年一公鸡，一岁一壶酒，一年一壶茶，一年一升米，一年
一碗水，一年一捆香，祭献各神灵，祭牲献神灵。请享受祭品，请
享受祭牲。

图 10 - 5　巍山县彝族祭祖大典　　　　图 10 - 6　彝族叩拜各先灵

六　禁忌

祭祖妣节期间，女子不得披头散发，穿皮鞋者不论性别、年龄均不
得入正堂上，入正堂须赤脚或穿布鞋。祭祖妣时不得讲小话，不许嬉
笑，不准捣乱，须收心静听。不论本宗族或家族女子和媳妇生产不满百
日者不得参加献祭祖妣活动。祭祖妣的猪牲只能用乌黑健全的，不得用
白的花的，也不能用耳缺脚跛的，鸡牲一定要用一岁以上的大红公鸡，
其他鸡禁用，特别是白鸡禁用。

在此笔者要说明的是，此习俗性节日有的地方或村寨已并入过大年
活动中，如红河、绿春、元阳、金平四县及石屏县西北部自称尼苏颇的
彝族村寨，同冬月二十四过大年时一同进行祭祖妣活动；或有的地方或
村寨已基本上名存实亡，且销声匿迹，如个旧、建水、石屏、蒙自四市
县山区自称尼苏颇的彝族村寨，完全不知何为祭祖妣节。

---

① 苟福芝：彝语音译，古代毕摩。
② 细奴逻：彝语音译，古代南诏国国王。
③ 指细奴逻的妻子。

附录一

红河州彝族分布简况表

县市名称	主要居住的乡镇
蒙自市	主要分布在雨过铺、西北勒、水田、草坝、冷泉、芷村、鸣鹫、期路白、老寨、文澜、新安所等11个乡镇。
个旧市	主要分布在老厂、乍甸、锡城、大屯、卡房、蛮耗、保和、贾沙、鸡街、沙甸等10个乡镇（区）。
开远市	主要分布在羊街、碑格、灵泉、中和营、马者哨、小龙潭、大庄等7个乡镇（办事处）。
弥勒市	主要分布在西一、西二、西三、五山、巡检司、东山、新哨、江边、朋普、卫泸、弥东、竹园、弥阳、虹溪等14个乡镇。
建水市	主要分布在普雄、官厅、西庄、青龙、南庄、李浩寨、临安、岔科、坡头、曲江、盘江、利民、缅甸、甸尾等14个乡镇。
石屏县	主要分布在牛街、哨冲、龙武、龙朋、坝心、大桥、新城、宝秀、异龙等9个乡镇，其中牛街镇的彝族人口占全镇总人口的98%。
泸西县	主要分布在舞街铺、向阳、白水、三塘、逸圃、永宁、旧城、中枢、金马、三河等10个乡镇。
元阳县	主要分布在新街、马街、牛角寨、沙拉托、攀枝花、黄草岭、黄茅岭、俄扎、嘎娘、新城、小新街、大坪、南沙、逢春岭等14个乡镇。
金平县	主要分布在金河、马鞍底、勐桥、大寨、阿得博、老集寨、营盘、铜厂、金水河、老勐、沙依坡、者米、勐拉等13个乡镇。
红河县	主要分布在迤萨、乐育、浪堤、羊街、甲寅、宝华、石头寨、阿扎河、车古等9个乡镇。主要分布在县境分水岭北部。
绿春县	主要分布在牛孔、大兴、骑马坝、大水沟等4个乡镇。牛孔乡的牛孔、纳卡、土嘎、贵龙等4个彝族自然村为集中居住。
屏边县	主要分布在玉屏、滴水、新现、和平、白河、白云、新华、湾塘等8个乡镇。
河口县	主要分布在桥头、莲花滩、老范寨等3个乡镇。

附录二

红河州各县市彝族支系名称简况表

县市名称	自称	他称
蒙自市	尼苏泼、濮瓦泼、姆基颇、俚保濮、罗颇	图拉泼、濮拉颇、俚保颇、濮族、母鸡颇
个旧市	尼苏颇、仆瓦泼、母基泼、濮拉颇	三道红、俚保、花濮拉、黑濮拉、母鸡族
开远市	濮拉颇、濮颇、尼苏颇、阿细颇、阿哲颇、阿洒颇、底高颇、阿尼颇、地高颇、腊拔颇	俚保颇、俚族、俚颇、濮族
弥勒市	阿细颇、阿哲颇、阿乌颇、纳苏颇、老务颇、阿务颇、纳苏仆、葛颇、尼塞仆、葛颇、撒尼颇、尼颇	罗颇、俚保、大白彝、小白彝、大黑彝、小黑彝、罗婺、鲁武、葛族
建水市	尼苏颇、尼苏泼、濮拉颇	三道红、俚保颇、濮族
石屏县	尼苏颇、尼苏泼、濮拉颇、勒苏颇	三道红、花腰、俚保颇、山苏
泸西县	尼苏颇、撒尼颇、阿乌颇、乃苏颇、那赛颇、葛颇、葛底葛颇	大白彝、小白彝、大黑彝、小黑彝、干彝、甘彝、戈颇
元阳县	尼苏颇、濮拉颇、阿鲁颇	俚保颇、哈窝帕、黑濮拉、濮族
金平县	尼苏颇、母基颇、阿普、老乌颇、阿鲁颇、濮拉颇	俚保颇、花腰、花彝、公鸡族、濮族
红河县	尼苏颇、濮拉颇	俚保、哈窝、窝濮、干濮拉、花彝、水濮拉、花濮拉、黑濮拉、濮族、濮拉族
绿春县	尼苏颇、阿鲁颇、老乌颇	俚保、花彝、黑彝、大黑彝、香堂
屏边县	尼苏颇、羞颇、朴颇、母老泼、博卡泼	花濮拉、筲箕濮、野濮、俚保、罗俚
河口县	濮拉颇、濮瓦颇、濮颇	拉机、俚保、濮族、濮拉族

附录三

红河州彝族传统节日浏览表

节日 名称	主要 流传地区	活动 时间	主要 活动内容	规模	主要 参加人
彝族年	红河流域自称尼苏颇、濮拉颇的彝族地区	农历冬月二十四日至冬月二十六日，或者腊月二十四日至腊月二十六日	砍年柴、舂糯米糍粑、上山砍送枝叶接年神、送灶君神、杀鸡猪祭祖、出嫁姑娘回娘家省亲、送祖，还有歌舞娱乐如跳乐作舞、荡千秋、荡磨秋等	地区性、支系性	男女老少
春节	全州彝族地区	农历大年三十至正月十六日	招五谷魂、天井栽幼松、除夕守岁、送火星、迎春神、抢新水、祭锅庄神、祭家屋神、汤圆献祖、祭祖庙、祭土地庙、拜年、宴请、撵鸟兽、祭祖树、祭神树、火星会、过小年、果木嫁接及荡秋娱乐、打靶、跑花山，还有表演虎舞、洗衣棒舞、篾马舞、兵器舞、踢毽打毽等	全民性	男女老少
端午节	全州彝族地区	农历五月初三至初六	杀黄牛祭祖、杀鸡招祖魂、包粽子、招牛马牲口魂、插菖蒲蒿枝、戴五色线避邪、出嫁姑娘回娘家省亲及移栽竹木果树等	全民性	男女老少
火把节	全州彝族地区	农历六月二十四日至二十六日	祭猎神、祭天地神、杀黄牛祭祖、祭田公地母、祭五谷神、背子祭六祖、请火神、耍火把、杀鸡鸭招魂、牧童祭献山神、送火神等，还有跳乐作舞、五笙舞、打火把战、赶花街、斗牛、摔跤、打陀螺、唱山歌（海菜腔、山莜腔、河边腔、五山腔）等歌舞娱乐活动	全民性	男女老少

续表

节日 名称	主要 流传地区	活动 时间	主要 活动内容	规模	主要 参加人
罗色 歌舞节	石屏县异 龙湖畔	农历二月初十	祭献罗色（虎神）、演唱海 菜腔、跳烟盒舞等	地区性	成年女子
清明节	全州彝族 地区	清明节前后	清理坟山、祭坟、吃团圆 饭等	全民性、 家族性、 家庭性	男女老少
濮拉 跳鼓节	石屏县异 龙、牛街 两镇交界 处自称濮 拉颇的彝 族地区	农历七月十 五日	男子跳神鼓、交易牛、斗 牛、跳烟盒舞等	地区性、 支系性	昔日只有 男子参 加，今日 男女老少 参加
男女青年 歌舞节	红河、元 阳两县自 称尼苏颇 的彝族 地区	农历端午节 前后	邀约和迎请他村未婚女青 年、杀猪宴请他村女青年、 男女青年赛歌赛舞、女青 年回请等	地区性、 村寨性	男青年村 全男子参 加，女青 年村八至 十二人 参加
日月节	红河流域 等自称尼 苏颇的彝 族地区	农历八月十 五日	杀鸡祭献日神和舂糯米糍 粑祭献月神及赏月娱乐等	地区性、 家庭性	男女老少
尝新节	全州彝族 地区	农历七月底八 月初，稻谷七 八成熟的时	修理田间路道、采谷穗招 谷魂、做新米饭、选育良 种等	全民性、 村寨性	男女老少
过冬节	红河流域 自称尼苏 颇以及弥 勒、开远、 泸西等市 县自称阿 细颇的彝 族地区	农历冬至	吃汤圆	地区性、 支系性	男女老少
跳掌节	红河流域 自称濮拉 颇、濮瓦 颇的彝族 地区	农历正月初一、 二、三或正月 十六日	杀猪宰鸡、酿酒蒸糯，烧 香点蜡及祭龙神、跳掌等	地区性、 支系性、 村寨性	男女老少
祭灯神节	蒙自市永 宁彝族村和 建水县普 雄乡塔瓦 彝族村寨	农历正月初二 至十六日	祭供灯神、接灯神、闹灯、 送灯神等	村寨性	灯班或灯 会全体人 员参加

续表

节日 名称	主要 流传地区	活动 时间	主要 活动内容	规模	主要 参加人
咪嘎哈	红河流域自称尼苏颇的彝族地区	农历正月第一轮丑牛日至寅虎日，或者第一轮午马日或未羊日	祭水井龙神、染蛋献祖、祭献护寨神阿龙、驱撑虎豹豺狼、撒米花泡、龙肉祭祖、立新寨门、祭献寨门、驱风火雷神等，还有打平伙、跳栽秧鼓舞、跳阿尼喝佬舞等	地区性、支系性、村寨性	族人男子
德培哈	石屏县哨冲镇水瓜冲一带的自称尼苏颇五个彝族村寨	每隔 12 年，逢午马年正月第一轮午马日（大年初一除外）	迎祭献先祖英雄阿龙神、祭献神龛、招五谷稼禾魂、招福禄神、祭送自然神灵（如日神、雷电、神、冰雹神、风雨神、彩虹神）、祭屋神宅神、驱屋邪宅邪、祭送火神、驱魔撵鬼怪、祈福禄神、祈和睦平安、祈育神驱白虎神、驱除黑白虫精以及请送善神、娱悦龙神、送龙等	地区性、支系性、联村性	5 个联村12 个毕摩及全体男子
密枝节	弥勒、开远、泸西市县自称撒尼颇和阿乌颇的彝族地区	农历二月初二	清理布置祭场、杀猪祭献密枝神、辱骂攻击主祭人、祭供"龙背袋"、狩猎采集、祭献小密枝等	地区性、支系性、村寨性	全村成年男子
祭雌龙节	弥勒、开远、泸西市县自称阿哲颇的彝族地区	农历二月初一至初四	寻找水、钻木取火、扎龙门、青猪撞龙门、洗龙、造龙生殖、送米团、撒米、会餐、与龙交配、抢栗枝和芦苇节、祭雄龙树、念经祈禳、飞剑斩魔、敬送日月、安扎寨门、送祖还源、吃稀饭念远祖	地区性、支系性、村寨性	全村成年男子
祭雄龙节	弥勒、开远、泸西市县自称阿哲颇的彝族地区	农历二月初一至初四	打鸡卦选"龙头"、祭祀猎神、钻木取火、祭祀龙神（搭建火门、搭建龙宫、请龙神）、小羊串门、驱邪送火祟、庆祝龙女归来等	地区性、支系性、村寨性	全村成年男子
祭小龙节	红河、石屏两县及元江县结合部自称濮拉颇的彝族地区	农历正月初二	杀鸡祭小龙神	地区性、支系性、村寨性	男女老少

续表

节日名称	主要流传地区	活动时间	主要活动内容	规模	主要参加人
祭大龙节	红河、石屏两县及元江县结合部自称濮拉颇的彝族地区	农历二月初二	杀鸡祭大龙神	地区性、支系性、村寨性	全村男女老少
祭水龙节	红河流域自称尼苏颇的彝族部分村寨	农历二月第一轮丑牛日	接水龙神、宰鸡杀猪祭水龙神、分食龙肉、送水龙神、开寨门等	地区性、支系性、村寨性	全村男子
祭龙还龙节	石屏、建水两县坝区彝汉杂居的自称尼苏颇（他称"三道红"）的彝族村寨	农历四月最末一个属龙日	杀猪祭龙神、分龙肉、驱赶豺狼虎豹、学布谷鸟叫唤、降雨、与龙神共餐、还龙等	地区性、支系性、村寨性	全村男女老少
祭龙祈雨节	金平县自称尼苏颇和部分母基颇、濮拉颇的彝族村寨	农历三月初择一吉日	选"龙头"、请"龙头"、杀牲祭龙神、献牲求雨、吃龙肉、接龙神、安龙神等	地区性、支系性、村寨性	全村男女老少
祭虎山神节	红河县乐育乡虎山一带彝族村寨	农历二月第一个属虎日	公鸡祭山神、杀牛祭献虎山神、分祭牲肉等	地区性、支系性、联村性	五个联村成年男子
祭猎神树节	弥勒、泸西等市县自称阿乌颇的彝族地区	农历二月初二	杀猪宰鸡祭献猎神树、分发祭牲肉、测叶卜、祭献神石、撵雀等	地区性、支系性、村寨性	全村成年男子
祭神树节	石屏、红河及元江等三县结合部自称尼苏颇的彝族地区	农历三月第一轮丑牛日	杀绵羊祭献神树和修改村规民约	地区性、支系性、村寨性	全村成年男子
祭火神节	弥勒市自称阿细颇的彝族地区	农历二月初三	钻木取火、送新火种、驱送火鬼（选火鬼化妆、驱送火鬼）及摔跤欢庆、狂跳火舞、阿细跳月等	地区性、支系性、村寨性	全村男女老少

续表

节日 名称	主要 流传地区	活动 时间	主要 活动内容	规模	主要 参加人
招村寨 魂节	红河流域等自称尼苏颇的彝族村寨	农历二月第一轮寅虎日	牵猪开赴招村寨魂地、招村寨魂返村、祭献天地神、祭献水井龙神、祭献土地神、族民会餐等	地区性、支系性、村寨性	全村 男女老少
祭鬼节	全州彝族地区	农历六月十四至十五，或七月十四至十五	迎祖神、祭稼神、送祖神等	全民性	男女老少
祭祖妣节	红河流域自称尼苏颇的彝族地区	农历十月初二至初八间，择一吉日	清扫祠堂内外、燃香点蜡、延请毕摩祭主、杀猪宰鸡祭历代祖妣、毕摩念诵祖谱、子裔磕头祭拜、祭祀神龛、吃团圆饭等	地区性、支系性、家族性	全家族 男女老少

参考书目

一 汉文著作

1. 覃光广、冯利、陈扑：《文化学词典》，中央民族学院出版社 1988 年版。

2. 中国大百科全书编辑部：《中国大百科全书·宗教》，中国大百科全书出版社 1988 年版。

3. 中国各民族宗教与神话大辞典编审委员会：《中国各民族宗教与神话大辞典》，学苑出版社 1990 年版。

4. ［日］齐藤达次郎：《罗罗族的洪水神话》，Academia1963 年版。

5. 何耀华主编：《中国少数民族原始宗教资料集成·彝族卷》，中国社会科学出版社 1996 年版。

6. 马学良：《彝族原始宗教调查报告》，中国社会科学出版社 1993 年版。

7. 左玉堂主编：《毕摩文化论》，云南人民出版社 1993 年版。

8. 彝族简史编写组：《彝族简史》，云南人民出版社 1987 年版。

9. 陇贤君：《中国彝族通史纲要》，云南民族出版社 1993 年版。

10. 左玉堂主编：《云南彝族歌谣集成》，云南民族出版社 1984 年版。

11. 黄建明、巴莫阿依主编：《中国少数民族原始宗教经籍汇编·毕摩经卷》，中央民族大学出版社 2009 年版。

12. 龙倮贵：《滇南彝族宗教习俗论》，远方出版社 2000 年版。

13. 龙倮贵、黄世荣：《彝族原始宗教初探》，远方出版社 2002 年版。

14. 龙倮贵、钱红：《滇南彝族原始宗教祭辞》，云南民族出版社 2004 年版。

15. 钱红、龙倮贵：《滇南彝族尼苏颇殡葬祭辞》，云南民族出版社

2004 年版。

16. 龙倮贵：《彝族原始宗教艺术文化初探》，巴蜀书社 2010 年版。

17. 龙倮贵：《彝族图腾文化研究》，云南民族出版社 2013 年版。

18. 师有福主编：《红河彝族辞典》，云南民族出版社 2002 年版。

19. 张纯德、龙倮贵、朱琚元：《彝族原始宗教研究》，云南民族出版社 2008 年版。

20. 张建华主编：《彝族文化大观》，云南民族出版社 1999 年版。

21. 白兴发：《彝族文化史》，云南民族出版社 1999 年版。

22. 王天玺、张鑫昌主编：《中国彝族通史》，云南人民出版社 2012 年版。

23. 方开荣主编：《哀牢山彝族神话传说》，云南民族出版社 1990 年版。

24. 师有福主编：《红河彝族文化史》，云南人民出版社 2006 年版。

25. 龙倮贵：《红河彝族文化调查》，云新出［2006］准印字第 245 号，2006 年。

26. 张国富主编：《弥勒彝族文化概览》，云南民族出版社 2008 年版。

27. 马岑晔：《窝伙垤文化史》，云南民族出版社 2010 年版。

28. 罗丽莉主编：《阿细跳月》，云南人民出版社 2012 年版。

29. 杨勇、龙倮贵：《彝族传统哲学思想研究》，民族出版社 2014 年版。

30. 何耀华主编：《中国彝族大百科全书》，云南人民出版社 2014 年版。

31. 李有才主编：《元阳彝族风物志》，云南民族出版社 2014 年版。

32. 师有福主编：《红河彝学研究文集》（二），云南民族出版社 2014 年版。

二　彝族历史文献典籍

1. 夜里斌、杨红为主编：《彝族毕摩经典译注》（共 106 卷），云南民族出版社 2007—2013 年版。

2. 李涛、普学旺主编：《红河彝族文化遗产古籍典藏》（共 20 卷），云南人民出版社 2010 年版。

3. 佚名撰：《尼苏夺节》，李八一昆、白刊宁、白祖文译，李保庆、孔昀整理，云南民族出版社 1985 年版。

4. 楚雄彝族自治州文联：《彝族史诗选·查姆卷》，云南人民出版社

2001 年版。

5. 佚名撰:《阿黑西尼摩》,施文科、李亮文释读,普学旺译,云南民族出版社 1990 年版。

6. 佚名撰:《万物的起源》,梁红译,云南民族出版社 1998 年版。

7. 云南省民族民间文学调查队红河调查组:《阿细的先基》,云南人民出版社 1959 年版。

8. 佚名撰:《阿西颇先基》,石连顺译,云南民族出版社 2003 年版。

9. 佚名撰:《裴妥梅妮——苏颇》,杨家福释读,师有福、阿哲俸濮、罗希吾戈译,云南民族出版社 1988 年版。

10. 佚名撰:《裴妥梅妮——苏嫫》,杨家福释读,师有福、阿哲俸濮、罗希吾戈译,云南民族出版社 1991 年版。

11. 佚名撰:《祭龙经》,普学旺、杨六金、梁红、普璋开、罗希吾戈译,云南民族出版社 1999 年版。

12. 曹应组等演唱:《爱佐与爱莎》,师有福、师宵整理,云南民族出版社 2009 年版。

13. 佚名撰:《尼苏史诗》,龙倮贵译,云南民族出版社 2009 年版。

14. 佚名撰:《吾查》,普开福、杨玉芝、李美兰、龙倮贵等译,云南民族出版社 2009 年版。

15. 佚名撰:《红河彝族创世史诗》,普璋开、普梅笑译,云南民族出版社 2008 年版。

16. 佚名撰:《查姆》,潘林宏、方贵生译,云南民族出版社 2009 年版。

17. 佚名撰:《红河彝族阿哩查嫫》(上中下三卷),龙倮贵译,云南民族出版社 2007 年版。

18. 佚名撰:《洪水滔天史》,罗希吾戈译,云南民族出版社 1987 年版。

19. 佚名撰:《尼苏婚姻溯源》,龙倮贵译,(香港)中国科学文化出版社 2012 年版。

20. 佚名撰:《元阳彝族叙事长诗》,龙倮贵译,云南民族出版社 2014 年版。

21. 佚名撰:《元阳彝族伦理道德经》,龙倮贵译,云南民族出版社 2015 年版。

后　记

　　此拙作虽说是研究，但谈不上研究。因为拙作仅仅是红河州彝族传统节日文化活动的资料汇集，即使是红河州彝族传统节日资料汇集，也是完全不全面、不系统的，还有很多很好的、很有必要的、很有趣的内容未完全涉及，确有挂一漏万之憾。同时，红河州彝族传统节日文化活动的内容大多已调查，并尽了最大的努力，但其分类阐述中，很不科学和客观，总觉得顾此失彼，或缺这缺那，无法凝练成一条顺畅的条链，还有很多观点和见地无法追根溯源，正本清源，也无法探讨其中一些传统节日文化活动的根源、缘起、源流及其发展、演变、异流迹象。特别是红河州彝族节日文化特征、功能、价值、意义等，基本上都没有阐述，即使阐述了也是表层性的，深层性的东西没挖掘，对红河州彝族节日文化的保护和利用研究，更是没涉及多少。这是拙作的最大缺憾。

　　除此，拙作中的部分内容曾先后在《云南彝学研究》、《中国彝学研究》、《民族学报》、《楚雄民族文化论坛》、《彝族文化》、《楚雄社科论坛》、《凉山民族研究》、《阵地与熔炉》、《红河探索》、《红河民族》、《红河文化》、《红河纵横》等发表，但大多观点首次向学人、同仁们公开亮相，以期抛砖引玉。

　　在此拙作编写过程中，承蒙中共红河学院党委书记陈永明先生，红河学院党委副书记、校长、教授甘雪春先生，红河学院党委副书记、副研究员罗家祥先生，红河学院纪委书记、教授田志勇先生，红河学院副校长、教授安学斌先生，红河学院校长助理、教授、科技处处长张灿邦先生，红河学院教授/研究员杨六金先生等各位的积极鼓励、热忱关心与支持，特别是红河学院政治学与国际关系学院院长、教授马洪波先生给予充足的编写时间。如果没有他们积极的鼓励和真诚的支持，热情的指导和耐心的帮助，此拙作是无法与读者见面的。在此，特向以上领导表示最诚挚的谢意和最衷心的感谢。

　　此拙作虽已关闭了电脑屏幕，但因自己学识不高，水平有限，疏漏和错误在所难免，且不会少，敬请读者，特别是彝学界学人、同仁多多赐教和匡正。

作　者

2016 年仲秋于滇南蒙自南湖畔